rowohlt
BERLIN

Martin Schulz

DER GEFESSELTE RIESE

Europas letzte Chance

Rowohlt · Berlin

1. Auflage März 2013

Lektorat Bert Hoppe
Satz aus der Documenta PostScript bei
Pinkuin Satz und Datentechnik, Berlin
Druck und Bindung CPI – Clausen & Bosse, Leck
Printed in Germany
ISBN 978 3 87134 493 0

FSC www.fsc.org
MIX
Papier aus verantwortungsvollen Quellen
FSC® C083411

Das für dieses Buch verwendete FSC®-zertifizierte Papier
Schleipen Werkdruck liefert Cordier, Deutschland.

Inhalt

Ein zu sicher geglaubter Friede

Zum ersten Mal in der Nachkriegsgeschichte ist das Scheitern der Europäischen Union ein realistisches Szenario. Dieses Scheitern ist nicht unabwendbar, aber es wird immer häufiger diskutiert und hat für manchen seinen Schrecken verloren. Vor ein paar Jahren wäre das noch unvorstellbar gewesen. Inzwischen hat sich die Stimmung radikal gewandelt, und die öffentliche Debatte wird von EU-kritischen Tönen dominiert. Darum schreibe ich dieses Buch. Es ist ein Buch, in dem ich die Idee der europäischen Einigung verteidigen will. Ich bin davon überzeugt, dass sie zu den wichtigsten Errungenschaften der vergangenen hundert Jahre gehört. Deshalb können die europäischen Bürger auch stolz darauf sein, dass dieses Aufbauwerk im Dezember 2012 mit dem Friedensnobelpreis ausgezeichnet worden ist.

Dass ich für die EU eintrete, wird erst einmal niemanden überraschen, schließlich bin ich als langjähriger Europaparlamentarier und als Präsident des Europäischen Parlaments Teil des europäischen Systems. Aber ich will es nicht bei einer schlichten Verteidigung der EU belassen. Auch ich bin unzufrieden und zornig über den Zustand, in dem sich die europäischen Institutionen befinden, und will deshalb nicht die EU verteidigen, wie sie momentan aussieht, sondern vielmehr beschreiben, wie sie aussehen könnte, wenn wir sie verändern und verbessern. Und ich will an die eigentlich selbstverständliche Tatsache erinnern, dass der Fortschritt jeden Tag aufs Neue erstritten werden muss. Das gilt für Europa genauso wie für unser alltägliches Miteinander. Die einfache Erkenntnis lautet, dass man sich nicht auf seinen Erfolgen ausruhen darf, sondern immer wieder darum kämpfen muss, sie zu bewahren und auszubauen. Sonst bröckelt der Putz von den Wänden, und das Dach wird undicht. Darum will ich mit diesem Buch ein Plädoyer für eine stärkere Integration Europas halten. Ein Plädoyer für den Angeklagten EU, der zum Teil zu Recht auf der Anklagebank sitzt und zum Teil zu Unrecht. Er ist ein Angeklagter, den man vielleicht in eine Besserungsanstalt schicken muss, der es aber nicht verdient hat, dass man ihn zum Tode verurteilt.

Manchmal scheint es mir, als habe die EU eine geradezu verblüffende Ähnlichkeit mit dem Scheinriesen Tur Tur aus dem wunderbaren Buch «Jim Knopf und Lukas, der Lokomotivführer» von Michael Ende. Dieser Scheinriese stellt die Gesetze der Physik komplett auf den Kopf. Er wird nicht optisch kleiner, je weiter er sich entfernt, sondern immer größer, bis er aus weiter Distanz wie ein gewaltiger Riese erscheint. Aus der Nähe dagegen erkennt man, dass er einen zerschlissenen Rock trägt, eigentlich recht klein ist und auch sonst nicht sonderlich angsteinflößend aussieht. An diese Geschichte muss ich oft denken, wenn ich außerhalb der EU unterwegs bin. Denn je weiter man sich von Europa entfernt, umso größer ist die Faszination, die von der EU ausgeht: Frieden, Freiheit, Wohlstand und soziale Gerechtigkeit sind Begriffe, die mit Europa verbunden werden. Das «Modell Europa» steht für viele Beobachter auf anderen Kontinenten für eine freie Presse, unabhängige Gerichte, eine Kranken- und Rentenversorgung für jedermann und Aufstiegschancen auch für Benachteiligte. Es ist ein Modell, um das uns viele Menschen weltweit beneiden – vor allem diejenigen, die in ihren Ländern weder Freiheit noch soziale Sicherheit genießen. Europa hat etwas geschaffen, das der amerikanische Vordenker Jeremy Rifkin den «europäischen Traum» nennt.

Vielerorts ist unser Kontinent ein Ort der Sehnsucht, und in einer Reihe von Regionen versucht man, etwas Ähnliches zu verwirklichen, sei es in wirtschaftlicher, sei es in politischer Hinsicht. So hat unser Binnenmarkt mittlerweile mehrere Nachahmer gefunden, etwa den Gemeinsamen Markt Südamerikas (Mercosur) und das Nordamerikanische Freihandelsabkommen (NAFTA). Zuletzt hat der Verband der südostasiatischen Staaten (ASEAN) beschlossen, einen Wirtschaftsraum nach europäischem Vorbild zu gründen. Sowohl der ASEAN als auch die Afrikanische Union bemühen sich darüber hinaus um eine stärkere politische Integration der beteiligten Staaten, und im Shanghaier Kooperationsbündnis versuchen China und Russland, sich mit ihren zentral- und mittelasiatischen Partnern besser abzustimmen. All diese Bündnisse sind zwar weit davon entfernt, einen Integrationsstand zu erreichen, der vergleichbar mit dem europäischen wäre, aber sie orientieren sich – mal mehr, mal weniger explizit – an der EU und versuchen, das Geheimnis des europäischen Erfolgs der letzten fünfzig Jahre zu ergründen.

Genau wie der Scheinriese Tur Tur, der von weitem so mächtig und aus der Nähe so schäbig, alt und heruntergekommen aussieht, erscheint allerdings auch die EU umso erbärmlicher, je näher man an ihr Zentrum heranrückt. Sowohl am Stammtisch als auch im Feuilleton ist das EU-Bashing zum Modesport geworden, und in allen Mitgliedsstaaten der Gemeinschaft sinken die Zustimmungswerte – auch bei uns in Deutschland, obwohl wir bislang zu den begeisterten Europäern zählten. Das Meinungsforschungsinstitut Emnid überraschte im Sommer 2012 mit der Meldung, fünfundsechzig Prozent der Deutschen glaubten, dass es ihnen ohne die europäische Gemeinschaftswährung besserginge, immerhin achtundvierzig Prozent meinten sogar, die deutsche EU-Mitgliedschaft an sich bringe ihnen persönliche Nachteile. Das sind die schlechtesten Zustimmungswerte für die EU, die in Deutschland je gemessen wurden. Entsprechend zeichnen die Schlagzeilen der Zeitungen ein düsteres Bild. Von «Abstieg», «Untergang» oder zumindest von «verlorenem Einfluss» Europas ist da zu lesen; der Buchmarkt wird derweil beherrscht von Titeln wie «Europa nach dem Fall», «Europa vor dem Crash» und «Europas harte Landung». Seit nunmehr fünf Jahren klingt uns dieser Dauersound der Krise in den Ohren – das bleibt nicht ohne Folgen. Wir sind es nicht gewohnt, als die Sorgenkinder der Weltwirtschaft betrachtet zu werden und plötzlich aus den USA oder aus China Ratschläge zu erhalten, was wir tun und was wir lassen sollen. Aus unserer Sicht waren immer die anderen die Sorgenkinder, nun registrieren wir verunsichert, wie sich mancherorts in die Bewunderung für die EU eine verhaltene Schadenfreude darüber mischt, dass nach der Asien-Krise in den achtziger Jahren und dem regelmäßig vorhergesagten Niedergang der USA jetzt auch Europa einmal Schwächen zeigt. Wir fühlen uns wie ein alter kranker Patient, der von den anderen gesagt bekommt, was richtig für ihn ist und was falsch.

Die Krise rührt an unserem Selbstbewusstsein, und sie tut weh. Die Schmerzen sind zwar nicht in allen EU-Staaten gleich schlimm, spürbar aber sind sie überall. Vor allem in den südlichen Mitgliedsländern der Gemeinschaft geht es ans Eingemachte, viele ihrer Bürger haben immer weniger Geld, können ihre Häuser nicht mehr abbezahlen, die Renten werden gekürzt, und die Jobaussichten sind miserabel. Hoffnungslosigkeit breitet sich aus, manche resignieren vollkommen. Doch auch bei denen, die noch nicht persönlich von der Krise betroffen sind, geht die Angst um, dass es ihnen bald deutlich schlechter gehen wird.

Die Menschen sind verunsichert, das spürt man in Europa allerorts. Und es besteht die Gefahr, dass der Schmerz zu groß und der Wunsch übermächtig wird, die Krise möge doch endlich aufhören – egal, auf welchem Weg man das erreicht. Bitte keine Krise mehr, denken alle, und manche schreien es auf den Plätzen der europäischen Hauptstädte heraus und demonstrieren gegen die bestehenden Verhältnisse und für eine andere Politik.

Ich kann die Wut verstehen, die viele in sich tragen; ich empfinde sie auch. Gleichzeitig aber mache ich mir große Sorgen um unsere Gemeinschaft. Denn die Wut über eine verfehlte Politik in der Europäischen Union hat sich im Verlauf der Krise zunehmend gegen die EU als Institution gewandt und gefährdet nun ausgerechnet das, was man weltweit das «europäische Gesellschaftsmodell» nennt. Bezeichnenderweise ist das europäische Selbstbewusstsein gegenüber den aufstrebenden Staaten, die in den letzten Jahren beeindruckende Wachstumszahlen vorweisen konnten, mittlerweile auf Erbsengröße geschrumpft. Die Krise lässt uns mit unserem Föderalismus, unserem Wirtschaftssystem und sogar mit unserer Demokratie hadern. Selbst an unseren Erziehungsmethoden und unserem Schulwesen zweifeln wir und fragen uns, ob das asiatische Modell nicht vielleicht doch das bessere wäre. Plötzlich wird über die vermeintliche europäische Kuschelpädagogik gelästert und offen darüber diskutiert, ob ein harter Drill unserer Kinder die besseren Ergebnisse bringen würde – wobei mit besseren Ergebnissen «effizientere» Kinder gemeint sind, die in der Welt des 21. Jahrhunderts optimal funktionieren sollen. Wer jedoch meint, Europa gewinne an Wettbewerbsfähigkeit, indem wir unsere Kinder drillen, oder allgemeiner gefasst: indem wir Menschen und Ressourcen erbarmungslos ausbeuten, der hat die Idee der menschlichen Würde und der Erhaltung der Lebensgrundlagen auf unserem

Planeten zugunsten einer knallharten Effizienzideologie aufgegeben. Das ist nicht die Welt, für die ich kämpfe. Ich glaube allerdings auch nicht, dass unsere Zukunft so aussehen muss – denn ich bin fest davon überzeugt, dass Europa etwas Besseres zu bieten hat.

Ich komme aus Würselen, einer Stadt mit knapp vierzigtausend Einwohnern bei Aachen, mitten im Dreiländereck. In meiner Kindheit und Jugend in den sechziger Jahren waren die Grenzen allgegenwärtig, die niederländische und belgische und nicht weit entfernt auch die luxemburgische. Bei Fußballländerspielen wurden die Übergänge nach Holland oft geschlossen, wenn die Emotionen hochkochten und es Krawall gab. Dennoch herrschte ein reger Grenzverkehr. Man besuchte Bekannte oder fuhr ins Nachbarland, um preiswert einzukaufen. Wenn wir das taten, hatten wir immer mehrere Portemonnaies dabei, eins mit der deutschen Mark, eins mit holländischen Gulden und eins mit belgischen Francs. Es war die Zeit, als der 1. FC Köln in der Fußballbundesliga noch oben mitmischte und 1962 und 1964 Deutscher Meister wurde. Da war Lukas Podolski noch gar nicht geboren. Alemannia Aachen spielte noch in der ersten Fußballbundesliga und wurde 1969 sogar Vizemeister. Bei uns in der Gegend herrschte damals Ausnahmezustand, weil bis in die Nacht gefeiert wurde. Staatsgrenzen hatten für die Menschen zu dieser Zeit noch eine viel größere Bedeutung: Wenn ein deutscher Fußballer ins Ausland wechselte, war das eine Sensation, allerdings nicht unbedingt im positiven Sinne. Manche Fans hielten den 2012 verstorbenen großen Augsburger Fußballer Helmut Haller für einen Verräter, als er 1962 zum FC Bologna ging. Die meisten Zuschauer in Deutschland konnten mit ihren kleinen Fernsehern nur ARD, ZDF und ein regionales drittes

Programm empfangen, das noch bis 1967 ausschließlich in Schwarzweiß ausgestrahlt wurde. Dafür guckte die ganze Nation zu, wenn Peter Frankenfeld oder Hans-Joachim Kulenkampff am Samstagabend auf Sendung waren. Kulenkampffs Spielshow EWG («Einer wird gewinnen»), die 1964 erstmals lief, war populärer als die mit demselben Kürzel versehene Europäische Wirtschaftsgemeinschaft. Was würden heutige Moderatoren für solche Einschaltquoten geben?

Die Sechziger waren auch die Zeit, in der die Dominanz der Konservativen zu bröckeln begann. Jahrzehntelang war Deutschland von der CDU regiert worden, 1966 saß dann die SPD zum ersten Mal mit am Kabinettstisch – wenn auch zunächst nur als Juniorpartner. Den frischen Wind, den dieser Wechsel in die politische Landschaft brachte, konnte auch ich in meiner Familie spüren. Meine Mutter, deren Eltern treue Wähler der katholisch-konservativen Zentrumspartei waren, hatte nach dem Krieg eine CDU-Ortsgruppe mitgegründet, mein Vater hingegen war als elftes Kind in eine Bergarbeiterfamilie hineingeboren worden und Sohn eines Mitbegründers des SPD-Ortsvereins Elversberg. An die abendlichen hitzigen Diskussionen bei uns am Küchentisch erinnere ich mich gut. Vor allem meine älteren Geschwister waren der Meinung, dass man sich jetzt mit Politik und Gesellschaft auseinandersetzen müsse. Sie fühlten sich endlich vom Staat ernst genommen und zum Mitmachen eingeladen. Und als Willy Brandt 1969 zum ersten sozialdemokratischen Bundeskanzler gewählt wurde, war der Bundesrepublik das gelungen, was Demokratien auszeichnet: ein friedlicher Machtwechsel.

Die Europäische Gemeinschaft beschränkte sich damals noch auf sechs Mitgliedsstaaten: Belgien, Luxemburg, Niederlande, Frankreich, Italien und Deutschland. Die Staats- und Regierungschefs, die diese Zusammenarbeit initiierten, reisten noch überwiegend mit dem Zug, und sie schrieben sich gegenseitig lange Briefe, die sie ihren Sekretärinnen diktierten und dann auf Schreibmaschine tippen ließen. Viele aus meiner Generation denken, dass das eine gute, vielleicht eine bessere Zeit als heute war. Ich denke das nicht!

Wenn ich heute mit jungen Menschen über die damalige Zeit diskutiere, ist es ein bisschen so, als würde Opa vom Krieg erzählen. Der entscheidende Punkt ist jedoch, dass meine Generation eben nicht mehr aus der eigenen Erfahrung heraus vom sinnlosen Töten und Nächten im Bombenkeller erzählen kann: Ich habe diese furchtbaren Dinge, im Gegensatz zur Generation meiner Eltern und Großeltern, nicht erleben müssen, weil nach dem Zweiten Weltkrieg in Europa endlich jene Entscheidungen getroffen worden sind, die verhindern, dass sich die Völker unseres Kontinents immer wieder in blutige Konflikte stürzen. Deswegen erzählt meine Generation ihren Kindern heute, was wir aus den Erfahrungen unserer Eltern gelernt haben und warum wir die europäische Einigung voranbringen müssen, auch wenn das oft zäh, nervig und frustrierend ist.

Viele Menschen scheinen aber zu glauben, dass es für die Situation, in der sie gegenwärtig leben, eine Art Ewigkeitsgarantie gibt. Das ist im besten Fall naiv und im schlimmsten Fall gefährlich. Wer sich mit der Geschichte beschäftigt, vor allem mit der europäischen und deutschen Historie, der erkennt sehr schnell, dass unser Kontinent über Jahrhunderte hinweg von Kriegen, Armut und Unterdrückung beherrscht wurde, während längere Phasen des Friedens und des Wohlstands die Ausnahme waren.

Vor zweihundert Jahren fand bei Leipzig die Völkerschlacht statt, bei der die europäischen Mächte sechshunderttausend Soldaten auf die Schlachtfelder schickten. Innerhalb von vier Tagen kam damals die unvorstellbar große Zahl von neunzigtausend Menschen ums Leben. Die darauffolgenden Waffengänge konnten weder durch den Wiener Kongress noch den Völkerbund verhindert werden; allein Frankreich und Deutschland fochten zwischen 1870 und 1945 in drei verheerenden Kriegen gegeneinander. Länger andauernden Frieden und Wohlstand genießen wir in West- und Mitteleuropa seit gerade einmal knapp siebzig Jahren. Griechenland, Portugal und Spanien wurden noch bis in die siebziger Jahre von faschistischen Diktatoren beherrscht, für die Völker in Osteuropa, einschließlich der Deutschen in der DDR, dauerte das Zeitalter der Unfreiheit sogar bis ins Jahr 1989 an, als die Menschen in Leipzig, Warschau und Prag endlich die kommunistischen Regime und den Eisernen Vorhang zu Fall brachten. Und trotz des bevorstehenden EU-Beitritts Kroatiens im Jahr 2013 und der Aussicht auf einen möglichen Beitritt Serbiens sollten wir nicht vergessen, dass die Kriege im ehemaligen Jugoslawien weniger als fünfzehn Jahre zurückliegen und im Kosovo noch immer internationale Schutztruppen ein Wiederaufflammen ethnischer Konflikte verhindern müssen.

Frieden, Freiheit und Wohlstand sind also nicht in der europäischen DNA verankert. Es waren vielmehr erhebliche Anstrengungen notwendig, die richtigen Schlussfolgerungen aus den Katastrophen der Vergangenheit zu ziehen. Wir sollten wissen, wo wir herkommen und warum Europa so aussieht, wie wir es heute kennen. Denn dieses Europa hat zwar so manche Fehler und ist oft schwer zu verstehen, aber es ist gleichzeitig schön und anmutig – weil es ein Friedens- und Wohlstandsprojekt ist. Es brauchte aber die von den Deutschen ausgelöste Tragödie des Zweiten Weltkriegs und das in der Geschichte beispiellose Verbrechen des Holocaust, um dieses historisch einmalige Wagnis anzugehen. Zwar hatte es auch schon in der ersten Hälfte des 20. Jahrhunderts immer wieder Initiativen gegeben, die «Vereinigten Staaten von Europa» zu gründen – zum Beispiel im Heidelberger Programm der SPD von 1925 –, eine wirkliche Dynamik entfaltete diese Idee jedoch erst nach 1945.

Mit der europäischen Integration ist zugleich das Gleichgewicht auf unserem Kontinent wiederhergestellt worden, das seit dem Ende des 19. Jahrhunderts gestört war. Bereits nach dem Deutsch-Französischen Krieg von 1870/71, an den heute noch die Siegessäule am Großen Stern in Berlin erinnert, und der anschließenden Gründung des deutsches Kaiserreichs sorgten sich die europäischen Nachbarn über diesen in ihrer Mitte entstandenen Koloss. «Dieser Krieg», so warnte der britische Staatsmann Benjamin Disraeli schon 1871, unmittelbar nach dem Sieg der unter Führung Preußens kämpfenden deutschen Truppen, «bedeutet die deutsche Revolution, ein größeres politisches Ereignis als die Französische Revolution des vergangenen Jahrhunderts. ... Das Gleichgewicht der Macht ist völlig zerstört.»[1] Die Sorge über ein möglicherweise zu mächtiges Deutschland inmitten Europas treibt so manche Nachbarn bis heute um, und es gibt in den europäischen Hauptstädten auch in unseren Tagen noch höchst unterschiedliche Meinungen darüber, welche Rolle unser Land spielen soll – sie reichen von der Mahnung, Deutschland solle sich zurückhalten und auf die Interessen kleinerer Staaten achten, bis zu der Forderung, Deutschland müsse die Führung auf unserem Kontinent übernehmen. Diese Mischung aus Furcht und Bewunderung müssen wir berücksichtigen, wenn wir europäische Politik machen, denn noch immer gilt: Deutschland ist zu groß für Europa und alleine zu klein für die Welt.

1914 entluden sich die innereuropäischen Spannungen in

einem Krieg, der von vielen Politikern und Publizisten anfangs als eine Art reinigendes Gewitter begrüßt wurde, sich aber sehr schnell zum ersten industriell geführten Waffengang entwickelte, in den schrittweise immer mehr Staaten eingriffen. Die Bilanz dieses Ersten Weltkriegs war furchtbar. Erstmals kamen moderne Kriegsgeräte zum Einsatz, also Flugzeuge, Giftgas, U-Boote und Panzer, und am Ende lagen mehr als siebzehn Millionen Tote auf den Schlachtfeldern. Nur vierzehn Jahre nach dieser «Urkatastrophe des 20. Jahrhunderts», wie George F. Kennan diesen Krieg nannte, errang Adolf Hitler die Regierungsgewalt in Deutschland und nutzte sie sogleich, um den nächsten Krieg vorzubereiten. Der Zweite Weltkrieg forderte allein in Europa über fünfundvierzig Millionen Tote und hinterließ einen verwüsteten Kontinent.

Wie sollte man nun mit diesem Deutschland umgehen, das im Schatten seines Vernichtungskriegs gegen Polen und die Sowjetunion knapp sechs Millionen europäische Juden ermordet hatte? Was tun mit einem Deutschland, von dem viele meinten, es habe seit seiner Staatsgründung nur Schwierigkeiten verursacht? Der amerikanische Finanzminister Henry Morgenthau schlug in einem nach ihm benannten Plan vor, Deutschland in mehrere Kleinstaaten aufzuteilen und seiner Industrie zu berauben. Auch wenn dieses Vorhaben vom amerikanischen Präsidenten Franklin D. Roosevelt schnell verworfen wurde, war es angesichts der deutschen Verbrechen doch nachzuvollziehen: Ein kleiner Agrarstaat, so die Idee, würde niemals mehr Angriffskriege führen und die Welt in die Katastrophe stürzen können. Dass die Westalliierten stattdessen eine ganz andere Politik gegenüber dem unterlegenen Aggressor verfolgten, kann man nur als großes Geschenk an die Deutschen begreifen (an dem sich über vier Jahrzehnte lang allerdings nur die Bewohner von

Westdeutschland erfreuen durften). Deutschland sollte befriedet werden, indem man es in eine enge Kooperation mit seinen westlichen Nachbarn einband. Natürlich spielte bei dieser Planung auch das strategische Kalkül des Kalten Kriegs eine Rolle, entscheidend war aber eine grundsätzliche Erwägung: Staaten, Ökonomien und Völker, die wirtschaftlich und politisch miteinander verwoben sind und die sich gemeinsame, transnationale Institutionen geben, werden kaum mehr Krieg gegeneinander führen. Und so kam es zur Zusammenarbeit in den kriegsrelevanten Industrien, in Form einer Gemeinschaft für Kohle und Stahl, aus der sich im Laufe der Jahre erst die europäische Wirtschaftsgemeinschaft, dann die Europäische Gemeinschaft und schließlich die Europäische Union entwickelte.

Den Grundgedanken für diese sich schrittweise vertiefende europäische Kooperation hatte der französische Außenminister Robert Schuman entwickelt – ein wahrhafter Europäer mit einer ungemein beeindruckenden Biographie. Geboren 1886 in Luxemburg und als «Reichsdeutscher» im Besitz eines deutschen Passes, hatte er in Berlin studiert und war während des Ersten Weltkriegs in einer deutschen Kreisverwaltung tätig, bis er 1919 französischer Staatsbürger wurde. Während des Zweiten Weltkriegs wurde er von den Deutschen verhaftet, konnte aber fliehen und schloss sich dem französischen Widerstand an. 1947 wurde er französischer Premierminister. Als französischer Außenminister stellte er am 9. Mai 1950 Pressevertretern den später sogenannten Schuman-Plan vor, in dem es heißt: «Wir schlagen vor, die gesamte deutsch-französische Kohle- und Stahlproduktion einer Hohen Behörde zu unterstellen, in einer Organisation, die den anderen Ländern Europas zum Beitritt offensteht. Dies wird ein Grundstein für eine europäische Föderation sein.»

Die deutsche Bundesregierung unter Kanzler Konrad Adenauer stimmte diesem Plan zu und tat damit einen wichtigen Schritt, um Westdeutschland die Rückkehr in die internationale Völkergemeinschaft zu ermöglichen. Der Schuman-Plan war die Antwort Europas auf die Frage, wie man mit dem deutschen Riesen in seiner Mitte umzugehen gedachte und zukünftige Kriege verhindern wollte. Diese Entscheidung, die das Prädikat «historisch einmalig» verdient, hat unseren Kontinent zu der reichsten, stabilsten und friedlichsten Region auf der ganzen Welt gemacht. «Wenn wir der endlosen Verhandlungen und bürokratischen Kompromisse in Brüssel überdrüssig sind», schreibt der britische Historiker Timothy Garton Ash mit Blick auf die Vergangenheit Europas, dann «sollten wir uns daran erinnern, dass das Palaver von Brüssel der Preis ist, den wir für den Frieden bezahlen.»[2]

Allerdings halte ich den negativen Unterton, der häufig mitschwingt, wenn von den «typischen Brüsseler Kompromissen» gesprochen wird, für unangemessen. Selbstverständlich sind politische Kompromisse in den seltensten Fällen rundum befriedigend, zuweilen sind sie sogar für alle Seiten schmerzhaft. Die Alternative jedoch wäre weiterhin in den Kategorien von Sieg und Niederlage zu denken, und hinzunehmen, dass Gewinnern immer auch Verlierer gegenüberstehen müssen. Wie katastrophal sich die Unfähigkeit auswirken kann, Kompromisse einzugehen, wissen die meisten sicher aus ihrem Privatleben: Wer einmal so richtig verloren hat, vielleicht sogar gedemütigt wurde, wartet auf die nächstbeste Gelegenheit, um sich zu revanchieren. Dieser ewige Kreislauf der Machtspielchen und Machoallüren hat die Politik in Europa über Jahrhunderte dominiert und ist erst durch die europäische Einigung in der zweiten Hälfte des 20. Jahrhunderts durchbrochen worden. Nach und nach hat sich die Überzeugung durchgesetzt, dass Europa nur als Gemeinschaft gewinnen kann. Kurzfristig betrachtet mögen Kompromisse auf europäischer Ebene Missfallen erregen, langfristig erweisen sie sich als die einzige Möglichkeit, einen für alle Beteiligten vorteilhaften Interessenausgleich zu erreichen. Durch den europäischen Zusammenschluss geben zwar die einzelnen EU-Mitglieder Zuständigkeiten ab, müssen teilweise unbequeme Zugeständnisse machen und ihre nationalen Interessen zunächst zurückstellen – insgesamt aber gewinnen wir alle genau dadurch neue Gestaltungsspielräume und Handlungsmöglichkeiten, über die die einzelnen Staaten ohne die EU nicht mehr verfügen würden. Deshalb entspricht das gesamteuropäische Interesse weitgehend auch den nationalen Einzelinteressen. Im Gegensatz zum sogenannten Nullsummenspiel, bei dem der Gewinn des einen der Verlust des anderen ist, birgt die europäische Integration also die Möglichkeit eines Positivsummenspiels, bei dem alle Beteiligten die Chance haben zu gewinnen, ohne dass jemand verlieren muss.

Wenn man sich vergegenwärtigt, unter welchen Bedingungen unser Kontinent nach dem verheerenden Krieg gestartet ist, wie Europa heute dasteht und wie vergleichsweise gut es seinen Bürgern geht, dann erstaunt es umso mehr, dass die europäische Idee unter die Räder gekommen ist. Trotz aller Erfolge haben wir anscheinend die Lust auf Europa verloren. «Es nervt, über Europa zu reden», sagen mir junge Leute immer wieder. Vielleicht ist es aber auch einfach nur zu alltäglich geworden. Während die Schlagerindustrie bis in die siebziger Jahre noch gut davon lebte, die Sehnsucht nach den «Capri-Fischern», dem «Griechischen Wein» oder der «Ciao, ciao-Bambina» zu bedienen, ist eine Reise nach Südeuropa kein Abenteuer mehr.

Mit einem Flug nach Spanien können Kinder heutzutage längst nicht mehr vor ihren Klassenkameraden punkten, dafür müssen sie mit ihren Eltern schon einen Trip nach Asien oder in die USA unternehmen. Mir kommt unser Europa manchmal wie ein altes Ehepaar vor, das vergessen hat, wie verliebt es einst war. Weil manche auch zu vergessen scheinen, welche praktischen Vorteile die europäische Gemeinschaft bringt, werden immer häufiger zentrale Erfolge der Einigungspolitik infrage gestellt. Im Sommer 2012 wurde in Finnland beispielsweise laut darüber nachgedacht, ob es nicht besser sei, den Euro aufzugeben. Und auch hierzulande hat sich die Europamüdigkeit inzwischen so weit ausgebreitet, dass sogar seriöse Zeitungen fragen, ob wir die ganze europäische Veranstaltung nicht absagen sollten. In England sind die Zweifler in der konservativen Partei so dominant geworden, dass sich die britischen Tories im Europäischen Parlament mittlerweile bei den Europaskeptikern und nicht mehr bei der konservativen Partei einreihen. Die Debatte, ob England weiterhin Mitglied der EU bleiben will und sollte, ist voll entbrannt.

Was ist geschehen, dass wir nicht mehr selbstbewusst und voller Stolz auf unsere Erfolge blicken, dass wir nicht mehr erkennen, wie großartig und historisch einzigartig die Einigung unseres Kontinents ist? Liegt vielleicht gerade im Erfolg des europäischen Projekts der Grund dafür, dass die EU in den Augen so vieler überflüssig, ärgerlich, ja nach Ansicht mancher sogar gefährlich ist? Sind wir ermüdet, nachdem es für unseren Kontinent siebzig Jahre kontinuierlich bergauf ging, nachdem wir Frieden geschlossen, Wohlstand aufgebaut und Grenzen eingerissen haben? Ist unsere Zeit abgelaufen, und geht es nun vielleicht nur noch darum, wie wir unseren eigenen Abstieg möglichst schmerzfrei managen, wie es der Politikwissenschaftler

Eberhard Sandschneider in einem seiner letzten Bücher vorausgesagt hat?[3] Oder nehmen wir die Zustände, in denen wir leben, als zu selbstverständlich hin und denken mittlerweile, dass es immer so sein wird?

Um zu erkennen, wie fragil Freiheit und Wohlstand sind, reicht es schon, sich die jüngsten Ereignisse vor Augen zu führen. Vergessen wir nicht die sozialen Unruhen, die in Griechenland, Spanien und anderswo im Zuge der Euro-Krise ausbrachen. Es gab Momente, in denen man angesichts der Fernsehberichte den Eindruck gewinnen konnte, in Europa könnten die Gesellschaften genauso implodieren, wie es in anderen Regionen der Welt immer wieder geschieht. Vergessen wir nicht die umstrittenen Verfassungsreformen, die der Ministerpräsident Viktor Orbán mit seiner Zweidrittelmehrheit im ungarischen Parlament durchdrückte und mit denen er traditionelle Freiheitsrechte beschneiden wollte, was vor allem durch ein beherztes Eingreifen der EU verhindert wurde. Vergessen wir nicht den erbitterten innenpolitischen Machtkampf, der nur kurze Zeit später im Nachbarland Rumänien zwischen dem Ministerpräsidenten Victor Ponta und dem Präsidenten Traian Băsescu tobte, in dessen Verlauf Pressefreiheit, Rechtsstaatlichkeit und die Unabhängigkeit der Gerichte angegriffen wurden. Und vergessen wir nicht die anwachsenden rechtspopulistischen Bewegungen in vielen Ländern Europas, die mancherorts bereits in der Regierungsverantwortung stehen oder ausreichenden Einfluss haben, um die politische Tagesordnung diktieren zu können. Die meisten dieser Strömungen sind durch krude Anti-Islam-Hetze groß geworden, mit der sie die innenpolitische Stimmung in ihren Ländern aufgeheizt haben. Seit dem Beginn der Euro-Krise haben viele dieser populistischen Parteien auch die Europafeindlichkeit in ihr Programm aufgenommen. Man muss kein notorischer Pessimist sein, um zu erkennen, dass die Strömungen, die Europa schon einmal in den Abgrund gezogen haben, noch immer eine große Gefahr darstellen.

Ich bin davon überzeugt, dass Europa weiter zusammenwachsen muss, wenn es nicht scheitern will. Aus dem Mund eines Europapolitikers mag diese Forderung wenig überraschen – schließlich ist dem gelangweilten Publikum oft genug gepredigt worden, unsere Gemeinschaft funktioniere wie eine Fahrradfahrt: Höre man einmal mit dem Treten auf, falle das Fahrrad um. Aber so meine ich es nicht. Die europäische Integration muss nicht zwangsläufig immer weiter vorangetrieben werden, um ein Scheitern der EU zu verhindern. Es ist durchaus ein Zustand denkbar, den man als stabiles Endstadium der Einigung akzeptieren könnte. Dieser Zustand aber ist noch nicht erreicht. Das Mehr an Zusammenarbeit, das ich meine, fußt auf der schlichten Erkenntnis, dass wir an ein paar Stellen nicht sauber gearbeitet haben, als wir das europäische Gebäude errichteten. So verfügen wir etwa über eine gemeinsame Währung, nicht aber über eine gemeinsame Steuer- und Finanzpolitik. Das musste schiefgehen, und nun zeigen die viel zitierten Märkte jeden Tag, wie sich die Europäer aufgrund dieses Fehlers immer wieder gegeneinander ausspielen lassen. Auch bei der Ausgabenpolitik der EU haben wir eine falsche Weichenstellung vorgenommen. Anstatt in wichtige Zukunftsbereiche zu investieren, schütten wir unser Geld in Subventionsgräber und halten Branchen der Vergangenheit künstlich am Leben. Ebenso schlimm ist unsere geradezu babylonische Vielstimmigkeit in der Außen- und Sicherheitspolitik, die uns international zur Lachnummer macht. Nicht zuletzt brauchen wir darüber hinaus mittelfristig eine institutionelle Klarheit in der EU, da selbst Fachleute mittlerweile

Mühe haben, die eigentümlichen Zuständigkeiten zwischen dem Präsidenten des Europäischen Parlaments, dem Kommissionspräsidenten, dem Ratspräsidenten und dem Präsidenten des Europäischen Rates auseinanderzuhalten. Was wir dringend brauchen, ist eine echte europäische Regierung, die parlamentarisch gewählt und kontrolliert wird.

Dass wir die Europäische Gemeinschaft, wie wir sie heute kennen, dringend reformieren müssen, ist für mich also selbstverständlich. Kritik an der EU halte ich deshalb keinesfalls für grundsätzlich antieuropäisch, im Gegenteil: Als Präsident des Europäischen Parlaments schmerzt es mich besonders, dass viele Kritiker recht haben, wenn sie dem Patienten EU einen schlechten Zustand attestieren. Jedoch will ich die EU und damit auch unser europäisches Gesellschaftsmodell bewahren, nicht abschaffen.

In der Debatte um mögliche Reformmaßnahmen sind Augenmaß und das Gespür dafür gefragt, welche Maßnahmen sich unter den aktuellen Bedingungen verwirklichen lassen und welche nicht. Wenn es um Europa geht, wird seit fast vierzig Jahren geschraubt, repariert oder gar Abriss und Neubau erwogen, unablässig justieren wir am Verhältnis zwischen nationalen Regierungen, europäischer Kommission und europäischem Parlament. Obwohl dies auch in Zukunft notwendig sein wird, um Europa für die bevorstehenden Herausforderungen fit zu machen, bezweifle ich, dass die gegenwärtige Euro-Krise der richtige Zeitpunkt ist, um eine europäische Verfassungsdebatte zu beginnen: Wenn das Haus brennt, sollte sich die Feuerwehr auf die Löscharbeiten konzentrieren, anstatt über das ideale Löschfahrzeug der Zukunft zu diskutieren. Eine neue Verfassung, die ja erst entworfen, zur Diskussion gestellt und danach in einem langen Prozess von allen Mitgliedsstaaten ratifiziert werden muss, wird kaum dazu beitragen, unsere aktuellen Probleme zu lösen. Die Menschen wollen momentan nicht über Verfahren und Kompetenzen streiten, sondern darüber, wie Arbeitsplätze gesichert und geschaffen werden können sowie eine gerechte und zukunftsfähige Gesellschaft erhalten bleiben kann. Die Krise hat in aller Deutlichkeit gezeigt, wo die institutionellen Defizite der EU liegen. Wir tun aber gut daran, zwischen unmittelbar notwendigen und mittelfristig sinnvollen Maßnahmen zu unterscheiden, denn wir brauchen beides: eine Erneuerung der europäischen Institutionen und neue Lösungsansätze, um Jobs und soziale Sicherheit zu gewährleisten. All das will ich versuchen, in diesem Buch zu diskutieren, zumindest anzureißen.

Das Buch richtet sich nicht in erster Linie an die Experten, die in Büchern, Fachartikeln und auf Symposien noch jede kleinste Verästelung der EU-Verträge analysieren und über notwendige Veränderungen debattieren. Selbstverständlich sind diese Fachdebatten wichtig, weil sie wertvolle Impulse geben und die Grundlagen verbessern, auf denen politische Entscheidungen gefällt werden. Bei der Diskussion über die Zukunft Europas müssen wir jedoch mehr Menschen ins Boot holen, weil Entscheidungen von großer Tragweite anstehen, die Auswirkungen weit in die Zukunft hinein haben. Dieses Buch ist der Versuch, mit klarer Sprache deutliche Thesen zu formulieren. Ich will Tacheles reden.

Naturgemäß muss das vorliegende Buch eine Skizze bleiben. Es ist das Ergebnis eines ersten Nachdenkens, nachdem ich ein Jahr als Präsident des Europäischen Parlaments im Amt bin. Es war ein sehr intensives Jahr, denn noch nie stand die EU so im Fokus der Aufmerksamkeit und noch nie hatten ihre Akteure so viele Herausforderungen zu bewältigen. Ich will diese Skizze in den kommenden Jahren vervollständigen, die Leerstellen noch füllen. Wahrscheinlich werde ich manches revidieren müssen, anderes muss ich vielleicht weiter zuspitzen und radikaler denken. In jedem Fall aber will ich dazu einladen, dass wir unser Europa verbessern.

I. EUROPA IN DER KRITIK

Die Europäische Union steht in der Kritik, und das zum Teil aus gutem Grund. Ich empfinde es nicht grundsätzlich als europafeindlich, wenn Vorwürfe gegen die Institutionen der EU erhoben werden. Wie alle Institutionen, die den Bürgern dienen sollen, müssen auch sie sich gefallen lassen, von der Öffentlichkeit beurteilt zu werden. Sie müssen Rechenschaft ablegen, und wenn sie dies nicht in angemessener Weise tun, dürfen sie sich nicht wundern, wenn ihre Zustimmungswerte sinken. Natürlich trifft nicht alles zu, was über die EU gesagt, an ihr kritisiert und verflucht wird, aber vieles enthält doch zumindest einen wahren Kern. Deshalb will ich beispielhaft auf einige Kritikpunkte eingehen, die gegen die EU erhoben werden. Nur wenn wir ihre Defizite kennen und klar benennen, werden wir diese auch beseitigen können. Daher will ich im Folgenden über die europäische Bürokratie, das Demokratiedefizit der EU-Institutionen, die oft kritisierte Erweiterungspolitik, das neoliberale Europa und Europas Versagen in der Krise sowie schließlich die Vielstimmigkeit in der europäischen Außenpolitik nachdenken.

Bürokratisches Monster EU

Brüssel – so lautet einer der Vorwürfe, die am häufigsten gegen die EU vorgebracht werden – sei wie ein Raumschiff, in dem ein Haufen von Bürokraten völlig abgekoppelt von den nationalen

Debatten und Befindlichkeiten arbeite, besessen von der fixen Idee, noch das kleinste Detail in den europäischen Mitgliedsländern zu regulieren. Betrachtet man die Bürokratie der EU aus der Nähe, dann ist tatsächlich nicht zu leugnen, dass ihre Tätigkeitsfelder vielfach neu abgesteckt und ihre Strukturen dringend reformiert werden müssen. Vieles ist in den letzten Jahrzehnten aus dem Ruder gelaufen, daher ist es richtig, immer wieder zu überprüfen, welche Kompetenzen gut bei der EU aufgehoben sind und in welchen Fällen es besser ist, wenn sich die Institutionen der jeweiligen Staaten eines Problems annehmen.

Nicht selten sind die vielbeklagten bürokratischen Wucherungen jedoch auch eine Folge nationaler Befindlichkeiten. Das auffälligste Beispiel dafür ist die auf inzwischen siebenundzwanzig Mitglieder angeschwollene EU-Kommission – mit jedem neuen Land, das der EU beitrat, kam ein weiterer Kommissar dazu. Zwar sieht der Vertrag von Lissabon vor, die Zahl der Kommissare auf «zwei Drittel der Zahl der Mitglieder der Mitgliedsstaaten» zu beschränken, allerdings soll diese Vorgabe erst 2014 in die Realität umgesetzt werden, denn natürlich bedeutet dies, dass einzelne Mitgliedsstaaten zukünftig keinen Kommissar mehr stellen. Ich halte es trotzdem für sinnvoll, die Zahl der Kommissare zu verringern, schließlich gebietet es der politische Verstand, sich bei der Zusammensetzung der EU-Kommission daran zu orientieren, welche Aufgaben sie zu bewältigen hat, und nicht daran, ob jedes Land «seinen» Kommissar hat.

Es ist allerdings nicht so, dass die EU dem tatenlos gegenübersteht. So durchforstet eine Reformgruppe unter Leitung des ehemaligen bayerischen Ministerpräsidenten Edmund Stoiber seit einiger Zeit intensiv das europäische Recht, um aufgeblähte Bürokratie zu finden und Vorschläge zu machen, wie diese abgebaut werden kann. In einem Zwischenbericht, der 2012 vorgelegt wurde, hat Stoiber die bürokratiebedingten Kosten für europäische Unternehmen auf vierzig Milliarden Euro geschätzt. Bemerkenswert ist in diesem Zusammenhang, dass er durch seine Arbeit für die EU sprichwörtlich vom Saulus zum Paulus wurde, vom Europaskeptiker zum glühenden EU-Befürworter, und er die nationalen Regierungen aufgefordert hat, sich gegenseitig ein Beispiel zu geben, wie man effizient und ohne große Bürokratie europäische Beschlüsse umsetzen kann. Erstaunt berichtete die Wochenzeitung «Die Zeit» von einem ganz «neuen Stoiber».

Neben der berechtigten Kritik an der EU, die wie jede staatliche Institution deutlich verbessert werden kann, haben sich manche Geschichten über die vermeintliche Abgehobenheit der EU jedoch längst verselbständigt und führen inzwischen ein skurriles Eigenleben. Zwar haben viele dieser Geschichten einen wahren Kern, doch werden sie bei jeder Überlieferung weiter zugespitzt und skandalisiert – eine Art stille Post in der Sphäre der Politik. Ob die Geschichten dann wirklich den Tatsachen entsprechen und ob diese Fälle tatsächlich als Beispiel für eine überbordende Bürokratie taugen, interessiert am Ende die wenigsten. Eine häufig geäußerte Klage lautet beispielsweise, die EU beschäftige viel zu viele Beamte, die sich aus schierer Langeweile immer neue Richtlinien ausdenken. Der vermeintliche Wasserkopf ist bei näherer Betrachtung jedoch längst nicht so groß, wie viele annehmen: In den Institutionen der EU arbeiten insgesamt vierzigtausend Menschen, während allein die Stadt München etwa dreißigtausend Beschäftigte hat. Nur knapp sechs Prozent ihres Jahreshaushalts gibt die EU für Personal, Verwaltung und die Instandhaltung ihrer Gebäude aus, während die deutschen Kommunen allein für das Personal gut ein Viertel ihres Etats ausgeben. Noch eine Zahl, die zu wenige kennen: Der Haushalt der EU entspricht lediglich einem Prozent des europäischen

Bruttoinlandsprodukts (BIP), also des Gesamtwerts aller Waren und Dienstleistungen, die in den siebenundzwanzig Mitgliedsländern erwirtschaftet werden. Dagegen liegt die Höhe des durchschnittlichen Haushalts der EU-Mitgliedsstaaten bei vierundvierzig Prozent des nationalen BIP.

Sehr häufig wird auch darüber geklagt, dass sich die Europäische Union in immer mehr Bereiche einmische, die sie nichts angingen. Tatsächlich erlässt die EU zur Regelung der unterschiedlichsten Lebensbereiche zahlreiche «Richtlinien» und «Verordnungen», wie die Gesetze in der EU-Sprache genannt werden, und selbstverständlich kann und sollte man bei jedem dieser Gesetzgebungsakte prüfen, ob er notwendig ist oder sich das Problem nicht auch anders lösen lässt. Im Unterschied zu den nationalen und regionalen Gesetzgebungsinstanzen unterstellen die meisten Leute der EU jedoch, dass sie die Dinge grundsätzlich überreguliert. Das berühmt-berüchtigte Beispiel ist die sogenannte Gurkenverordnung von 1988, mit der Güteklassen für Gurken festgelegt wurden, wobei eines der Qualitätskriterien deren Krümmungsgrad war. Eine Welle von Hohn und Spott ergoss sich über die EU – und das, obwohl die Verordnung auf Initiative des Handels und einiger Mitgliedsstaaten eingeführt worden war und sich an einer Empfehlung der Vereinten Nationen orientierte. Die EU hatte also eigentlich alles richtig gemacht, trotzdem zog die Kommission 2009 die Notbremse und setzte die Richtlinie außer Kraft. Bezeichnenderweise beklagten daraufhin viele EU-Mitgliedsländer und Handelsverbände, dass nun ein fester Qualitätsstandard fehle und die Vergleichbarkeit der Produkte nicht mehr gegeben sei (viele Gemüsegroßhändler verwenden die Vorgabe deshalb übrigens weiterhin als interne Norm). Das Beispiel der Gurkenverordnung geistert noch heute durch die öffentliche Debatte über Europa, und es gibt kaum eine

Podiumsdiskussion, bei der meine Kolleginnen und Kollegen aus dem Parlament nicht für diese vermeintliche Überregulierung attackiert werden.

Es gibt noch eine Reihe weiterer Beispiele, die nach demselben Muster funktionieren. So wurde Mitte der neunziger Jahre in der EU über eine Richtlinie zum Schutz der europäischen Gewässer und des Grundwassers diskutiert. Zwar gestaltete sich das Gesetzgebungsverfahren auf europäischer Ebene schwierig, weil es zwischen Kommission, Parlament und Ministerrat unterschiedliche Positionen gab, doch wurde schließlich ein Kompromiss gefunden und die Europäische Wasserrahmenrichtlinie vereinbart, die zum Zeitpunkt ihrer Verabschiedung kaum zwanzig Seiten umfasste. Diese Richtlinie musste nun aber – wie alle europäischen Richtlinien – in nationales Recht überführt werden. Das bedeutet konkret, dass das Europarecht in das Bundes- und Landesrecht integriert und von den regionalen Körperschaften noch um Ausführungsbestimmungen ergänzt werden muss. Dieses Verfahren durchlief nun auch die Wasserrahmenrichtlinie, und sowohl der Bund als auch die Länder und Bezirksregierungen fügten dem Urtext hinzu, was sie aus ihrer Sicht für notwendig hielten. Damals war ich nicht nur Abgeordneter im Europäischen Parlament, sondern auch ehrenamtlicher Bürgermeister in meiner Heimatstadt Würselen, und konnte somit nachverfolgen, in welcher Form die Richtlinie Brüssel verlassen hatte – und in welcher Form sie auf kommunaler Ebene landete. Als die Richtlinie in unserem Rathaus eintraf, sahen wir uns einem Gesetzeskonvolut gegenüber, das im Zuge der Umsetzungsbestimmungen der verschiedenen innerstaatlichen Ebenen deutlich an Komplexität zugelegt hatte und nun fast viermal so umfangreich war. Meine Kollegen in der Lokalpolitik waren entsetzt, was für eine unleserliche und voluminöse

Rechtssetzung wir «da in Brüssel verbrochen» hatten, und trotz meiner hartnäckigen Widerrede gelang es mir nicht, sie davon zu überzeugen, dass das eigentliche Problem nicht in Brüssel lag.

Damals war mir noch nicht klar, dass ich in den nächsten Jahrzehnten meines politischen Lebens tagtäglich mit diesem Anklagemuster konfrontiert bleiben würde. Wenn ich nach einem langen Arbeitstag in einem Hotelzimmer irgendwo in Europa durch die Fernsehkanäle zappe, holt es mich immer wieder ein, das bürokratische Monster Brüssel. Ich stoße auf die hundertste Talkshow, in der in heller Aufregung über den Krümmungsgrad der Gurken oder Bananen diskutiert wird oder sich die Gemüter über die Glühbirnenverordnung erhitzen. Ja, denke ich dann, es gibt Verbesserungsbedarf. Und es ist zweifelsfrei die Aufgabe der Medien, unsere Politik in Brüssel kritisch zu begleiten. Doch manchmal frage ich mich erschöpft, ob man mit diesem Herauspicken von skurrilen Fällen wirklich der komplizierten Arbeit gerecht wird, Gesetze für siebenundzwanzig Länder und fünfhundert Millionen Menschen zu machen.

Aber ich will hier nicht den Medien die Schuld in die Schuhe schieben, vieles haben wir Europapolitiker selbst verbockt. Vor nicht allzu langer Zeit hat der Filmemacher Wim Wenders die EU in einer Weise charakterisiert, die mich beeindruckt, aber auch bedrückt hat: «Aus der europäischen Idee wurde die Verwaltung, und jetzt betrachten die Menschen die Verwaltung als die Idee!» Das trifft die Stimmung bei vielen Bürgern ziemlich präzise, und ich nehme diese Auffassung sehr ernst. Dennoch frage ich mich, ob wir die Idee der europäischen Integration nur deshalb aufgeben wollen, weil wir mit dem Zustand der europäischen Institutionen unzufrieden sind. Sollten wir nicht lieber die Verwaltung ändern und dafür sorgen, dass die Idee wieder sichtbarer und spürbarer wird? Ich will mit aller Kraft für den zweiten Weg werben. Es wird Zeit, das bürokratische Monster da zu bekämpfen, wo es tatsächlich existiert, ganz gleich, ob es uns auf regionaler, nationaler oder europäischer Ebene begegnet. Bei diesem Kampf sollten wir jedoch nicht die europäische Idee aufgeben. Denn in diesem Fall würden wir das Kind mit dem Bade ausschütten und schließlich verwundert feststellen, dass wir nicht nur ein paar zweifelhafte Richtlinien verloren haben, sondern vielleicht sogar das, was wir das europäische Modell nennen.

Das Demokratiedefizit in Brüssel

Die EU hat ein Demokratiedefizit. Auch diese Feststellung ist nicht antieuropäisch, sondern eine schlichte Tatsachenfeststellung. Wäre die EU ein Staat, lautet ein geflügeltes Wort in Brüssel, so würde sie mit einem Beitrittsgesuch scheitern, weil sie selbst in vielen Bereichen nicht demokratisch genug verfasst ist. Das Demokratiedefizit bezieht sich vor allem auf das Verhältnis zwischen den Gemeinschaftsinstitutionen – dem Parlament und der Kommission – und den europäischen Regierungen. Zunehmend und insbesondere seit Ausbruch der Krise versuchen die Staats- und Regierungschefs, die Gemeinschaftsinstitutionen an den Rand zu drängen, indem sie auf EU-Gipfeltreffen immer mehr Entscheidungen an sich ziehen – sogar solche, die die europäische Gesetzgebung betreffen. In Interviews und Reden habe ich diesen Trend zur «Vergipfelung» mit dem Wiener Kongress verglichen, bei dem die europäischen Großmächte vor zweihundert Jahren den Kontinent unter sich aufgeteilt haben. Wie sehr das Verhalten der heutigen Staatenlenker dem der damaligen

Herrscher ähnelt, zeigt ein bemerkenswertes Zitat von Claude-Henri de Saint-Simon und Augustin Thierry aus ihrer 1814 publizierten Schrift «Von dem Wiederaufbau der europäischen Staatengesellschaft». Dort heißt es:

> «In Wien ist gegenwärtig ein Kongreß versammelt. Was wird er thun? Was wird er zu thun im Stande seyn? Das wollen wir untersuchen. Durch die Berichtigung der Anmaßungen jeder einzelnen Macht, und die Ausgleichung des Interesses Aller den Frieden zwischen den europäischen Mächten herzustellen, das ist der Zweck dieses Kongresses. Darf man hoffen, daß er erreicht werde? Ich bezweifle es, und folgendes sind die Ursachen, worauf ich diese Muthmaßung gründe. Keines der Glieder des Kongresses wird beauftragt seyn, die Sachen aus dem Gesichtspunkt des allgemeinen Interesses zu betrachten; Keines von ihnen wird selbst dazu bevollmächtigt seyn. Jeder von einem Fürsten oder von einem Volke abgeordnet, von dem er abhängt, von dem er Alles hat, seine Rechte, seine Vollmachten, seine Sendung, wird den Plan der besonderen Politik der Macht, die er vorstellt, vorlegen, und zu beweisen suchen, daß dieser Plan dem Interesse Aller zuträglich ist. Von allen Seiten wird das Privat-Interesse als Maßstab des allgemeinen Interesses angegeben werden.»[4]

Diese Sätze könnten auch heute noch so in der Zeitung stehen, wenn man das gegenwärtige Handeln des Europäischen Rats, in dem die Regierungschefs zusammensitzen, kommentieren möchte. Als «Exekutivföderalismus eines sich selbst ermächtigenden Europäischen Rats» charakterisiert der deutsche Philosoph Jürgen Habermas diesen Trend und nennt diese Praxis treffend «das Muster einer postdemokratischen Herrschaftsausübung».[5] Stefan Kornelius fasst das in einem Kommentar der «Süddeutschen Zeitung» folgendermaßen zusammen: «Immer mehr Entscheidungen werden in immer kürzerer Zeit von immer weniger Mitspielern der demokratischen Maschine Europa gefällt. ... Die Balance zwischen Exekutive und Legislative in den Nationalstaaten funktioniert nicht mehr, ein funktionierendes Pendant auf europäischer Ebene gibt es nicht, es tut sich ein demokratisches Vakuum auf.»[6]

Mittlerweile hat diese Postdemokratie von den europäischen auf die nationalen Institutionen übergegriffen. Aus dem Ausbruch der Weltwirtschaftskrise im Jahr 2008 haben viele Regierungen einen befremdlichen Schluss gezogen: Weil die Märkte schnelle, entschlossene und kraftvolle Signale bräuchten, könne man sich die schwierigen und unbequemen Debatten in den Parlamenten nicht mehr leisten. Fast möchte man hier von einer «Atempause» für die europäische Demokratie sprechen. Dabei müssen Parlamente genau das sein – schwierig und unbequem! Sie müssen politische Entscheidungen ans Licht der Öffentlichkeit zerren, und sie müssen über Gesetzesvorhaben beraten, diese verändern und gegebenenfalls sogar ganz verwerfen können. Das ist so in einer Demokratie, und dafür brauchen Parlamente Zeit. Wenn wir uns diese Zeit nicht mehr nehmen, geben wir unser Gesellschaftsmodell auf. Im Sommer 2012 bahnte sich in Deutschland ein abenteuerlicher Präzedenzfall an, als die Bundesregierung den Bundespräsidenten Joachim Gauck drängte, den Fiskalpakt und den Europäischen Stabilitätsmechanismus (ESM) zu unterzeichnen, obwohl dem Bundesverfassungsgericht dazu noch verschiedene Klagen vorlagen. Nachdem der Bundespräsident dieser Bitte nicht nachgekommen war, forderte Finanzminister Wolfgang Schäuble von den Richtern, im Interesse der Märkte zu einer schnellen Entscheidung zu kommen. Das oberste deutsche Gericht aber gab, ebenso wie zuvor der Bundespräsident, der Bundesregierung eine Nachhilfestunde in Sachen Demokratie und nahm sich die Zeit, die es zur Prüfung brauchte.

Das war wichtig. Denn wir benötigen keine «marktkonforme Demokratie», wie es die deutsche Bundeskanzlerin einmal verlangt hat, sondern einen demokratiekonformen Markt. Nicht die Parlamente müssen den Vorgaben des Marktes gehorchen, vielmehr muss gerade umgekehrt die sich in Wahlen widerspiegelnde Mehrheitsmeinung den Finanzinstitutionen, Händlern und Ratingagenturen Regeln setzen, denen diese zu folgen haben. Die Wirtschaft agiert nicht im rechtsfreien Raum. Wenn der Deutsche Bundestag und andere europäische Parlamente binnen kürzester Zeit Hilfspakete verabschieden, deren Umfang Hunderte Milliarden Euro beträgt, kann dies im Einzelfall hingenommen werden – als Dauerzustand aber gefährden solche im Eiltempo durchgepeitschten Beschlüsse unsere Demokratie.

Auf europäischer Ebene ist das Demokratiedefizit noch gravierender. Das Europäische Parlament existiert als eigene Institution, die aus freien Wahlen hervorgeht, erst seit 1979. Seither streiten wir Parlamentarier dafür, mehr Rechte zu bekommen. Darin unterscheiden wir uns zunächst nicht von unseren Kollegen in den nationalen Parlamenten; sie ringen ebenfalls tagtäglich mit ihren Regierungen darum, Informationen aus den Ministerien zu erhalten, frühzeitig über internationale Verhandlungen informiert zu werden und Gesetzesinitiativen der Exekutive in ihrem Sinne verändern zu können. Dieser Streit gehört zum demokratischen Prozedere und endet nur dann vor dem Verfassungsgericht, wenn er eskaliert. Weil die meisten nationalen Parlamente in Europa schon etwas länger um ihre Rechte kämpfen, haben sie gegenüber dem Europaparlament einen Vorsprung. Das bedeutet nicht, dass das Europäische Parlament gänzlich machtlos ist; in den vergangenen Jahrzehnten haben seine Abgeordneten den Regierungen viele Rechte abgetrotzt, und im weltweiten Vergleich ist es zu einem der mächtigsten Parlamente geworden. Doch es fehlt ihm noch immer ein entscheidendes Recht, über das nationale Parlamente ganz selbstverständlich verfügen: das Recht, eigene Gesetzesinitiativen einzubringen. Aus diesem Grund nehmen viele Menschen das Europaparlament als Volksvertretung zweiter Klasse wahr. Das ist bitter, weil der Parlamentarismus dadurch insgesamt unter Druck kommt und die gute Arbeit, die die meisten meiner Kolleginnen und Kollegen in Brüssel und Straßburg leisten, geringgeschätzt wird. Andererseits offenbart diese Einschätzung aber auch einen grundlegenden Mangel der gegenwärtigen europäischen Demokratie: Das Prinzip der Gewaltenteilung, das wir von der nationalen Ebene kennen, kommt auf der europäischen Ebene noch nicht ausreichend zur Geltung. Dabei wäre dies dringend geboten, schließlich wirkt die EU im Unterschied zu fast allen anderen internationalen Organisationen, die auch nicht immer demokratisch arbeiten, mit ihrer Gesetzgebung unmittelbar in nationales Recht hinein. Inzwischen sind rund sechzig Prozent der Gesetze, die der Deutsche Bundestag verabschiedet, die Umsetzung europäischer Richtlinien.

Es gibt immer wieder Überlegungen, dieses demokratische Defizit zu beheben, indem man einige Abgeordnete der nationalen Parlamente von Zeit zu Zeit zu einer europäischen Kammer zusammenkommen lässt. Der ehemalige deutsche Außenminister Joschka Fischer hat dies noch im November 2011 in einem Interview mit der «Zeit» vorgeschlagen. Doch würde man damit nur zu dem Zustand zurückkehren, der bis 1979 bestand, als nationale Abgeordnete nebenbei auch noch europäische Gesetzgeber waren. Dieses Vorgehen hat sich schon damals nicht bewährt und wäre beim derzeitigen europäischen Integrationsstand erst recht zum Scheitern verurteilt: Angesichts der Komplexität der zu lösenden Aufgaben wird ein europäisches Freizeitparlament schwerlich den Ansprüchen an eine moderne Legislative nachkommen und als Anwalt der Bürgerinnen und Bürger wirken können. Die Folge wäre eine weitere Entparlamentarisierung der EU und somit eine Verschärfung des Demokratiedefizits auf der europäischen Ebene. Durch die Stärkung der nationalen Parlamente – so wünschenswert diese auch grundsätzlich ist – wird man dieses Problem nicht lösen können. Im integrierten Europa brauchen wir eine transnationale Demokratie, die wir effektiv nur durch eine Stärkung des Europaparlaments erreichen können, das mit den nationalen Parlamenten eng zusammenarbeitet.

Dagegen gehört die Einführung der direkten Demokratie zu den am häufigsten genannten Vorschlägen, wenn über die Stärkung der Demokratie in Europa debattiert wird. Bei dieser Diskussion sind jedoch stets aufs Neue verblüffende Positionswechsel zu beobachten. Politiker, die sich üblicherweise gegen Volksbefragungen aussprechen und sie dementsprechend in ihren Heimatländern verhindern, entdecken bei europapolitischen Fragen plötzlich ihr Herz für die direkte Demokratie. So haben CDU/CSU und FDP sich in der Vergangenheit beispielsweise wohlweislich gehütet, das Volk zur Zukunft der Atomkraft zu befragen, da sich nach allen bekannten Umfragen eine überwältigende Mehrheit gegen den Weiterbetrieb der Kernkraftwerke ausgesprochen hätte. Wenn es aber um die EU geht, hoffen die eingeschworenen Referendumsgegner, ihre Umfragewerte mit ein wenig europaskeptischem Populismus zu verbessern. Umgekehrt kühlt sich die Begeisterung für Plebiszite auf der anderen Seite des politischen Spektrums deutlich ab, wenn über Europa abgestimmt werden soll. Viele befürchten, die europäische Integrationspolitik könnte auf diese Weise ins Stocken geraten. Das ist deshalb besonders schlimm, weil sich dadurch der Eindruck verstärkt, die Politiker würden dem obersten Souverän – dem Volk – in dieser Frage nicht trauen.

Tatsächlich beklagen inzwischen viele Kritiker, Europa sei längst zu einem Projekt geworden, das die Eliten am liebsten unter sich ausmachen, weil sie Angst haben, dass die Wähler eine «falsche» Entscheidung – also gegen Europa – treffen könnten. Diese Ansicht war insbesondere vor den Osterweiterungsrunden sowie vor der Einführung des Euro oft zu hören, und leider ist sie nicht ganz verkehrt. So haben die irischen Wähler sowohl den Vertrag von Nizza im Jahr 2001 als auch den Lissabonner Vertrag im Jahr 2008 bei entsprechenden Referenden zunächst abgelehnt, woraufhin ihnen die Verträge jeweils nach einer Schamfrist von einem Jahr und mit geringfügigen Nachbesserungen erneut von der irischen Regierung zur Abstimmung vorgelegt wurden. In der Europapolitik, so spotten seitdem manche Beobachter, wird das Volk so lange zur Urne gerufen, bis das Ergebnis passt.

Nun lässt sich zwar argumentieren, die irische Bevölkerung habe die Abstimmung über die Verträge genutzt, um die Regierung in Dublin aus innenpolitischen Gründen abzustrafen, und es sei deshalb legitim gewesen, das Referendum zu wiederholen. Aber dieses Argument ist nicht stichhaltig, da sich dasselbe Phänomen bei allen Abstimmungen beobachten lässt, unabhängig davon, ob es sich um Plebiszite oder um Parlamentswahlen handelt. In Deutschland haben Parteien schon bei so manchen Europa- oder Landtagswahlen Niederlagen erlitten, weil die Bevölkerung der jeweiligen Bundesregierung einen Denkzettel verpassen wollte, und die Wahlen zum US-Kongress, die nach der Hälfte der Amtszeit des amerikanischen Präsidenten stattfinden, werden ganz offen als *midterm election* bezeichnet, als gälte es, dem jeweiligen US-Präsidenten ein Zwischenzeugnis auszustellen und nicht etwa, die Repräsentanten aus den Bundesstaaten zu wählen. Abstimmungen werden also immer von vielen Faktoren beeinflusst, und es ist Sache der Wähler, nach welchen Kriterien sie ihre Entscheidung treffen. Umgekehrt bedeutet dies aber auch, dass die Wiederholung des Referendums über den Lissabonner Vertrag in Irland auf den ersten Blick zwar ein unglückliches Verfahren war, es den Stimmberechtigten aber freigestanden hätte, das Abkommen bei der zweiten Abstimmung erst recht abzulehnen. Sie haben den überarbeiteten Vertrag aber angenommen – und das übrigens mit einer weit größeren Mehrheit und einer deutlich höheren Wahlbeteiligung als bei der Ablehnung des Vertrags im Jahr zuvor.

Die Furcht, die europäische Integration werde zum Stillstand kommen, wenn man die vermeintlich tendenziell europaskeptisch gestimmten Wähler abstimmen lasse, ist also offensichtlich unbegründet – ebenso aber die Schlussfolgerung, die Europapolitik sei strukturell undemokratisch, weil es keine europaweiten Volksbefragungen gibt und die europäischen Verträge in Ländern wie Deutschland nicht zur Abstimmung gestellt werden. Zwar haben die Wähler hierzulande weder über die Verträge von Maastricht, Nizza oder Lissabon direkt abgestimmt, und auch über die Einführung des Euro oder über die Aufnahme neuer Mitglieder in die EU wurden zwischen Flensburg und Passau keine Wahlkämpfe geführt, doch sind all diese Integrationsschritte von der jeweiligen Bundesregierung vorgeschlagen und von Bundestag und Bundesrat beschlossen worden – oft mit Zweidrittelmehrheit und einer Zustimmung über die Parteigrenzen hinweg. Dieses rein parlamentarische Verfahren sagt allerdings nichts über die Qualität der europäischen Demokratie aus, sondern vielmehr über die politischen Traditionen in Deutschland. Gesetze werden bei uns – so will es das deutsche Grundgesetz – von Abgeordneten in den jeweiligen Parlamenten verabschiedet. Zwar schließt unsere Verfassung Referenden nicht grundsätzlich aus, aber in den vergangenen Jahrzehnten sind Initiativen zur Einführung von Volksbefragungen immer wieder gescheitert. Aus diesem Grund werden die Europagesetze in Deutschland genauso beschlossen wie in allen anderen Politikbereichen auch: durch ein parlamentarisches Verfahren, in dem die Abgeordneten im Bundestag, und bei Bedarf die Landesregierungen im Bundesrat, ihre Hand heben oder ihren Daumen senken. Die dafür notwendigen Mehrheiten zu erringen, war in der Vergangenheit übrigens oft sehr schwer. Im Jahr 2012 war Angela Merkel mehrfach auf die Stimmen der rot-grünen Opposition angewiesen, weil ihr viele Abgeordnete der eigenen Partei und des liberalen Koalitionspartners die Gefolgschaft verweigerten.

Wenn manche Politiker nun fordern, im Bereich der Europapolitik unbedingt auch bei uns Volksabstimmungen durchzuführen, frage ich mich deshalb, warum sie solche Entscheide bei strittigen Fragen wie dem Mindestlohn ablehnen. Und warum hat es eigentlich keine Volksbefragung gegeben, als sich die beiden deutschen Staaten 1990 vereinigt haben, obschon der damalige Artikel 146 unseres Grundgesetzes diese Möglichkeit ausdrücklich vorsah? Die entsprechenden Antworten sind meist interessante verbale Verrenkungen. Ebenso ist es auf europäischer Ebene: Immer wenn ich Referendumsbefürworter, egal, in welchem Land, frage, ob sie ein Referendum zu einem neuen Europavertrag auch dann akzeptieren würden, wenn es eine Mehrheit in Europa gäbe, aber keine in ihrem Land, weichen sie der Debatte aus oder positionieren sich unter diesen Voraussetzungen plötzlich doch gegen eine Volksabstimmung. Offensichtlich hegen insbesondere diejenigen eine Vorliebe für Referenden in der Europapolitik, die meinen, auf diesem Wege eine Renationalisierung unseres Kontinents durchsetzen zu können. Um genau dieses Anliegen geht es ihnen im Kern, die Sorge über den Zustand der europäischen Demokratie ist dagegen häufig nur vorgeschoben. Verhielte es sich nicht so, müsste man nämlich andere Debatten führen, etwa über die Stärkung des Europäischen Parlaments und die Übernahme des Gewaltenteilungsmodells in der EU, wie wir es aus den Nationalstaaten kennen. Oder über die Wiederherstellung des Primats der Politik gegenüber einem entfesselten und marktradikalen Kapitalismus, der die Errungenschaften der sozialen Marktwirtschaft torpediert.

Um die Debatte über die europäische Demokratie und ihre tatsächlichen und vermeintlichen Defizite zu versachlichen, ist es vielleicht hilfreich, sich von Zeit zu Zeit zu vergegenwärtigen, welch unterschiedliche Spielarten der Demokratie es in den europäischen Ländern gibt. Schüler lernen heute schon früh die unterschiedlichen politischen Systeme kennen und erfahren, wie bei uns und in anderen Staaten politische Entscheidungen zustande kommen. In manchen Ländern gibt es starke Elemente der direkten Demokratie. Es gibt das Mehrheitswahlrecht und das Verhältniswahlrecht und Systeme, die beides kombinieren. Es gibt das Präsidialsystem in Frankreich und konstitutionelle Monarchien in Spanien und anderswo. Deutschland hat ein sehr mächtiges Verfassungsgericht, während ein Staat wie Großbritannien ganz ohne eine geschriebene Verfassung auskommt.

Trotz dieser zahlreichen Unterschiede sind alle EU-Mitgliedsstaaten demokratisch. Denn wie auch immer ihre politischen Systeme aussehen, haben sie doch eine Gemeinsamkeit: Der oberste Souverän ist das Volk, das in Wahlen und Abstimmungen direkt oder indirekt über Parlamente, Regierungen und politische Gruppierungen entscheidet. Die unterschiedlichen demokratischen Traditionen sind alle historisch gewachsen und erklären sich den Bürgern meist von selbst. Wie einfach wäre es, über andere die Nase zu rümpfen: «Ihr habt einen König – was hat denn das mit Demokratie zu tun?» Oder: «Ihr habt keine Verfassung – wie sollen denn da die Grundrechte geschützt werden?» Oder: «Ihr sprecht unterschiedliche Sprachen in eurem Land – wie wollt ihr da bitte eine gemeinsame Debatte führen?»

Genauso schnell, wie man in anderen Ländern ein paar Kuriositäten finden kann, fänden wir solche auch bei uns. Versetzen wir uns dafür kurz in jemanden, der nicht mit dem deutschen System vertraut ist, und lassen ihn ein paar «Merkwürdigkeiten» festhalten: Wir haben ein Verfassungsgericht, das demokratisch zustande gekommene Gesetze einfach kippen kann, und dies auch immer wieder tut, selbst dann, wenn diese Gesetze mit Zweidrittelmehrheit von Bundestag und Bundesrat beschlossen worden sind. Es gibt sogar Artikel in unserem Grundgesetz, die eine Ewigkeitsgarantie besitzen und durch keine Mehrheit verändert werden können. In unserem föderalen System entsenden die Regierungen der sechzehn Bundesländer ihre Vertreter in eine Zweite Kammer, den Bundesrat. Dort hat Nordrhein-Westfalen mit seinen knapp achtzehn Millionen Bürgern sechs Stimmen, genauso viel wie Baden-Württemberg, obwohl dort nur rund elf Millionen Menschen leben. Bremen dagegen verfügt im Bundesrat über drei Stimmen, obwohl es nur gut sechshunderttausend Einwohner hat – dort reichen also schon etwa zweihunderttausend Einwohner, um eine Stimme im Bundesrat zu bekommen, während in Nordrhein-Westfalen pro Stimme drei Millionen Einwohner erforderlich sind. Noch dazu haben wir bei Wahlen eine Fünfprozentklausel, sodass alle Stimmen verlorengehen, die Wähler einer Partei gegeben haben, die die Hürde von fünf Prozent nicht überspringt. Diese Liste ließe sich beliebig verlängern.

Ich will diese Regelungen gar nicht kritisieren. Auch wenn sie manchmal kompliziert, teuer oder ärgerlich sind, sind sie aufgrund konkreter historischer Erfahrungen eingeführt worden. Ich nenne sie, um den Sinn dafür zu schärfen, dass es unterschiedliche Ausprägungen von Demokratie geben kann. Das ist wichtig. Denn während die genannten «Merkwürdigkeiten» des deutschen Systems in der Öffentlichkeit nicht nur akzeptiert, sondern für normal gehalten werden, führen vergleichbare Regelungen in Europa oft dazu, dass an der EU insgesamt gezweifelt wird. Wie oft bin ich in Interviews gefragt worden, ob Deutschland nicht ungerecht behandelt werde, weil es im Verhältnis zu seiner Einwohnerzahl viel weniger Abgeordnete ins Europäische Parlament schicken darf als beispielsweise Malta. «Ja, mag sein», möchte man antworten, «aber das verhält sich im Deutschen Bundesrat, nimmt man das Verhältnis von NRW und Bremen als Beispiel, genauso.» Oder ein anderer Klassiker: «Niemand versteht, wie die EU funktioniert – das ist doch alles intransparent und undemokratisch!» Auch das stimmt. Aber wer kann mir bitte das deutsche Wahlrecht mit seinen Überhangmandaten oder den genauen Ablauf des Gesetzgebungsverfahrens in Deutschland erklären? Denke ich an das Vermittlungsverfahren zwischen Bundestag und Bundesrat, scheint es bei uns ebenso viele Tücken und Fallstricke zu geben wie in der EU. Während die Fünfprozentklausel bei Parlamentswahlen in Deutschland als wichtiger Garant für die Funktionsfähigkeit des Deutschen Bundestages angesehen wird, hat das deutsche Bundesverfassungsgericht in seiner Entscheidung vom 9. November 2011 ebendiese Sperrklausel bei den Europawahlen für verfassungswidrig erklärt. Begründet wurde dies unter anderem damit, dass das Europaparlament keine Regierungen wähle und es daher im Grunde kein vollwertiges Parlament sei. Nähme man dieses Argument ernst, dann wäre auch der US-Kongress kein echtes Parlament, weil die amerikanische Regierung vom Präsidenten eingesetzt wird. Selbst unser Verfassungsgericht ist also nicht davor gefeit, nur wenig Verständnis für das transnationale System der EU aufzubringen.

Wie immer die demokratische Praxis in den unterschiedlichen Staaten im Einzelnen aussieht – gemeinsam ist ihr, dass es immer Repräsentanten für die Regionen und solche für den Gesamtstaat gibt, also Politiker, die Entscheidungen auf ihrer jeweiligen Ebene treffen. Diese Politiker können abgewählt werden, und das ist der entscheidende Fortschritt der Demokratie: Eine Regierung mit einem anderen Programm kann die Amtsgeschäfte übernehmen, ohne dass gleich eine Revolution ausgerufen werden muss. Aus diesem Grund hat Willy Brandt in seiner Regierungserklärung vom 28. Oktober 1969, nachdem er als erster Sozialdemokrat zum Bundeskanzler gewählt worden war, gesagt: «Unsere parlamentarische Demokratie hat zwanzig Jahre nach ihrer Gründung ihre Fähigkeit zum Wandel bewiesen und damit ihre Probe bestanden. Dies ist auch außerhalb unserer Grenzen vermerkt worden und hat unserem Staat zu neuem Vertrauen in der Welt verholfen.»[7]

Wichtig ist in der Demokratie aber noch etwas anderes: Auch wenn Politiker in Wahlen eine Mehrheit errungen haben, besitzen sie doch keine absoluten Durchgriffsrechte. Das verhindert das System der Gewaltenteilung, also die Trennung der gesetzgebenden legislativen Gewalt (Parlament), der ausführenden exekutiven Gewalt (Regierung) und der Rechtsprechung (Gericht), das von den Philosophen Montesquieu und John Locke erdacht worden ist. So musste der amerikanische Präsident Barack Obama zittern, als das oberste US-Gericht darüber befand, ob die Gesundheitsreform nicht die Rechte der Bundesstaaten verletzt, und auch Bundeskanzler Gerhard Schröder kannte das nach dem genialen und viel zu früh verstorbenen SPD-Fraktionsvorsitzenden Peter Struck benannte Struck'sche Gesetz sehr genau, nach dem kein Gesetz den Bundestag so verlässt, wie es das Bundeskabinett ins Parlament eingebracht hat, weil auch die Fraktionen, die die Regierung stützen, ihr Gestaltungsrecht wahrnehmen. Es sei noch erwähnt, dass heute viele die freie Presse als neues, viertes Element einer funktionierenden Gewaltenteilung verstehen. An diesen fundamentalen Grundbedingungen für Demokratie – gewählte Repräsentanten, die für ihre Ebene die Kompetenz haben, und das Gewaltenteilungsmodell – müssen wir auf europäischer Ebene noch viel arbeiten. Denn es fehlt hier an einem Parlament, das die vollen Mitwirkungsrechte hat, wie wir sie aus den Mitgliedsstaaten kennen, und es fehlt an einer erkennbaren Regierung, die man für ihr Handeln verantwortlich machen kann.

Ich will in diesem Zusammenhang eine amüsante Anekdote erzählen, über die der frühere britische Premierminister Tony Blair in seinen Memoiren schreibt. Auf dem G8-Gipfel im Jahr 2001 fragte der amerikanische Präsident George W. Bush, wer denn dieser «Typ» sei, der da in der Mitte der Staats- und Regierungschefs sitze, und deutete dabei auf Guy Verhofstadt. Der damalige belgische Premierminister und heutige Fraktionsvorsitzende der Liberalen im Europaparlament nahm damals als EU-Ratspräsident am G8-Gipfel teil. Die Ratspräsidentschaft rotiert im Halbjahresrhythmus zwischen den EU-Mitgliedern. Als Blair dem US-Präsidenten zuflüsterte, dass es sich um den belgischen Regierungschef handle, war Bush verwirrt: Belgien sei doch gar kein G8-Staat. Als Blair erwiderte, dass Verhofstadt als EU-Ratspräsident teilnehme, fragte der amerikanische Präsident ungläubig: «Ihr lasst die Belgier Europa regieren?»[8]

Sosehr ich immer wieder über diese Geschichte lachen kann, so deutlich zeigt sie auch die institutionelle Schwäche der EU, die wir uns mit den kaum nachvollziehbaren Strukturen und schlecht abgegrenzten Zuständigkeiten erlauben. Leider sind die Verhältnisse inzwischen noch verworrener geworden. Mit dem Lissabonner Vertrag, der nach dem Scheitern der europäischen Verfassung erarbeitet wurde und seit 2007 die Geschäftsgrundlage der EU bildet, wurde das Amt des ständigen Vorsitzenden des Europäischen Rats, also der Konferenz der europäischen Staats- und Regierungschefs, eingerichtet. Damit hat die EU inzwischen gleich vier Präsidenten: Neben dem Präsidenten der EU-Kommission sind dies der ständige Vorsitzende des Europäischen Rats, der Regierungschef bzw. der jeweilige Fachminister des Mitgliedslandes, das die halbjährige Präsidentschaft der EU innehat, und der Präsident des Europaparlaments. Während das Europaparlament und der Ministerrat legislative Funktionen ausüben, kommen sich der Kommissionspräsident sowie der ständige Vorsitzende und der rotierende Präsident des Europäischen Rats in ihrer exekutiven Tätigkeit ständig in die Quere.

Wenn wir im 21. Jahrhundert weiterhin ein demokratisches Gemeinwesen bleiben wollen, werden wir also die Demokratie in Europa erneuern müssen. Die Verfahren in dieser europäischen Demokratie mögen anders sein, als wir das aus unserer nationalen Praxis kennen. Aber an den Grundbedingungen der

Demokratie und der Gewaltenteilung dürfen wir nicht rütteln. Denn eine EU, die ihre demokratischen Defizite nicht überwindet, würde von ihren Bürgern zu Recht abgelehnt.

Erweiterung ohne Reformen: Überdehnt sich die EU?

Wann immer ich das Wort EU-Erweiterung in den Mund nehme, sehen mich meine Gesprächspartner so gequält an, als hätten sie plötzlich Zahnschmerzen bekommen. Spätestens seit der Aufnahme zwölf neuer EU-Mitglieder 2004 und 2007 – der drei baltischen Staaten, Bulgariens, Maltas, Polens, der Tschechischen Republik, der Slowakei, Sloweniens, Rumäniens, Ungarns und Zyperns – häufen sich die Klagen darüber, dass die EU sich nun endgültig überdehnt habe, und historische Analogien werden bemüht, die belegen sollen, dass große Reiche oft aufgrund einer solchen Überdehnung scheitern. Dabei sind wir in Sachen Erweiterung noch längst nicht am Ende. Mit Kroatien (geplanter Beitritt im Sommer 2013), Island, der Türkei, Mazedonien, Montenegro und Serbien haben bereits weitere Länder ihren Beitritt beantragt, und die EU hat ihnen einen Kandidatenstatus eingeräumt. Dieser Status ist eine Art Verlobung, also ein Versprechen, dass man zusammenbleiben möchte, wenn sich die neuen Partner nicht völlig danebenbenehmen und die notwendigen Kriterien erfüllen. Diese Länder werden also mit großer Wahrscheinlichkeit über kurz oder lang Mitglieder der EU werden. Hierfür ist allerdings ein einstimmiger Beschluss aller Mitgliedsstaaten erforderlich. Dies war auch bei vergangenen Erweiterungsrunden so.

Für einen Beitritt müssen die Kandidaten bestimmte Voraussetzungen erfüllen, die sogenannten Kopenhagen-Kriterien. Wir haben diese Kriterien festgelegt, weil die EU eine Rechtsgemeinschaft ist und deshalb die Frage, ob und wie ein Land der EU beitreten kann, nicht nach Tageslaune entschieden werden soll. Bei der NATO vollziehen sich Erweiterungen etwas willkürlicher, je nachdem, wer im Weißen Haus in Washington regiert und ob das Atlantische Bündnis gerade jemanden ärgern will. Da macht es sich die EU etwas schwerer. Ihre Aufnahmekriterien wurden 1993 bei einem europäischen Gipfel in Kopenhagen beschlossen, um sich auf den erwarteten – und im Jahr 2004 schließlich vollzogenen – Beitritt der erwähnten neuen Mitglieder vorzubereiten. Der entscheidende Satz lautet: «Als Voraussetzung für die Mitgliedschaft muss der Beitrittskandidat eine institutionelle Stabilität als Garantie für demokratische und rechtsstaatliche Ordnung, für die Wahrung der Menschenrechte sowie die Achtung und den Schutz von Minderheiten verwirklicht haben; sie erfordert ferner eine funktionsfähige Marktwirtschaft sowie die Fähigkeit, dem Wettbewerbsdruck und den Marktkräften innerhalb der Union standzuhalten. Die Mitgliedschaft setzt außerdem voraus, dass die einzelnen Beitrittskandidaten die aus einer Mitgliedschaft erwachsenden Verpflichtungen übernehmen und sich auch die Ziele der politischen Union sowie der Wirtschafts- und Währungsunion zu eigen machen können.»

Etwas kürzer gefasst geht es um drei Punkte: Ein Staat muss erstens demokratisch verfasst sein und über ein funktionierendes Rechtssystem verfügen, er muss zweitens eine funktionierende Marktwirtschaft haben, und er muss drittens den in der EU geltenden Rechtsbestand vollständig übernehmen. Juristen nennen das die Übernahme des *Acquis communautaire*. Auch wenn dieser letzte Punkt etwas trocken klingt, ist seine Umsetzung eine gewaltige Herausforderung für ein Land, das beitreten möchte. Ich erinnere mich gut an die Zeit, in der Günter Verheugen als EU-Kommissar die Beitrittsverhandlungen zur Osterweiterung geführt hat. Der abschließende Vertrag, der den gesamten rechtlichen EU-Besitzstand enthielt, umfasste sechstausend Seiten. Verheugen hatte diesen Vertrag in seinem Büro auf einer gläsernen Anrichte neben der Besuchercouch liegen – eine beeindruckende Dokumentation, die physisch verdeutlichte, wie weit die Integration der EU bereits vorangeschritten war. Wobei ich zugeben will, dass andere dieses Konvolut eher als einschüchternd oder auch als Symbol für eine zügellose, alles regulierende EU-Bürokratie ansehen mögen. Von den drei Kopenhagen-Kriterien ist das erste das entscheidende: Während die Transformation in eine wettbewerbsfähige Marktwirtschaft und die Übernahme der EU-Gesetze erst zum Beitrittsdatum erfüllt sein müssen, ist die Demokratie die grundlegende Bedingung, damit ein Staat überhaupt den Status eines Beitrittskandidaten erhalten kann.

Wer hierzulande Bedenken gegen die Aufnahme neuer Mitglieder hegt, sollte sich vielleicht die erste Erweiterungsrunde nach dem Fall der Berliner Mauer in Erinnerung rufen: Die bestand nämlich in der Aufnahme der fünf neuen Bundesländer in die EU, die sich mit der deutschen Wiedervereinigung am 3. Oktober 1990 vollzog. Das war kein Pappenstiel, nur sieben der heutigen siebenundzwanzig EU-Mitgliedsstaaten haben eine größere Bevölkerung als die damalige DDR, die knapp siebzehn Millionen Bürgerinnen und Bürger in die EU einbrachte. Da der ökonomische Entwicklungsstand des «DDR-Beitrittsgebietes» sehr zu wünschen übrig ließ, war zudem von Anfang an klar, dass die neuen Bundesländer Empfänger von EU-Mitteln werden würden. Und auch heute noch – über zwanzig Jahre nach der Wiedervereinigung – bekommen viele Regionen in Ostdeutschland Geld von der EU. Das größte Problem für das übrige Europa lag aber darin, dass Deutschland, das in den vergangenen hundert Jahren mit seiner Machtfülle so schlecht klargekommen war, nun erneut zum bevölkerungsreichsten Land in der Mitte Europas wurde. Es ist deshalb entscheidend, dass unser Land die richtigen Schlussfolgerungen aus der Tatsache zieht, zum ersten Mal ausschließlich von Freunden und engen Verbündeten umgeben zu sein. Dieser Luxus kann angesichts der europäischen und deutschen Geschichte gar nicht hoch genug geschätzt werden. Das bedeutet aber auch, dass man mit diesem historischen Geschenk sorgfältig umgehen muss. Ich war entsetzt, als der damalige französische Präsident Nicolas Sarkozy im Januar 2012 die Polen von den sogenannten Fiskalpakt-Gipfeltreffen ausschließen wollte, auf denen über die Zukunft der Eurozone beraten wurde, obschon unser östliches Nachbarland zu einem der wichtigsten Mitglieder der EU geworden ist und überdies die Gemeinschaftswährung einführen möchte. In der Folge kam es zu einem heftigen Schlagabtausch zwischen Nicolas Sarkozy und dem polnischen Ministerpräsidenten Donald Tusk. Die deutsche Regierungschefin kam schließlich in die Situation, dass sie sich zwischen Frankreich und Polen entscheiden musste. Eine fatale Situation, die Deutschland unter allen Umständen vermeiden muss. Damit die Bundesregierung nicht mehr in die Zwickmühle gerät, bei solchen Konflikten für eine der beiden Seiten Partei ergreifen zu müssen, kämpfe ich dafür, das Verhältnis zwischen Deutschland, Frankreich und Polen zu erneuern. Das Weimarer Dreieck, ein zu diesem Zweck entwickelter institutionalisierter Gesprächsverbund zwischen unseren drei Ländern, muss dringend wiederbelebt werden.

Wichtig ist aber auch, dass der Dialog in Europa stets auf

Augenhöhe geführt wird. Der Schlagabtausch zwischen Sarkozy und Tusk erinnerte mich an den schockierenden Ton, mit dem der damalige französische Präsident Jacques Chirac einige osteuropäische Regierungschefs wegen ihrer Unterstützung für den Irakkrieg von George W. Bush anfuhr: «Sie haben eine großartige Gelegenheit verpasst, den Mund zu halten.»[9] Auch wenn ich in der Sache ein strikter Gegner des Irakkriegs war und noch heute dafür dankbar bin, dass sich der deutsche Bundeskanzler Gerhard Schröder gegen die Angriffspläne der US-Regierung stellte, dachte ich damals, dass eine solche Arroganz, wie sie in diesem Satz zum Ausdruck kommt, niemals den Umgang der Mitgliedsstaaten beherrschen darf. Ich hätte es nicht für möglich gehalten, dass es im Zuge der EU-Krise noch deutlich schlimmer kommen würde und in vielen Staaten kräftig gegen andere EU-Partner geholzt werden sollte.

Natürlich hinkt der Vergleich der deutschen Wiedervereinigung mit den anderen Erweiterungsrunden, schon deshalb, weil am 3. Oktober 1990 eine staatliche Einheit hergestellt wurde, die – zumindest auf dem Papier – von allen Regierungen Westeuropas gefordert worden war. Deshalb hätte sich kaum jemand in der EU offen gegen die deutsche Wiedervereinigung stellen können, auch wenn die damalige britische Premierministerin Margaret Thatcher damit liebäugelte. Zudem war klar, dass Westdeutschland aufgrund seiner großen wirtschaftlichen Kraft selbst den größten Teil der Aufbauhilfe für die neuen Bundesländer würde leisten können und die wiedervereinigte Nation deshalb in der EU weiterhin zu den Nettozahlern gehören würde. Dennoch sollten wir anerkennen, dass die deutsche EU-Osterweiterung weitgehend ohne Murren vonstattenging, obschon es Bedenken gab, die ich auf Grundlage der historischen Erfahrungen mit Deutschland verstehen kann. Als Deutsche sollten wir jedenfalls aus unserer eigenen Vergangenheit heraus besonders gut nachempfinden können, wie stark der Wunsch eines Volkes sein kann, mit ins europäische Boot zu kommen.

Immer wieder höre ich, dass die Ausdehnung der EU Arbeitsplätze und unsere sozialen Sicherungssysteme gefährde. Gerade in den ostdeutschen Bundesländern befürchteten viele, nach der Osterweiterung werde eine Flut von polnischen Handwerkern über sie hereinbrechen, die ihren deutschen Konkurrenten die Arbeitsplätze wegnehmen würden. Ich konnte diese Ängste im Einzelfall nachvollziehen, denn wer beispielsweise in Frankfurt an der Oder nach der deutschen Einheit mit viel Mühe einen kleinen Handwerksbetrieb aufgebaut hatte, musste nun darum bangen, ob ein anderes Unternehmen, das sich vielleicht nur ein paar hundert Meter entfernt auf polnischer Seite befand, dieselbe Arbeit für den halben Preis anbot. Die Beschäftigten östlich der Oder wurden deutlich schlechter bezahlt, und die Unternehmen hatten mangels einer vergleichbaren sozialen Absicherung geringere Abgaben als in Deutschland – ein klarer Wettbewerbsnachteil für viele Betriebe und Handwerker auf deutscher Seite. Tatsache ist allerdings, dass dieser Wettbewerbsnachteil schon vor der EU-Aufnahme Polens bestand und sich viele polnische Arbeitnehmer bereits vor dem Beitritt auf den Weg in die EU gemacht hatten, um dort Arbeit zu finden. Zudem waren die meisten polnischen Arbeitnehmer – entgegen einer weit verbreiteten Meinung in Deutschland – nach Großbritannien und Irland gegangen und hatten sich dort niedergelassen, während sich in Deutschland ein erheblicher Fachkräftemangel bemerkbar machte. Erst die EU-Osterweiterung schuf die Möglichkeit, hier regulierend einzugreifen, beispielsweise durch die Richtlinie über die Entsendung von Arbeitnehmern, mit der sichergestellt wird, dass die jeweils geltenden

Sozialstandards nicht durch ausländische Arbeitskräfte unterlaufen werden.

Außerdem signalisierte die Aufnahme Polens der dortigen Bevölkerung, dass es auch in ihrem Heimatland in absehbarer Zeit wirtschaftlich bergauf gehen würde. Menschen wandern nicht leichtfertig oder gerne aus, sondern nur dann, wenn sie zu Hause keine Zukunft für sich sehen. Ökonomische Daten belegen inzwischen, wie erfolgreich die EU-Erweiterung im Fall Polens war: Das Land zählt heute zu den dynamischsten Volkswirtschaften innerhalb der EU und hatte in den vergangenen Jahren Wachstumsraten, von denen wir nur träumen können. Dementsprechend ist dort die Arbeitslosigkeit in der vergangenen Dekade deutlich gesunken, und heute behauptet kein Mensch mehr, dass uns Polen die Jobs wegnähmen. Vielmehr sind viele polnische Arbeitnehmer, die im europäischen Ausland gearbeitet hatten, in den letzten Jahren wieder in ihre Heimat zurückgekehrt, weil sie hier nun endlich eine ökonomische Perspektive haben. Angesichts der demographischen Entwicklung wird sich die Zuwanderungsdebatte in wenigen Jahren sowieso grundlegend ändern. Zukünftig werden sich die europäischen Staaten nicht mehr abschotten, sondern eher um qualifiziertes Personal kämpfen und um Einwanderer werben.

Eine weitere Befürchtung bei Erweiterungsrunden bezieht sich auf die Kosten. Belegt nicht die Krise, in der wir uns seit ein paar Jahren befinden, dass Deutschland immer zur Kasse gebeten wird, wenn neue Staaten dazukommen? Haben die Süderweiterung in den achtziger Jahren, als Spanien, Griechenland und Portugal in die EU kamen, und die Osterweiterung nach der Jahrtausendwende nicht Unsummen von deutschem Steuergeld verschlungen? Tatsache ist: Deutschland gehört aufgrund seiner starken Exportwirtschaft zu den Profiteuren des wachsenden

Binnenmarktes. Die zwölf zuletzt beigetretenen EU-Mitglieder importieren mittlerweile mehr Waren aus Deutschland als die USA.

Neben diesen ökonomischen Aspekten, die für die Erweiterungsrunden nach Süden und Osten gesprochen haben, gab es natürlich auch gewichtige politische Gründe. Portugal, Spanien und Griechenland waren noch bis in die siebziger Jahre Diktaturen. Nachdem diese Länder ihre autoritären Regime abgeworfen hatten, war es der damaligen Europäischen Gemeinschaft (EG) aus eigenem Interesse daran gelegen, Südeuropa politisch zu stabilisieren. Dafür sprachen nicht nur humanitäre und ethische Gründe, es ist darüber hinaus kaum in statistischen Zahlen zu beziffern, wie stark die deutsche Volkswirtschaft von Frieden und Stabilität auf unserem Kontinent profitiert. Ein ähnliches Kalkül wie beim Beitritt Portugals, Spaniens und Griechenlands wurde bei der Osterweiterung verfolgt, denn mit dem Fall der Mauer war klar, dass man den Menschen, die durch ihre mutige Revolution das kommunistische Joch abgeworfen hatten, eine vielversprechende Zukunft ermöglichen musste. Überdies gehören diese Länder zweifelsfrei zum europäischen Kulturraum – mit der Osterweiterung der EU wurde aus meiner Sicht nach der Wiedervereinigung Deutschlands nun auch die Wiedervereinigung unseres Kontinents vollzogen. Letztlich hat sich die Erweiterungspolitik der vergangenen Jahrzehnte als kluge Friedenspolitik erwiesen, die zu Recht in der Würdigung des Nobelpreiskomitees im Dezember 2012 hervorgehoben wurde.

Auch ein möglicher Beitritt der Türkei in die EU, über den bereits verhandelt wird, folgt vergleichbaren politischen und ökonomischen Motiven. Die Türkei hat eine Wirtschaft, die sehr schnell wächst. Wichtiger erscheint mir in diesem Fall aber, dass man auch einem Staat mit einer muslimischen Mehrheitsgesellschaft ermöglichen sollte, der EU beitreten zu können, wenn er die Kriterien für einen Beitritt erfüllt. Die Türkei hat vor allem seit dem Regierungsantritt von Recep Tayyip Erdoğan im Jahr 2003 bei der Demokratisierung und in Fragen des Menschenrechtsschutzes erhebliche Fortschritte gemacht, auch wenn es in den letzten Jahren wieder einigen Anlass zur Sorge gab. Dass Erdoğan zum Beispiel die Wiedereinführung der Todesstrafe in Betracht zieht, schockiert mich. Damit hat er den EU-Beitritt der Türkei zum ersten Mal ernsthaft infrage gestellt.

Aber ohne möglichen Ergebnissen laufender Beitrittsverhandlungen vorgreifen zu wollen, warne ich davor, eine historische Chance zu verpassen und ein Land vor den Kopf zu stoßen, indem man seinen Beitritt grundsätzlich ausschließt. Außerdem sollte in diesem Fall bedacht werden, dass eine Erweiterung nicht nur im Interesse des Beitrittskandidaten ist: Die Türkei ist sowohl in der Schwarzmeer- als auch in der Mittelmeerregion ein einflussreicher Akteur, in zwei Regionen also, die für die EU eine hohe sicherheitspolitische Relevanz haben und zudem für die europäische Energieversorgung entscheidend sind.

Man sollte im Übrigen auch einmal darüber nachdenken, was die Alternative zu den vergangenen EU-Erweiterungsrunden gewesen wäre. Dazu braucht man sich nur an die Zeit vor dem Bau der Mauer 1961 zu erinnern. Damals konnte man hierzulande hautnah miterleben, was Menschen tun, wenn in ihrem Land Demokratie und Wohlstand fehlen und diese nur beim Nachbarn zu finden sind: Die Deutschen in der DDR packten ihre Sachen und flohen nach Westdeutschland. Aus dem gleichen Grund wurde in unseren Tagen an der amerikanisch-mexikanischen Grenze eine Grenzanlage installiert, deren Anblick bedrückend ist. Trotz dieser Grenzanlage versuchen immer wieder Verzweifelte, durch die Wüste in die USA einzureisen. Dabei verlieren viele ihr Leben – genauso wie im Mittelmeer, wo Tausende Flüchtlinge beim Versuch, von Afrika nach Europa überzusetzen, erbärmlich ertrinken. Dies ist ein beschämender Zustand, den Europa nicht dulden darf, wenn es die Lehren aus den Schrecken in der ersten Hälfte des 20. Jahrhunderts beherzigen will. Zu diesen Lehren gehört, dass wir auf unserem Kontinent durch Kooperation einen Raum des Friedens, des Wohlstands und der Stabilität erreichen konnten – auch und gerade durch Erweiterungsrunden. Mit Staaten, für die eine Mitgliedschaft in der EU nicht infrage kommt, sollten faire Handelsabkommen abgeschlossen werden, die den Menschen vor Ort eine ökonomische und politische Perspektive ermöglichen und damit den Migrationsdruck in diesen Ländern senken.

Ein anderes Problem, das gegen weitere Erweiterungsrunden spricht und das mich ebenfalls sehr bewegt, ist die eingeschränkte Handlungsfähigkeit der EU. Unser europäisches Gemeinwesen wurde ursprünglich für eine wesentlich kleinere Zahl an Mitgliedern konstruiert, und wahrscheinlich wäre es klüger gewesen, wenn man den Aufbau der EU noch vor der letzten großen Erweiterungsrunde umfassend reformiert hätte. Dies hatte man mit dem Verfassungsvertrag versucht und war damit kläglich gescheitert. Es bringt wenig, sich über verpasste Gelegenheiten zu ärgern, aber man sollte die richtigen Schlussfolgerungen ziehen und bei zukünftigen Erweiterungsrunden die Handlungsfähigkeit der EU stärker mitberücksichtigen. Anmerken muss man in diesem Zusammenhang, dass die widerwilligsten Partner in der EU, wenn es um weitere Integration und praktische Zusammenarbeit geht, nicht die neuen Mitglieder sind. Schwierigkeiten macht in dieser Beziehung vielmehr ein Inselstaat im Nordwesten Europas, der schon seit vierzig Jahren EU-Mitglied ist.

Bei der gegenwärtigen Anzahl von Mitgliedern stößt die EU mit ihren derzeitigen Strukturen schon jetzt an die Grenzen ihrer Handlungsfähigkeit oder hat diese vielleicht sogar bereits überschritten. Mit jeder Erweiterung wird das Problem natürlich größer, weil noch mehr Regierungschefs bei den Sitzungen ihre Sichtweise erläutern wollen und immer mehr Abgeordnete im Europaparlament debattieren. Wenn beispielsweise bei den europäischen Gipfeltreffen jeder der siebenundzwanzig europäischen Regierungschefs, der Präsident des Europäischen Rats, der EU-Kommissionspräsident und ich als Präsident des Europaparlaments reihum jeweils nur zehn Minuten seine Sicht auf die anstehenden Themen darlegt, sind allein schon fünf Stunden vergangen. Natürlich wird bei diesen Gipfeln versucht, effektiver zu arbeiten, aber das Beispiel zeigt doch, dass sich manche Schwierigkeiten nur durch Strukturanpassungen lösen lassen. Wir werden also die institutionelle Ordnung der EU reformieren müssen, damit Europa handlungsfähig bleibt. Ohne solche Reformen würde eine künftige Erweiterung nur noch mehr Frust auslösen – und zwar sowohl bei den Bürgerinnen und Bürgern Europas als auch bei denjenigen, die tagtäglich versuchen, die EU funktionsfähig zu halten. Die EU würde auf eine reine Freihandelszone reduziert werden, und das Projekt der politischen Integration wäre gescheitert.

Die EU – ein neoliberales Projekt?

In den achtziger Jahren hat weltweit eine ökonomische Theorie ihren politischen Siegeszug begonnen, die man Neoliberalismus nennt. Diese Theorie kann auf eine lange Tradition zurückblicken – sie wurde zwar im 20. Jahrhundert entwickelt, ihre Wurzeln liegen aber im Liberalismus des 17. und 18. Jahrhunderts. Der Neoliberalismus basiert auf der These, dass weniger Staat zu mehr Wohlstand, Innovation und Arbeitsplätzen führt. Während in der sozialdemokratischen und christlich-sozialen Ideengeschichte dem Staat eine zentrale und positive Rolle bei der Gestaltung der Gesellschaft zukommt, sieht der radikale Liberalismus die Rolle des Staates also sehr kritisch. Er soll sich aus ökonomischen Angelegenheiten heraushalten, damit sich die Unternehmen frei entfalten und die Märkte ihre Rolle als neutraler Schiedsrichter wahrnehmen können. Adam Smith hat in diesem Zusammenhang das wirkungsmächtige Bild der «Unsichtbaren Hand» geprägt und damit die Annahme beschrieben, die Märkte würden sich selbst regulieren. Allerdings hätte sich auch Smith wohl kaum vorstellen können, dass es jemals so intransparente und unkontrollierte Märkte wie die internationalen Finanzmärkte zu Beginn des 21. Jahrhunderts geben würde.

Der renommierteste Wirtschaftswissenschaftler des modernen Neoliberalismus war Milton Friedman, der für seine Arbeiten im Jahr 1976 mit dem Nobelpreis ausgezeichnet wurde. Er war der führende Kopf der sogenannten Chicagoer Schule, deren Thesen von den positiven Effekten eines schwachen Staates sich seit Ende der siebziger Jahre in immer mehr Ländern durchsetzten. Der neoliberale Ansatz wurde unter der britischen Premierministerin Margaret Thatcher und US-Präsident Ronald Reagan zum festen Bestandteil der konservativ-liberalen Programmatik. Alle paar Jahre kann man bei den Präsidentschaftsvorwahlen der amerikanischen Konservativen verfolgen, wie sich die jeweiligen Kandidaten gegenseitig mit ihren Forderungen überbieten, den Staat möglichst stark zurückzudrängen. Steuern, staatliche Sozialversicherungen und jegliche staatliche Einmischung bis hin zu

Gesetzen, die den Besitz von Waffen einschränken, werden als Teufelswerk angesehen. Auch in Europa ist uns solches Gedankengut nicht fremd: Während Margaret Thatcher bezweifelte, dass es überhaupt so etwas wie eine Gesellschaft gibt, weil sie nur Individuen und Familien kenne,[10] lobt ihr Amtsnachfolger David Cameron inzwischen zwar immerhin die Gesellschaft, doch soll die sogenannte *big society* seiner Vorstellung nach dazu dienen, möglichst ohne Staat auszukommen. Das ist zwar nicht mehr die totale Individualisierung, die dem Motto gehorcht «Wenn jeder an sich selber denkt, ist an alle gedacht», es stellt sich aber die Frage, ob diese Art der freiwilligen Nachbarschaftshilfe, wie sie Cameron offensichtlich vorschwebt, eine solidarische und auf sozialen Rechten basierende Gesellschaft ersetzen könnte. Mich überzeugen solche staatsfeindlichen Modelle nicht.

Unter dem Schlagwort «Globalisierung» wurde ab den achtziger Jahren eine politische Debatte geführt, die suggerierte, dass es zum neoliberalen Umbau der Wirtschaft keine Alternative gebe, weil der weltweite Konkurrenzdruck inzwischen zu stark sei. Es wurde so getan, als seien die Globalisierungsphänomene, also die Beschleunigung und Intensivierung des weltweiten Austausches, ein Naturereignis und nicht das Ergebnis eines Prozesses, der von Menschenhand in Gang gesetzt worden ist. Natürlich spielten technologische Entwicklungen eine große Rolle. Aber letztlich waren es politische Entscheidungen, die die Globalisierung ermöglichten und antrieben. Vor allem die Weltbank und der Internationale Währungsfonds forcierten den globalen freien Markt sowie den weltweiten Abbau von Regulierungen und setzten neoliberale Programme in unzähligen Ländern durch. Diese Maßnahmen wurden mit dem Label «Washingtoner Konsens» gekennzeichnet.

Seit den neunziger Jahren gehören die Thesen der Neoliberalen zum gesellschaftlichen Mainstream. Das liegt auch daran, dass die neoliberale Ideologie einer sehr einfachen und plausiblen Logik folgt: Vom Internationalen Währungsfonds über die nationalen Regierungen bis hin zu vielen Gemeindevertretungen war man sich zwei Jahrzehnte lang darin einig, dass Deregulierung, Privatisierung und Liberalisierung alle unsere Probleme lösen würden. Auch die EU, und dort vor allem die Europäische Kommission, trieb die neoliberale Agenda voran; im mittleren und oberen Management der Europäischen Kommission werden die neoliberalen Lehren teilweise bis heute hochgehalten. Aus diesem Grund ist die Kritik an der Kommission in diesem Bereich nicht unberechtigt, allerdings ist die EU nicht qua Natur ein neoliberales Binnenmarktprojekt. Für sie gilt ebenso wie für die einzelnen Nationalstaaten auch: Es entscheiden die jeweiligen politischen Mehrheiten. Wenn die Wähler für ein Europa der Deregulierung und der Privatisierung stimmen, wird die EU neoliberal sein. Verweigern die Mitgliedsstaaten der EU die Mittel, die sie für die Bewältigung der Aufgaben braucht, die ihr von ebenjenen Mitgliedsstaaten übertragen wurden, werden wir ein schwaches europäisches Gebäude haben. Gibt es aber andere politische Mehrheiten, dann wird auch ein anderes Europa möglich sein: ein Europa, in dem soziale Rechte und Umweltstandards vor den Interessen des Marktes Vorrang haben.

Die Thesen der Neoliberalen wurden in den neunziger Jahren – wenngleich in abgemilderter Form – auch von europäischen sozialdemokratischen Parteien aufgenommen und umgesetzt. In Europa forcierte vor allem das Labour-Kabinett unter Tony Blair diese Politik, aber auch die rot-grüne Bundesregierung liberalisierte die Arbeits- und deregulierte die Finanzmärkte. Ich war damals ebenfalls politisch hin- und hergerissen und sah noch nicht so klar wie heute, welche Gefahren mit der

Politik des radikalen Neoliberalismus verbunden sind. Inzwischen ist sie als eine der wesentlichen Ursachen für die Krise identifiziert worden, und anders als Konservative und Liberale haben die sozialdemokratischen Parteien mittlerweile aus den Fehlern der Vergangenheit gelernt und ihr Programm korrigiert. Im Falle der SPD hat ihr Vorsitzender Sigmar Gabriel die Fehler der Vergangenheit eingeräumt und entsprechende Kurskorrekturen vorgenommen.

Der Siegeszug des Neoliberalismus lässt sich allerdings nicht allein durch den verlockend einfachen Erklärungsansatz dieser Ideologie erklären. Eine wichtige Rolle spielt außerdem, dass mit China und anderen Schwellenländern im ausgehenden 20. Jahrhundert neue ökonomische Spieler aufs Feld traten, die einen nahezu regellosen Kapitalismus praktizierten, in dem Sozial- und Umweltstandards kaum eine Rolle spielten, was ihnen kurzfristig Wettbewerbsvorteile verschaffte. Die westlichen Staaten sahen sich herausgefordert, den Unternehmen auf ihrem eigenen Territorium optimale Rahmenbedingungen zu ermöglichen, damit diese investierten und Arbeitsplätze schafften. Wie diese optimalen Rahmenbedingungen aussehen sollten, war unter neoliberalen Theoretikern, Politikern und Konzernlenkern unstrittig: niedrige Steuern, wenig Regulierung und Privatisierung der öffentlichen Dienstleistungen. Das war die gebetsmühlenartig wiederholte Forderung.

In einem zentralen Bereich allerdings widerstand Deutschland glücklicherweise dem Drängen der neoliberalen Prediger: Der Forderung, die europäische Industrie und Mittelstandsbetriebe als Auslaufmodelle zu betrachten und die Zukunft vor allem in der Finanz- und Dienstleistungsbranche zu sehen, stellte sich die Regierung Gerhard Schröders Ende der neunziger Jahre mit einer klugen Mittelstands- und Industriepolitik entgegen. Dies ist ein wichtiger Grund, warum Deutschland in der aktuellen Krise besser dasteht als beispielsweise Großbritannien, wo die Politik der Deindustrialisierung in eine Sackgasse führte. Im Mutterland der industriellen Revolution hat die Industrie mittlerweile nur noch einen Anteil von zehn Prozent am Bruttoinlandsprodukt, während in Deutschland der entsprechende Wert bei fünfundzwanzig und in Italien bei immerhin sechzehn Prozent liegt.

Eine wichtige Aufgabe der Europäischen Kommission besteht unter anderem darin, zu verhindern, dass die Mitgliedsstaaten ihre heimischen Unternehmen subventionieren und ihnen damit einen Wettbewerbsvorteil gegenüber Konkurrenten in anderen EU-Ländern verschaffen. Das ist ihr Auftrag als «Hüterin der Verträge», und es dient dem Ziel, dass sich der europäische Binnenmarkt gut entwickeln kann. Allerdings legt die Kommission ihren Auftrag gelegentlich zu weit aus und entwickelt dann einen Deregulierungswahn. So gibt es beispielsweise ein deutsches Spezifikum, das den europäischen Neoliberalen in der Europäischen Kommission schon lange ein Dorn im Auge ist: die deutschen Sparkassen. Sparkassen sind öffentlich-rechtliche Anstalten, also keine privaten Banken, und ihr Geschäftsziel ist nicht, möglichst große Gewinne zu erwirtschaften, sondern die Bevölkerung und lokale Unternehmen möglichst flächendeckend mit Bankdienstleistungen zu versorgen. Nur halten einige Neoliberale öffentlich-rechtliche Geldinstitute für Teufelszeug, und sie werden bei ihrem Kreuzzug gegen die deutschen Sparkassen von den Privatbanken unterstützt. Ihr Hauptargument war in der Vergangenheit, Sparkassen hätten als Anstalten des öffentlichen Rechts einen Wettbewerbsvorteil, weil sie im Ernstfall vom Staat gerettet werden würden. Privatbanken hingegen – und jetzt lachen Sie bitte nicht! – müssten im Sturm des Weltmarkts ganz alleine bestehen und würden, wenn sie in Schwierigkeiten gerieten, keine Hilfe des Staates erhalten. Natürlich wollten die Banklobbyisten von ihren Argumenten nichts mehr wissen, als sie zu Beginn der Bankenkrise im Jahr 2008 um Unterstützung durch die öffentliche Hand bettelten.

Hier zeigt sich jener Mechanismus, auf den man immer wieder stößt und der viele Neoliberale in den Augen der meisten Menschen unglaubwürdig macht: In guten Zeiten soll sich der Staat aus der Wirtschaft möglichst weitgehend heraushalten und möglichst niedrige Steuern veranschlagen, damit Banken und Konzerne einen hohen Gewinn einstreichen können, in schlechten Zeiten dagegen wird nach dem Staat gerufen, damit er mit Rettungsschirmen und Subventionen ganze Branchen rettet. Gewinne privatisieren und Verluste sozialisieren – so lautet die Kurzformel, mit der sich eine solche Philosophie zusammenfassen lässt. Dass eine solche Haltung zu enormem Frust in der Bevölkerung führt und das Vertrauen in die Demokratie erheblich schwächt, ist verständlich. Hunderte Milliarden zur Rettung von Banken einzusetzen, die Unsummen für Gehälter und Bonuszahlungen ausgeben, während gleichzeitig vergleichsweise geringe Beträge für Bildung und Kinderbetreuung fehlen – das kann ein demokratisches Gemeinwesen auf Dauer nicht aushalten. Aus diesem Grund haben viele Menschen auch ihr Vertrauen in Europa verloren. Junge Leute, die ich in den vergangenen Jahren in allen EU-Ländern getroffen habe, fragten immer wieder: «Ihr habt so unendlich viel Geld für Banken. Aber was habt ihr für uns?» Ich kann die Anklage, die in dieser Frage steckt, gut verstehen. Die EU muss sich solche Vorwürfe gefallen lassen, auch wenn die Verantwortung der verschiedenen europäischen Institutionen für diese Politik unterschiedlich groß ist. Vor allem etliche Regierungschefs und EU-Kommissare haben dem neoliberalen Mainstream mit aller Macht zum Durchbruch verhelfen wollen, während das Europaparlament mit breiten fraktionsübergreifenden Mehrheiten versucht hat, kräftig dagegenzusteuern. Am Ende trifft die Kritik aber doch die gesamte EU und führt dazu, dass sich die Menschen von ihr abwenden.

Europas Versagen in der Krise

Die neoliberale Ideologie, die noch immer in zu vielen Politikerköpfen festsitzt, hat auch bei der Krisenbewältigung viel zum Versagen Europas beigetragen. Dieses Versagen ist deshalb so fatal für das europäische Projekt, weil hier alle Vorwürfe, denen die EU ausgesetzt ist – Vielstimmigkeit, Demokratiedefizit, Bürokratie, kalter Neoliberalismus –, wie unter einem Brennglas zu einem einzelnen Strahl zusammengefasst werden. «Die EU kann es nicht», denken viele Menschen und ärgern sich darüber, wie die Krise bekämpft wird. Dabei fällt allerdings auf, dass kaum noch gefragt wird, in welcher Krise sich unser Kontinent überhaupt befindet. Diese Frage ist sehr umstritten – und von der Antwort hängt viel ab. Denn ohne eine genaue Analyse werden wir weder erfahren, wer schuld am Ausbruch der Krise ist, noch herausfinden, welche Therapie Heilung verspricht. Erleben wir eine Schuldenkrise, eine Krise unserer gemeinsamen Währung oder vor allem eine Krise der europäischen Institutionen und damit der EU insgesamt? Wie wirkt sich die Krise auf unser wirtschaftliches Denken aus? Läutet die Krise das Ende der neoliberalen Ideologie ein, weil uns die entfesselten Märkte an den Abgrund geführt haben? Oder führt sie vielmehr zu einer noch stärkeren Umverteilung von unten nach oben und verursacht nach der wirtschaftlichen eine weit gravierendere soziale Krise?

Wo immer man die Krise verortet: Alle genannten Probleme hängen zusammen, deshalb ist eine breit angelegte Strategie notwendig, um einen Ausweg zu finden. Allzu viel Zeit dürfen wir uns dabei nicht lassen, denn je länger wir brauchen, um eine wirkungsvolle Therapie zu entwickeln, desto mehr schwindet das Vertrauen in unser politisches System. Und diese Vertrauenskrise könnte in ihrer Wirkung alle anderen Krisen an Dramatik übertreffen.

Bei der Diskussion in Deutschland hat sich weitgehend die Auffassung durchgesetzt, dass wir uns inmitten einer Schuldenkrise befinden. Einige europäische Staaten hätten «über ihre Verhältnisse» gelebt, heißt es, und bekämen dafür nun die Rechnung präsentiert. Bei der europäischen Schuldenkrise geht es demnach vor allem um die Staatsausgaben und nicht mehr um das Phänomen, mit dem wir vor vier Jahren konfrontiert waren, als sich die enorme Überschuldung vieler US-amerikanischer Privathaushalte zeigte. In den Jahren zuvor hatten diese problemlos und ohne große Kontrollen Kredite erhalten und Hypotheken auf überbewertete Immobilien aufgenommen, obwohl von Beginn an abzusehen war, dass sie diese nicht zurückzahlen würden können. Aus der Schuldenkrise der privaten Haushalte wurde daher 2008 eine Krise der Banken. Lehman Brothers ging pleite, und aufgrund der engen Vernetzung der global arbeitenden Finanzinstitute war plötzlich die gesamte Welt davon betroffen, dass in den USA eine Immobilienblase geplatzt war.

Mittlerweile hat die Schuldenkrise auf die Staatshaushalte übergegriffen. Deshalb wird inzwischen vor allem von einer Staatsschuldenkrise gesprochen und verlangt, radikal zu sparen und alle staatlichen Ausgaben drastisch zu kürzen. «Austeritätspolitik» nennt man eine solche Therapie, eine Politik der «strengen Enthaltsamkeit». Wer zu hohe Schulden habe, dürfe sich nicht wundern, wenn er kein neues Geld erhalte oder immer höhere Kreditzinsen zahlen müsse, da die Gläubiger bei einem hohen Schuldenstand misstrauisch würden, ob sie ihre Kredite jemals zurückbekämen. Für Deutschland ist diese Interpretation der Krise sehr angenehm: Da uns weiterhin anstandslos Kredite gewährt werden und die Zinsen dafür sogar sinken, reden wir uns ein, wir hätten alles richtig gemacht, während die Faulen und Nachlässigen für ihre Verfehlungen jetzt die gerechte Strafe erhalten. Da scheint es nur logisch, zu fordern, die anderen müssten «deutscher werden». Wenn Deutschland anderen Staaten Kredite gewährt, ist das der Logik dieser Krisenbeurteilung zufolge eine Art mildtätige Gabe, ein karitativer Akt.

Ganz so eindeutig und objektiv ist die Bewertung der Politik eines Landes anhand der Zinsen, die es für neue Kredite zahlen muss, allerdings nicht. Denn wie funktioniert der Mechanismus der Bewertung? Weil nicht jeder Einzelne, der Geld verleiht, Aktien kauft oder spekuliert, einen Überblick über alle Unternehmen, Märkte und Finanzprodukte haben kann, gibt es sogenannte Ratingagenturen, die Finanzprodukte, Staaten und Unternehmen beurteilen. Den hochverschuldeten europäischen Staaten haben diese Ratingagenturen für ihre Wirtschaftspolitik schlechte Zeugnisse ausgestellt, und «die Märkte» haben – wie es seit einiger Zeit reichlich verkürzt heißt – daraufhin «das Vertrauen» in diese Länder verloren. Dieses fehlende Vertrauen äußert sich darin, dass die Zinsen, die die betroffenen Staaten für neue Kredite zahlen müssen, ansteigen. In der Folge türmen sich neue Schulden auf, was wiederum schlechte Ratings nach sich zieht – ein Teufelskreislauf. In der neoliberalen Sichtweise können die Staaten nur dann aus diesem Kreislauf ausbrechen, wenn sie einen ausgeglichenen Haushalt vorlegen und ihre Schulden weitgehend abbauen. Das versuchen momentan alle europäischen Staaten, mal mit mehr, meist jedoch mit weniger Erfolg. Denn alle Staaten in der EU sind hoch verschuldet.

Dass Europa tatsächlich in einer Schuldenkrise steckt, lässt sich unter anderem daran ablesen, dass viele EU-Staaten die von ihnen selbst aufgestellten Kriterien zur Haushaltsdisziplin verletzten. Im europäischen Recht ist verankert, dass das jährliche Budgetdefizit der Staaten, die zur Eurozone gehören, nicht mehr als drei Prozent und ihr Schuldenstand nicht mehr als sechzig Prozent des Bruttoinlandsprodukts betragen darf. So wurde es im Maastricht-Vertrag von 1992 vereinbart, weswegen diese Kriterien meist Maastricht-Kriterien genannt werden. Am Ende des zweiten Quartals 2012 betrug der Schuldenstand in der Eurozone insgesamt jedoch rund neunzig Prozent des Bruttoinlandsprodukts, in Italien, Portugal, Irland und Belgien sogar über hundert, in Frankreich knapp über neunzig und in Deutschland über achtzig Prozent. Griechenland hat mit einem Schuldenstand, der 2013 voraussichtlich hundertachtundachtzig Prozent des Bruttoinlandsprodukts betragen wird, sehr bittere Werte und wird selbst nach optimistischen Schätzungen noch etliche Jahre benötigen, um diesen Schuldenberg abzutragen. Diese Fakten sind mehr als bedenklich. Allerdings wird oft vergessen oder vielleicht auch bewusst unterschlagen, dass die Staatsschuldenkrise zu einem wesentlichen Teil aus der Rettung maroder Banken resultiert. Spanien zum Beispiel erwirtschaftete bis 2007 noch einen Haushaltsüberschuss und geriet erst 2008 unter Druck, als seine Banken in Not gerieten. Auch andere europäische Staaten bekamen erst Probleme, als sie ihre Banken retten mussten, nachdem 2008 die Immobilienblase in den USA geplatzt und die Finanzwelt durch die Lehman-Brothers-Pleite erschüttert worden war. «Systemrelevant» seien die Banken, hieß es damals, denn wenn sie zusammenbrächen, seien die Spareinlagen der Bürger und die Kreditversorgung des Mittelstands gefährdet, und wie Dominosteine würden die Banken kippen, weil sie sich gegenseitige Kredite gegeben hatten, deren Ausfall nun zu einer Kettenreaktion führen würde. Die Banken seien also «too big to fail», wie es die Amerikaner nennen, sodass ihre Rettung im übergeordneten Interesse liege.

Diese Sicht ist nicht völlig falsch, nur haben die entsprechenden Hilfsmaßnahmen die staatlichen Haushalte tüchtig durcheinandergewirbelt. Wer erinnert sich nicht an den Bankenrettungsschirm von fünfhundert Milliarden Euro, den die Große Koalition in Deutschland im Jahr 2008 / 2009 aufspannte? Auch hier sind ein paar Zahlen interessant. So betrug das Haushaltsdefizit in der Eurozone im Jahr 2001 lediglich 1,9 Prozent und lag damit deutlich unter den zulässigen 3,0 Prozent, die der Maastrichter Vertrag vorsieht. Im Jahr 2004 wurden die Defizitkriterien mit einer Schuldenquote von 2,9 Prozent ebenfalls eingehalten, wenngleich nur sehr knapp. Der entscheidende Sprung vollzog sich erst nach 2008, dem Jahr der Bankenkrise. Während das Defizit in der Eurozone zunächst noch bei 2,1 Prozent lag, explodierte es danach geradezu und stieg binnen eines Jahres auf 6,4 Prozent. Die EU-Mitglieder, die nicht zu den siebzehn Ländern der Eurozone gehören, waren von dieser Schuldenkrise übrigens sogar noch stärker betroffen, denn das entsprechende Defizit lag in der gesamten EU mit ihren insgesamt siebenundzwanzig Mitgliedern bei 6,9 Prozent.

Nun kam es zu dem paradoxen Phänomen, dass jene Staaten, die Privatbanken mit Notkrediten gerettet hatten, weil diese durch unseriöse Geschäftspraktiken in Schieflage geraten waren, von den Ratingagenturen schlechte Zeugnisse ausgestellt bekamen, weil sie plötzlich so viele Schulden anhäuften. Die

Kritik an den vermeintlich zu geringen Sparbemühungen in den Ländern der Eurozone ist auch deshalb empörend, weil mancher Bankmanager zuvor mitgeholfen hatte, die Schuldenberge aufzutürmen – und das mit teilweise beachtlicher Verantwortungslosigkeit –, und die Ratingagenturen mit ihren Urteilen oft völlig danebenlagen, etwa bei der Bewertung der Immobilienpapiere in den USA, die schließlich zum Ausbruch der Krise führten. Als die Regierungen in Athen ihre Bilanzen drastisch schönten, damit in Europa niemand das wahre Ausmaß der wirtschaftlichen Probleme im Land sah, wurden sie dabei über Jahre hinweg von Banken wie Goldman Sachs unterstützt. Griechenland erhielt Kredite, die in keiner Statistik auftauchten, und baute einen Schattenhaushalt auf, mit dem die griechischen Politiker die EU an der Nase herumführen und gleichzeitig daheim teure Wahlgeschenke machen konnten. Hauptprofiteure aber waren die beteiligten Banken, für deren große Gewinnmargen die einfachen Griechen noch heute zahlen müssen. Allerdings ist dies nicht ausschließlich ein griechisches Problem. Beinahe alle Mitgliedsstaaten der EU versuchen zu verhindern, dass ihre Haushalte anhand klarer Kriterien überprüft werden. Statistiken, Wirtschaftsindikatoren und die Frage der Transparenz sind nicht nur mathematische Angelegenheiten, sondern immer auch hochpolitische Themen.

Zudem sollte man die Krise nicht auf den Schuldenaspekt reduzieren. Denn was passiert eigentlich, wenn die siebzehn Staaten der Eurozone gleichzeitig anfangen zu sparen? Wenn sie also ihre Staatsausgaben radikal kürzen und die Einkommen und Pensionen zusammenstreichen? Und wie wirkt sich ein solches Austeritätsprogramm auf eine exportorientierte Ökonomie aus? Die Antwort ist einfach: Wird der Geldhahn zugedreht, bricht die Nachfrage ein, und die Wirtschaft stürzt in eine Rezession.

Eine Rezession aber lässt die staatlichen Einnahmen durch Steuern sinken, wodurch sich wiederum die Staatsschulden erhöhen – obwohl gespart wird! In den Jahren 2011 und 2012 war genau das zu beobachten. In Spanien, Portugal, Italien und vor allem in Griechenland stieg die Arbeitslosigkeit drastisch an, die Wirtschaft brach zusammen, und die Schuldenspirale konnte in diesen Ländern trotz massiver Sparprogramme nicht durchbrochen werden. Das «Handelsblatt», das man nicht verdächtigen muss, politisch linksorientiert zu sein, hat diese Spirale in einem Artikel unter der Überschrift «Wenn Reformen ins Elend führen» beschrieben. In vier Jahren habe Griechenland seinen Staatshaushalt um zwanzig Milliarden Euro reduziert und damit «einen Rekordwert in der Geschichte der EU» erzielt. Weil dieser Sparkurs die Konjunktur aber immer weiter abwürge, erleide Griechenland das sechste Rezessionsjahr in Folge mit einem Einbruch der Wirtschaftsleistung um über zwanzig Prozent.[11]

Was mich an der Debatte über die Sparpolitik am meisten ärgert: Es wird oft vergessen, dass Deutschland deshalb so gut aus der Bankenkrise 2008/2009 herausgekommen ist, weil der Staat mit Abwrackprämie, Förderung bei der Gebäudesanierung und Kurzarbeitergeld die Nachfrage angekurbelt und damit einen Wachstums- und Beschäftigungsimpuls gesetzt hat. Zudem betrifft der einbrechende Konsum nicht allein die Krisenstaaten. Wenn weder Staaten noch Menschen die Güter kaufen können, die in Deutschland produziert werden, steckt auch unser Land in Schwierigkeiten. «Autos kaufen keine Autos», soll der Industrielle Henry Ford einmal gesagt haben. Wenn diese Diagnose aber stimmt, sind antizyklische Wachstums- und Beschäftigungsprogramme die richtige Medizin, um der Krise Herr zu werden. Zwar hat die Mehrheit der EU-Parlamentarier solche Programme immer wieder gefordert, doch leider haben die europäischen Staats- und Regierungschefs fünfundzwanzig Krisengipfel gebraucht, bis sie im Mai 2012 endlich vereinbarten, in den Bereichen Infrastruktur, erneuerbare Energien und Tourismus insbesondere in Südeuropa einen nachhaltigen Wachstumsimpuls zu setzen. Natürlich sollten solche Wachstumsmaßnahmen nicht durch neue Schulden, sondern zum Beispiel auch mit den Einnahmen einer Finanztransaktionssteuer finanziert werden, mit der endlich diejenigen an den Kosten der Krisenbeseitigung beteiligt werden würden, die die Krise mitverursacht und zum Teil erheblich von ihr profitiert haben. Erst die Regierungswechsel in Italien und Frankreich, durch die Mario Monti und François Hollande die Verantwortung übernahmen, und die Vereinbarung zwischen Bundesregierung und rot-grüner Opposition zum Fiskalpaktgesetz ermöglichten ein erstes vorsichtiges Umdenken in der Krisenbekämpfung. Allerdings zeigte sich schon im November 2012, dass viele Regierungschefs von den selbst beschlossenen stimulierenden Wachstumsmaßnahmen nichts mehr wissen wollten, als es um die EU-Haushaltsplanung für die kommenden Jahre ging.

Eine Krisenbekämpfung, die einseitig auf Sparen setzt, ist aber noch mit einer weiteren Schwierigkeit konfrontiert. Die enormen Sparbemühungen der Krisenländer werden von den Ratingagenturen, die ihrerseits genau diese Sparanstrengungen lautstark gefordert haben, nicht honoriert. Wir glauben zwar fest daran, dass solides Wirtschaften von den Märkten durch günstige Kredite und gute Beurteilungen belohnt wird, doch leider verhält es sich nicht so. Italien hat bis ins Jahr 2011 die besten Ratings erhalten und musste für Staatsanleihen nur niedrige Zinsen zahlen, obwohl die Regierung des schillernden Ministerpräsidenten Silvio Berlusconi unverantwortlich wirtschaftete und keine Reformen durchführte. Unter Berlusconis Nachfolger aber, dem distinguierten Wirtschaftsprofessor Mario Monti, in dessen römischem Regierungspalast kein Koch, sondern die Ehefrau des Regierungschefs selbst die Pasta zubereitet, bekam Italien schlechtere Ratings und musste für neue Kredite weit höhere Zinsen bezahlen – obwohl Monti ein in der Geschichte dieses Landes beispielloses Reform- und Sparprogramm auf den Weg brachte und damit den internationalen Forderungen nachkam, die beständig auf ihn einprasselten. Auffällig ist in diesem Zusammenhang, dass die USA und Japan von den amerikanischen Ratingagenturen deutlich besser beurteilt wurden als zahlreiche europäische Staaten. Während Letztere in ihrer Kreditwürdigkeit herabgestuft wurden – wodurch sich automatisch die Kredite für sie verteuerten – bekamen die Vereinigten Staaten weiterhin gute Noten, obgleich sie mehr Schulden, weniger Wachstum und eine höhere Arbeitslosigkeit hatten und 2012 noch dazu mitten in einem Wahlkampf steckten, der das Land zu lähmen drohte. Ähnliches gilt für Japan, das bei den entscheidenden volkswirtschaftlichen Kennzahlen schlechter als Europa dastand und dennoch bessere Ratings erhielt.

Während viele in der derzeitigen Krise vor allem eine Schuldenkrise sehen, behaupten andere, dass es sich in erster Linie um eine Krise der europäischen Währung handle. Erbarmungslos zeige sie nun die Konstruktionsfehler auf, die bei der Einführung des Euro gemacht wurden. Nun räche sich, dass man zwar eine gemeinsame Währung habe, aber keine gemeinsame Steuer-, Wirtschafts- und Haushaltspolitik verfolge. Und überhaupt sei die wirtschaftliche Potenz der Euroländer so unterschiedlich, dass ein einheitlicher Währungsraum kaum lange Bestand haben könne. Namhafte Experten, unter anderem der Deutschen Bundesbank, sprachen sich mit diesen Argumenten schon Anfang der neunziger Jahre gegen die Einführung einer gemeinsamen Währung aus. Auch politisch und rechtlich war das «Projekt Euro» umstritten. Kommissionspräsident Jacques Delors kritisierte den Aufbau einer Währungsunion, die nur funktionieren könne, wenn es gleichzeitig eine Wirtschaftsunion gebe, und der damalige SPD-Kanzlerkandidat Gerhard Schröder bezeichnete den Euro noch im März 1998 als «kränkelnde Frühgeburt».

Trotz dieser Kritik war die Einführung des Euro als Zahlungsmittel nicht zu stoppen, und mit Beschluss des Bundestags und Bundesrats wurde die Gemeinschaftswährung schließlich auch mit deutscher Unterstützung eingeführt. Daraufhin wurde mehrfach und zu verschiedenen Anlässen vor dem Bundesverfassungsgericht gegen den Euro oder gegen einige mit ihm zusammenhängende Gesetze geklagt, doch wies das oberste deutsche Gericht alle diese Klagen ab und urteilte immer wieder, dass sich Deutschland am Euro beteiligen darf. Schließlich wird nicht nur in der Präambel unseres Grundgesetzes auf die europäische Einigung abgehoben, auch der Artikel 23 unserer Verfassung enthält einen ausdrücklichen Auftrag: «Zur Verwirklichung eines vereinten Europas wirkt die Bundesrepublik Deutschland bei der Entwicklung der Europäischen Union mit.»

Die Entscheidung über die Einführung des Euro war also zunächst politisch motiviert. Der frühere Außenminister Hans-Dietrich Genscher hat daran erinnert, dass dies der Preis war, den wir für die deutsche Wiedervereinigung zu zahlen hatten. Es ging darum, das neue, große, mächtige und wiedervereinigte Deutschland in Europa einzubinden, damit es nicht als wirtschafts- und währungspolitischer Solitär durch Europa stapfte. Auch wenn manche über diese Sichtweise heute den Kopf schütteln, war sie in der zugespitzten weltpolitischen Situation der Jahre nach 1989 durchaus berechtigt. Die europäischen Grenzen kamen in Bewegung, die Sowjetunion wankte und fiel 1991 schließlich auseinander, und kaum einer hatte eine Vorstellung davon, ob sich Europa und die Welt friedlich entwickeln würden. Schon 1989 deuteten sich Nationalitäten- und Grenzkonflikte an, wenige Jahre später brachen die Jugoslawienkriege aus. Heute sind sich die Historiker darin einig, dass die Möglichkeit zur deutschen Wiedervereinigung im internationalen Konsens nur für einen kurzen geschichtlichen Augenblick bestand. Wir Deutsche haben diese Chance genutzt und unternahmen zusammen mit unseren Partnern in Europa bald den nächsten Integrationsschritt – die Einführung des Euro.

Meiner Meinung nach war dieser Schritt politisch richtig, historisch notwendig und ökonomisch letztlich vernünftig, wenn auch mit Problemen behaftet. Als die Regierungschefs im Mai 1998 darüber berieten, welche Länder in einer ersten Runde den Euro einführen sollten, setzte Helmut Kohl beispielsweise durch, dass auch Italien sich einreihen durfte, obwohl es die Maastricht-Kriterien offensichtlich nicht einhielt. Italien könne als ein Gründungsland der EU aber nicht außen vor bleiben, wurde damals argumentiert. Beim Beitritt Griechenlands zum Euro drückte dann Gerhard Schröder, inzwischen Bundeskanzler, zusammen mit den anderen beteiligten Staatschefs die Augen fest zu und ignorierte die ökonomischen Probleme dieses Staates. Allerdings sollten wir uns vor Hochmut hüten und nicht denken, Deutschland sei der europäische Musterknabe und in den Südländern herrsche Schlendrian: 2003 verhinderten Deutschland und Frankreich gemeinsam mit ihrer geballten Macht, dass die Staaten, in denen die Verschuldung höher lag, als der Stabilitätspakt es erlaubte, mit einem «Blauen Brief» durch die Kommission abgemahnt wurden. Während Deutschland die

Kriterien seit 2002 immer wieder verletzte, hatten beispielsweise Irland und Spanien bis zum Ausbruch der Krise mustergültige öffentliche Finanzen und hielten die Kriterien des Maastrichter Vertrags ein. Der sozialdemokratische Bundeskanzler Schröder und der konservative Präsident Jacques Chirac vertraten damals gegenüber der EU-Kommission die Ansicht, die Begrenzung des Defizits sei konjunkturpolitisch falsch. Kurzfristig betrachtet konnte man diese Position nachvollziehen, langfristig war dies ein fatales Signal. Frankreich und Deutschland hatten die Stabilitätspolitik beschädigt – und das schon zu einem Zeitpunkt, als die heutige Wirtschaftskrise noch gar nicht absehbar und es vergleichsweise einfach war, die Maastricht-Kriterien einzuhalten, während die heutigen Sparforderungen zu einer Zeit erhoben werden, in der es objektiv unmöglich ist, durch reines Sparen aus der Schuldenfalle auszubrechen.

Vor und nach der Einführung des Euro wurden also offenkundig Fehler gemacht und – wirtschaftlich betrachtet – unbefriedigende Kompromisse geschlossen. Allerdings sollte man die ökonomische Bilanz des Euro nicht allein an diesen Fehlern und Kompromissen messen. Zudem wäre es falsch, die aktuellen Wirtschaftsprobleme in der EU auf die Einführung einer gemeinsamen Währung zurückzuführen: Obschon die Staatsschulden in einigen Ländern der Eurozone eine Gefahr darstellen, wird oft übersehen, dass die Schulden in Staaten ohne Euro noch viel höher sind. Neben den USA und Japan hat insbesondere Großbritannien mit einer weit überdurchschnittlichen Defizitquote zu kämpfen. Fehlendes Wachstum und versäumte Reformen sind die traurige Bilanz, die das Inselreich ziehen muss. Allerdings malt man weder in den USA oder Japan noch in Großbritannien die wirtschaftliche Apokalypse an die Wand, sondern überlegt, wie die Wirtschaft wieder in Schwung kommen könnte. Ich bin sicher, dass auch Europa insgesamt die Krise meistern und gestärkt aus ihr hervorgehen wird. Wichtige Strukturreformen werden derzeit in einigen Ländern nachgeholt und die Strukturen in der Eurozone verbessert sein. Über diese Aussicht wird aber leider wenig gesprochen.

Im Verlauf der Krisendiskussion ist zudem weitgehend in Vergessenheit geraten, wie stark unsere Währung eigentlich ist. Wir täten gut daran, uns diese Stärke wieder ins Bewusstsein zu rufen. Inzwischen haben siebzehn von siebenundzwanzig Ländern in der EU den Euro eingeführt. Dreihundertdreißig Millionen Menschen verwenden ihn tagtäglich als Zahlungsmittel – und von Großbritannien und Dänemark abgesehen, haben sich alle anderen EU-Staaten verpflichtet, die Gemeinschaftswährung bei sich einzuführen, sobald sie die hierfür notwendigen Kriterien erfüllen. 2014 wird Lettland als nächstes Euro-Land dazukommen. Während wir uns den Luxus erlauben, darüber zu diskutieren, welches Land wir am besten aus dem Euro ausschließen sollten, halte ich es für wesentlich klüger, darüber nachzudenken, wie wir die am schnellsten wachsende Volkswirtschaft in der EU, unser Nachbarland Polen, möglichst schnell ins Euro-System holen können, um die Gemeinschaftswährung weiter zu stärken.

Oft wird so getan, als sei der Euro eine weiche Währung und die «gute alte D-Mark» viel stabiler gewesen. Dieser Eindruck trügt, wie ein Blick auf den Außenwert des Euro beweist. Es genügen einige wenige Zahlen: Am 1. Januar 2002, dem Tag, an dem wir die europäischen Münzen und Scheine in die Hände bekamen, gab es für einen Euro in den Wechselstuben nur 0,89 US-Dollar. Es dauerte ein halbes Jahr, bis zwischen diesen beiden Währungen eine Parität hergestellt war, der Euro also einen US-Dollar wert war. In den darauffolgenden Jahren setzte der Euro dann zum Höhenflug an und übersprang die Marke von 1,50 US-Dollar. Selbst in der Krise blieb unser Geld gegenüber dem Dollar eine harte Währung und pendelte zwischen 1,20 und 1,30 Dollar. Seit seiner Einführung hat der Euro also einen relativ stabilen Außenwert und ist im internationalen Zahlungsverkehr längst zu einem wichtigen Faktor geworden. Aus diesem Grund haben Amerikaner und Chinesen auch ein derart großes Interesse daran, dass Europa seine Krise überwindet. Bei einer Krise nationaler Währungen hätte es aus Washington und Peking vielleicht nur ein müdes Gähnen gegeben.

Nicht nur die Stabilität des Euro gegenüber anderen Währungen, auch die Inflationsrate im Euroraum wird häufig falsch eingeschätzt. Entgegen der Wahrnehmung vieler Menschen ist der Euro kein «Teuro», wie populistisch behauptet wird. Die Inflationsrate im Euroraum ist niedriger als zuletzt zu Zeiten der D-Mark. Es lässt sich also klar schlussfolgern: Der Euro ist eine starke Währung und alltägliches, sichtbares Zeichen der europäischen Einigung – trotz schlechter Ratings, trotz zu hoher Staatsschulden und trotz der Notwendigkeit, Reformen in einigen EU-Staaten durchzuführen.

Erwähnen will ich noch die Nachricht, die zu wenig beachtet wurde: Mitten in der vermeintlichen Eurokrise beschloss die Schweiz, ihren Franken an den Euro zu koppeln, d. h. einen starren Wechselkurs festzulegen. Dies geschah, um eine massive Aufwertung mit negativen Auswirkungen auf den Produktionsstandort Schweiz zu verhindern. Während in der EU also das Euro-Bashing Konjunktur hatte und allerorts über eine vermeintliche Schwäche unserer Währung schwadroniert wurde, rückte die wirtschaftlich starke Alpenrepublik näher an den Euro heran. Warum hat das eigentlich kaum jemand bemerkt?

Neben Schulden- und Eurokrise ist in den vergangenen Monaten viel über eine Krise der EU als Institution gesprochen worden. Ihr fehlten, so hieß es, die Strukturen, um die Krise zu bewältigen. Ich glaube, dass das Problem eher an einer anderen Stelle angesiedelt ist. Im Grunde verfügt die EU trotz aller Mängel über die notwendigen Instrumente, um die wirtschaftlichen Schwierigkeiten in den Griff zu bekommen – nur setzt man diese leider nicht ein. Ein wesentlicher Grund dafür ist die gestörte Balance zwischen den europäischen Institutionen, die letztlich zu einer Krise der EU als Ganzes geführt hat.

Beschäftigt man sich nur damit, wie die EU funktioniert, ihren Institutionen, Verfahren und rechtlichen Grundlagen, hat man ihr Wesen noch längst nicht erfasst. Das alles sind Dinge, die man in Lehrbüchern nachlesen kann, aber damit hat man noch nicht unbedingt verstanden, worin die Seele der EU besteht. Diese Seele drückt sich meiner Meinung nach am besten in der Gemeinschaftsmethode aus – einem Prinzip, demzufolge die EU-Mitgliedsstaaten Institutionen schaffen, die primär das Wohl der Gemeinschaft als Ganzes im Auge behalten. Diese Institutionen sind also transnationale Institutionen. Wenn ein Gesetz beschlossen wird, sollen sie darauf achten, dass es der gesamten EU nützt und nicht nur Partikularinteressen dient.

Das ist sehr schwer und gelingt nicht immer, denn die EU besteht aus kleinen und großen Staaten, aus agrarisch geprägten Ländern und aus Industrienationen, aus reichen und vergleichsweise armen Ländern, aus «alten Hasen» und solchen Staaten, die erst vor relativ kurzer Zeit hinzugekommen sind. Daraus ergeben sich unterschiedliche Interessen: Öffne ich beispielsweise den EU-Binnenmarkt für tunesisches Olivenöl, um die junge Demokratie im Maghreb zu stützen, oder lasse ich das besser, weil Italien und Griechenland die preiswerte Konkurrenz aus

Nordafrika fürchten? Einerseits ist es im Interesse der EU, Tunesien wirtschaftlich auf die Beine zu helfen, damit in unserer Nachbarregion Nordafrika Stabilität herrscht und die Menschen eine Entwicklungsperspektive erhalten. Andererseits aber ist es auch im europäischen Interesse, wenn die Länder im Süden der EU, die momentan unter wirtschaftlichen Problemen leiden, ihre Produkte im geschützten Binnenmarkt verkaufen können. Das sind Zielkonflikte, die bei jeder Entscheidung, die in Brüssel und Straßburg getroffen wird, immer wieder entstehen und die austariert werden müssen. Genau hier kommen die Gemeinschaftsinstitutionen, also das Europäische Parlament, die Europäische Kommission und der Ministerrat, ins Spiel. Sie sollen einen Zielkonflikt möglichst konsensual auflösen und notfalls mit Mehrheitsentscheidung eine Lösung herbeiführen, ohne dass einzelne Mitglieder eine Entscheidung blockieren können.

Mit dieser Gemeinschaftsmethode ist die EU in den vergangenen Jahrzehnten sehr gut gefahren, wie die beeindruckende wirtschaftliche Entwicklung in allen EU-Ländern belegt. Es ist deshalb ein großer Fortschritt, dass bereits viele Bereiche in der Politik vergemeinschaftet sind, die EU-Organe also auch dann Entscheidungen treffen können, wenn sich einzelne Mitgliedsstaaten gegen einen Beschluss aussprechen. Diese Verlagerung von Kompetenzen nach Brüssel wurde auch deshalb vollzogen, weil die Mitgliedsstaaten erkennen mussten, dass sie in vielen Bereichen alleine nichts mehr bewirken können und ein gemeinsames europäisches Vorgehen deshalb effizienter ist. Der momentan gültige Europavertrag, der Lissabonner Vertrag, hat die Mehrheitsentscheidung daher zum Regelfall gemacht. Das war ein echter Durchbruch. Etwa achtzig Politikbereiche sind mittlerweile vergemeinschaftet – unter anderem die Landwirtschaftspolitik, die Struktur- und Kohäsionsfonds, mit denen strukturschwachen Regionen geholfen werden soll, und die internationale Handelspolitik. In diesen Bereichen verfügen die nationalen Politiker kaum noch über Kompetenzen, auch wenn manche von ihnen etwas anderes suggerieren. Vielmehr unterbreitet die EU-Kommission als faktische europäische Regierung hierfür Gesetzesvorschläge, über die der Ministerrat, in dem die Mitgliedsstaaten in der Regel auf Ministerebene zusammensitzen, und das Europaparlament dann mit Mehrheit entscheiden. Das Europaparlament ist also das europäische Legislativorgan und hat zusätzlich die Aufgabe, die EU-Kommission und die siebenundzwanzig EU-Mitgliedsregierungen, wenn sie in Brüssel als gemeinsame Exekutive handeln, zu überwachen.

Neben den genannten europäischen Gemeinschaftsinstitutionen gibt es außerdem den Europäischen Rat – die Konferenz der Staats- und Regierungschefs der EU-Mitglieder, der nicht mit dem Ministerrat verwechselt werden darf. Dieses Gremium ist mit dem Lissabonner Vertrag institutionalisiert worden und hat mit Herman Van Rompuy einen ständigen Präsidenten bekommen. Der Europäische Rat tritt normalerweise viermal im Jahr zusammen. Wenn es notwendig ist, können aber auch Sonder- oder informelle Gipfel einberufen werden. Zwar wird auch bei solchen Konferenzen ein gemeinsames europäisches Interesse formuliert, und es werden wichtige Beschlüsse gefasst, in der Praxis jedoch erweist sich das häufig als sehr mühsam, weil in diesem Gremium der Regierungschefs nur einstimmige Beschlüsse getroffen werden können. Als der Europäische Rat beispielsweise im Dezember 2000 über die Reform der Stimmgewichtung im Ministerrat beriet, brauchten die Regierungschefs vier anstatt der veranschlagten zwei Tage, um zu einer Einigung zu gelangen. Verbissen kämpften sie um ihre eigenen nationalen Interessen, und jeder versuchte hartnäckig, seine Maximalposition durchzusetzen

Eigentlich soll der Europäische Rat innerhalb der EU nur eine begrenzte Relevanz haben und sich darauf beschränken, grobe Leitlinien vorzugeben. Dabei geht es um die Frage, in welche Richtung die EU sich entwickeln soll, also etwa um die Entscheidung, ob die Gemeinschaft eine neue vertragliche Grundlage braucht oder ein Land den Beitrittsstatus erhält. Das Europaparlament, der Ministerrat und die EU-Kommission dagegen sollen als «Hüter der Europäischen Verträge» das gemeinschaftliche Interesse wahren und das Alltagsgeschäft und die Gesetzesarbeit erledigen. Seit dem Ausbruch der Krise lässt sich jedoch ein Trend zur «Vergipfelung» beobachten, nachdem sich das deutsch-französische Tandem, Bundeskanzlerin Merkel und der damalige Präsident Sarkozy, im Oktober 2010 darauf geeinigt hat, die Krisenbekämpfung an sich zu ziehen und mit der Gemeinschaftsmethode zu brechen. Diesen Schritt begründete Angela Merkel damit, dass man die Regierungen der Mitgliedsstaaten stärker an der Debatte um mögliche Auswege aus der Krise beteiligen müsse. In der Folge trafen sich die Staats- und Regierungschefs der EU immer häufiger, um über das weitere Vorgehen zu beraten und der heimischen Öffentlichkeit auf diese Weise ihre Tatkraft zu beweisen. Meines Erachtens ist dies eine große Mogelpackung. Zwar ist unstrittig, dass Regierungschefs in Krisenzeiten schnell handeln müssen, doch ist der Europäische Rat ein denkbar ungeeignetes Instrument, um dieses Ziel zu erreichen: Da im Kreis der Regierungschefs das Einstimmigkeitsprinzip herrscht, reicht schon ein einziger Bedenkenträger, um alle Entscheidungen zu blockieren. Ich erinnere mich gut an die Stimmung bei dem Sondergipfel zur Planung des EU-Haushalts der Jahre 2014 bis 2020, der am 22. November 2012 begann und schließlich vertagt werden musste, weil sich die Regierungschefs mit ihren Positionen unversöhnlich gegenüberstanden.

Viele Maßnahmen zur Festigung des Euro, auf die sich Europaparlament und EU-Kommission bereits verständigt hatten, wurden entweder erst mit erheblichem Zeitverzug umgesetzt oder verliefen völlig im Sande, weil sich die Regierungschefs nicht einigen konnten. So hatten das Europäische Parlament und die EU-Kommission Ende 2011 beschlossen, die Hilfszahlungen für Griechenland und die Rettungsschirme, die zur Stabilisierung der Eurozone aufgespannt wurden, durch ein Maßnahmenbündel zu ergänzen, mit dem die Haushaltsdisziplin der Mitgliedsländer gestärkt werden sollte. Weil darin sechs Richtlinien zusammengefasst waren, wurde dieses Paket «Sixpack» genannt. Wichtigster Punkt war dabei das Kontrollrecht der EU über die nationalen Haushalte. Die sozialdemokratische Fraktion, der ich damals vorsaß, stimmte gegen dieses Paket, da es sozial unausgewogen und zu einseitig auf Sparmaßnahmen ausgerichtet war, auch wenn die europäische Kontrolle der nationalen Haushalte grundsätzlich hilft, um das Vertrauen in die Solidität der Eurozone zurückzugewinnen. Doch nur wenige Wochen nachdem das «Sixpack» als historischer Durchbruch gefeiert worden war, setzte die Bundesregierung bei einem Gipfel im Januar 2012 den Fiskalpakt auf die Tagesordnung, mit dem unter anderem die deutsche Schuldenbremse europaweit eingeführt werden soll. Das deutsche Kabinett wollte die Öffentlichkeit auf diese Weise beeindrucken und beweisen, dass die Staats- und Regierungschefs in der Lage waren, weitere Maßnahmen durchzuführen, die auf die Konsolidierung der nationalen Haushalte zielten.

Allerdings war dieser Vorstoß Berlins gleich in zweifacher Hinsicht problematisch: Erstens verpuffte das eben verabschiedete «Sixpack» in der öffentlichen Wahrnehmung völlig, weil nun nur noch über den Fiskalpakt debattiert wurde, und zweitens zeigte sich in diesem Fall erneut, dass es mit der Handlungsfähigkeit des Europäischen Rats nicht besonders weit her war. Da nämlich der Beschluss über den Fiskalpakt in der Runde der Regierungschefs nur einstimmig gefällt werden konnte, wurde nichts aus dem geplanten großartigen Signal: Die britische Regierung brachte die Pläne mit ihrem «No» kurzerhand zu Fall. Der Fiskalpakt wurde deshalb nicht zu europäischem Recht, sondern musste als völkerrechtlicher Vertrag verabschiedet werden, um das britische Veto zu umgehen. Das macht die ganze Angelegenheit sehr viel komplizierter, weil der Fiskalpakt als völkerrechtlicher Vertrag nun in allen Mitgliedsstaaten ratifiziert werden muss, was bei einem normalen Gesetzgebungsakt nicht zwingend erforderlich gewesen wäre. Der Ratifizierungsprozess ist noch immer nicht abgeschlossen, woran man erkennt, wie langsam die Mühlen mahlen, wenn die Gemeinschaftsmethode umgangen wird. Gestaltet sich die Ratifizierung in einem Land schwierig, löst dies gleich wieder Unruhe an den Finanzmärkten aus. Als sei dieses Verfahren nicht schon umständlich genug, sieht der Fiskalpaktvertrag auch noch vor, dass er in fünf Jahren in europäisches Recht überführt werden soll. Dann soll also nochmals das versucht werden, womit man beim Gipfeltreffen an David Cameron gescheitert war. Angesichts der gegenwärtigen aufgeheizten Stimmung ist ein solch chaotisches Krisenmanagement etwa so sinnvoll wie der Versuch, ein Feuer mit Benzin zu löschen.

Im Sommer 2012 konnte ich dann selbst hautnah miterleben, wie einige wenige Euroskeptiker ein gemeinschaftliches Projekt im Europäischen Rat zu Fall brachten. Im Auftrag des Europaparlaments stellte ich dem Rat der Regierungschefs ein Abkommen zwischen Parlament, Kommission und Ministerrat vor, mit dem drei wichtige Projekte der EU – die Finanzplanung 2014 bis 2020, die Finanztransaktionssteuer und ein Wachstums- und Beschäftigungspaket – bis zum Jahresende abgeschlossen werden konnten. Ich hatte dieses Abkommen in langen und intensiven Gesprächen mit dem Präsidenten der Kommission, José Manuel Barroso, den Fraktionsvorsitzenden im Europaparlament und etlichen Regierungschefs, unter anderem Angela Merkel, François Hollande, Mario Monti, Donald Tusk, Elio di Rupo, Werner Faymann und Jean-Claude Juncker, vorbereitet. Noch am Gipfeltag selbst, während des Vorbereitungstreffens der sozialdemokratischen Regierungschefs, hatte ich mit François Hollande die letzten Details abgestimmt, und auch Angela Merkel rief mich gleich nach ihrer Landung in Brüssel an, um mir ihre Unterstützung zuzusagen.

So ging ich voller Zuversicht in die Sitzung des Rates, dass die Anwesenden dieses Projekt annehmen würden, das die Handlungsfähigkeit der EU, ihren Willen zur Sparsamkeit und gleichzeitig ihre Fähigkeit, in Zukunftsbereiche zu investieren, dokumentiert und vorangebracht hätte. Nachdem ich das Abkommen vorgestellt hatte, begrüßten zunächst auch alle nach mir sprechenden Regierungschefs den Vorschlag – bis sich David Cameron meldete. Ein solches Abkommen interessiere ihn nicht, sagte er, und der schwedische Regierungschef Fredrik Reinfeldt und sein niederländischer Kollege Mark Rutte schlossen sich ihm an. Diese kleine Fraktion dreier Euroskeptiker reichte schließlich aus, um einen Beschluss zu blockieren, den die vierundzwanzig anderen Regierungschefs sowie alle Gemeinschaftsinstitutionen der EU begrüßten. Das wäre nicht möglich gewesen, wenn diese Frage im Verfahren der Mehrheitsentscheidung entschieden worden wäre. Wieder war eine Chance vertan worden, und wieder wurde «der EU» vorgeworfen, sie sei nicht handlungsfähig.

Die häufigen Treffen der Regierungschefs boten somit in der Regel nur die Illusion entschiedenen Handelns – in Wirklichkeit handelte es sich meist um eine Theaterinszenierung für den heimischen Meinungsmarkt. Aufgrund dieser Inszenierung für das Publikum zu Hause versäumte man, zu Beginn der Krise ein klares Bekenntnis abzugeben, dass sie als gemeinsames europäisches Problem verstanden und deshalb auch gemeinsam auf europäischer Ebene angegangen werden würde. Anstatt sich hinzustellen und zu erklären, man verteidige die gemeinsame Währung um jeden Preis, um so den Spekulanten ein für alle Mal das Wasser abzugraben, herrschte Zögern und Zaudern, oder man drosch atemberaubende populistische Phrasen. Auf diese Weise wurde das Auseinanderbrechen der gemeinsamen Währung erst zum möglichen Szenario, das Spekulanten wegen der damit für sie verbundenen hohen Gewinnaussichten prompt dankbar aufgriffen.

Besonders deutlich zeigte sich die fatale Wirkung dieser Spiegelfechterei, nachdem sich 2010 das ganze Ausmaß der Krise in Athen abzeichnete und es aus der deutschen Hauptstadt zunächst tönte: «Kein Cent für Griechenland.» Es wurde also suggeriert, es würde sich um ein rein nationales, griechisches Problem handeln, um «deren» Problem, nicht um «unseres». Zwar wurde dann doch ein erstes Hilfspaket geschnürt und später noch ein zweites, doch wollte der bayerische Finanzminister Markus Söder, der rhetorisch schon oft heftig danebengehauen hat, zwischenzeitlich an dem Mittelmeeranrainer «ein Exempel statuieren», und Vizekanzler Philipp Rösler erklärte öffentlich, für ihn habe der Austritt Griechenlands aus der Eurozone seinen Schrecken verloren. Der finnische Außenminister Erkki Tuomioja dachte im Sommer 2012 sogar darüber nach, ob man nicht gleich den Euro als Ganzes aufgeben sollte.

Es konnte einem vorkommen, als wollten all diese Politiker, die Griechenland innerlich offensichtlich längst aufgegeben hatten, die Spekulation gegen dieses Land richtig anheizen und damit eine sich selbst erfüllende Prophezeiung in Gang setzen – um irgendwann behaupten zu können: «Habe ich es doch gleich gesagt, dass die Griechen das nicht packen.» Welcher Unternehmer sollte aber noch in Griechenland investieren wollen, solange unklar war, ob dort nicht in Kürze die Drachme wieder eingeführt wird? Die Krisenbekämpfung wurde durch derartige Äußerungen und die teilweise demonstrative Uneinigkeit der Europäer weit teurer und komplizierter, als wenn man sich gleich entschlossen und gemeinsam aufgestellt hätte. Die EU hat sich ohne Not verwundbar gemacht, denn ihr Verhalten verleitete die Finanzmärkte dazu, den Zusammenhalt der EU-Staatengemeinschaft in der Frage der Eurorettung auszutesten. Die Spekulanten und Zocker staunten nicht schlecht, welch offene Flanke ihnen die Europäer boten, und nutzten sogleich die Möglichkeit, den Euro herauszufordern, indem sie versuchten, Griechenland aus der Währungsunion herauszubrechen.

In einem Gespräch erläuterte mir George Soros, der durch Währungsspekulationen zum Milliardär geworden ist, mittlerweile aber mit seinem Vermögen auch soziale Projekte unterstützt, dass dieses Krisenmanagement die völlig falschen Akzente setzt und die Spekulation eher befeuert. Gelänge es den Spekulanten tatsächlich, einen Eurostaat herauszubrechen und dadurch hohe Gewinne einzustreichen, stünden mit Portugal, Italien, Spanien und Irland die nächsten Länder auf der Liste, die währungspolitisch angegriffen werden könnten. Solche Spekulationen mögen zutiefst unmoralisch sein, ökonomisch betrachtet ist ein solches Verhalten jedoch nachvollziehbar – schließlich lässt sich damit sehr viel Geld verdienen. Deshalb hilft es wenig, sich nur über das verwerfliche Handeln der Spekulanten zu beklagen – man muss ihnen entgegentreten, dieses destruktive Verhalten erschweren und wenn möglich verbieten.

Die chaotische Debatte, an der sich leider zu viele meiner Kollegen öffentlich beteiligten, war in dieser Beziehung keine Hilfe. Erstaunt rieb man sich die Augen und fragte: Wo ist das klare Bekenntnis zum Euro? Wo das Bekenntnis zum europäischen Zusammenhalt? Dabei hätte man sich an einem vergleichbaren Fall ein Beispiel nehmen können, der vor gar nicht langer Zeit belegt hat, wie wirkungsvoll eine selbstbewusst vorgetragene, öffentliche Erklärung sein kann. Als die Bankenkrise im Oktober 2008 ausbrach und man in Deutschland fürchtete, dass es zu einem Ansturm besorgter Sparer auf die Bankschalter kommen könnte, stellten sich der damalige Finanzminister Peer Steinbrück und Angela Merkel gemeinsam vor die Kameras und erklärten, dass die Sparguthaben der Deutschen sicher seien. Im Falle eines Zusammenbruchs der Banken werde der Staat für sie einstehen. Das war ein klares Bekenntnis, das sofort zur Beruhigung in unserem Land beitrug. Einen solchen engagierten Schritt habe ich mir immer wieder in den Krisenjahren nach 2009 gewünscht, aber daraus wurde nichts, weil zu viele beteiligte Akteure mit ängstlichem Blick auf die heimische Boulevardpresse agierten und dabei «eisern» erscheinen wollten.

Dieses vor allem an der eigenen nationalen Öffentlichkeit orientierte Handeln führte letztlich dazu, dass die Europäische Zentralbank (EZB) die Privatbanken zwar mit billigem Geld versorgte, diese aber wiederum den Krisenstaaten nur mit hohen Zinsaufschlägen Kredite gewährten. So mussten Spanien und Italien im Sommer 2012 bis zu sieben Prozent Zinsen zahlen, wenn sie neue Kredite aufnahmen, während der Leitzins der EZB gleichzeitig bei 0,75 Prozent lag. Und während dem deutschen Staat seine Anleihen von den Anlegern förmlich aus der Hand gerissen wurden und er sogar Zinsen dafür erhielt, dass er sich Geld lieh, ächzten südeuropäische Unternehmer unter einer Kreditklemme. Deutschland verdiente seit Ausbruch der Krise jährlich schätzungsweise über zehn Milliarden Euro, weil sehr viel Geld aus Südeuropa in deutsche Staatsanleihen angelegt wurde und es immer billigere Kredite bekam. Momentan müssen deutsche Häuslebauer zwischen zwei und drei Prozent Zinsen für ihre Kredite zahlen, in Südeuropa ist für vergleichbare Darlehen das Doppelte fällig, und trotz der niedrigen Zinsen zahlen dort normale Bankkunden horrende Gebühren, wenn sie ihr Konto überziehen. Es ist wie beim Roulette: Am Ende gewinnt immer die Bank.

Es ist offensichtlich, dass man in einer solchen Situation entschlossenen hätte handeln müssen. Stattdessen ließen sich die Regierungschefs von kurzsichtigen Partikularinteressen leiten und agierten gemäß der Mikado-Taktik: Wer sich zuerst bewegt, der verliert. Sehenden Auges ließen sie zu, dass sich die Krise von Griechenland, Portugal und Irland her in den Kern der EU hineinfraß. Der Ökonom Paul J. J. Welfens schreibt hierzu: «Da nun drei kleine Euroländer – aus einer Gruppe von siebzehn EU-Staaten – vor ernsten Anpassungsproblemen standen, hätte man erwarten können, dass mit kaum sechs Prozent des Bruttoinlandsproduktes der Eurozone hier eine beherrschbare regionale Krisensituation entstanden war. Stattdessen aber kam es auf sonderbare Weise zu einer Instabilitätsepidemie, zu deren Ausbruch und Verbreitung der Europäische Rat jede Menge beitrug.»[12]

Wir hätten die bisherigen Kosten der Krise reduzieren können, wenn die Mitgliedsstaaten der EU den Vorschlägen des Europäischen Parlaments und der EU-Kommission gefolgt wären und gemeinsame europäische Anleihen beschlossen hätten. «Eurobonds» und «Schuldentilgungsfonds» lauten hier die Stichworte. Die Länder der Eurozone hätten mit diesen Instrumenten zumindest teilweise gemeinsam Kredite aufnehmen und die Situation auf den Kreditmärkten stabilisieren können. Leider stieß dieser Vorschlag in Berlin, Amsterdam, Helsinki und andernorts zunächst auf taube Ohren, weil man dort befürchtete, der Reformeifer in den Krisenstaaten werde dann nachlassen. Eurobonds seien eine Art «Junkie-Politik», billiges Geld verleite die Krisenstaaten nur dazu, die erforderlichen Strukturreformen einzustellen und wieder ein kreditfinanziertes Ausgabenfeuerwerk abzubrennen. Die Regierungschefs misstrauten also den Instrumenten zur Haushaltskontrolle, die sie selbst mit initiiert hatten: Mit «Sixpack» und Fiskalpakt waren Instrumente geschaffen worden, um genau das zu verhindern und eine wirkungsvolle europäische Kontrolle der nationalen Haushalte zu ermöglichen. Damit waren eigentlich die Voraussetzungen für Eurobonds und Schuldentilgungsfonds gegeben, aber die Regierungschefs konnten sich nicht entschließen, die Schuldenkrise in den betroffenen Staaten auf diesem Weg zu beenden. So stiegen die Schulden weiter an, obschon schmerzhafte Reformen und harte Sparmaßnahmen durchgeführt wurden.

Selbst als schließlich die Europäische Zentralbank eingriff, weil sich die Staats- und Regierungschefs nicht auf eine gemeinsame Krisenstrategie einigen konnten, ging es munter drunter und drüber. Nachdem der EZB-Präsident im Sommer 2012 angekündigt hatte, notfalls unbegrenzt Staatsanleihen von den Staaten, die unter Druck geraten waren, aufzukaufen, um deren Zinslast für neue Kredite zu mindern, protestierte ausgerechnet die deutsche Seite am lautesten – dabei hatte man die Unabhängigkeit der EZB doch sonst immer hochgehalten. Nun aber verurteilten Politiker, Kommentatoren und sogar die obersten deutschen Richter dieses Vorhaben. Viele in Europa wunderten sich: Zum ersten Mal trifft die Europäische Zentralbank eine Entscheidung, die den Deutschen nicht gefällt, und plötzlich soll die Bank doch nicht mehr so unabhängig sein und sich Belehrungen aus Berlin und Karlsruhe gefallen lassen.

Dieses Lavieren, die Hundertachtzig-Grad-Wenden, das Verzögern, Verwässern und Blockieren sind die Hauptgründe dafür, warum sich diese Krise so dramatisch verschärfte und es trotz aller Bemühungen keine Entspannung gab. Deshalb ist die Krise in meinen Augen zu wesentlichen Teilen eine Krise des Managements der Regierungschefs. Ganz gleich, was bei den nächtlichen Sitzungen in Brüssel vereinbart wurde – jeder brachte zu Hause seine Interpretation des Beschlossenen vor. Teilweise schlossen sich die Erklärungen gegenseitig aus und ermöglichten es den Spekulanten, sich jene Botschaft zu eigen zu machen, die ihnen am besten in den Kram passte. So hieß es beispielsweise nach dem europäischen Gipfel Ende Juni 2012 von spanischer und italienischer Seite, in der Nacht sei beschlossen worden, den Eurostaaten Kredite zukünftig auch ohne strenge Auflagen zu gewähren, während die Bundesregierung gleichzeitig in ihrer Pressekonferenz ein paar Räume weiter erklärte, die Philosophie «Keine Leistung ohne Gegenleistung» sei bestätigt worden. Auch jeder aus Wahlkampfgründen lapidar dahergesagte Satz entfachte neue Unruhen an den Märkten. Das Handeln der Regierungschefs war, wie oben angedeutet, also eher Teil des Problems als Teil der Lösung – es verlangsamte und verteuerte die Bekämpfung der Krise und hatte für die Menschen deutlich härtere soziale Konsequenzen. Kurz gesagt: Dieses Krisenmanagement brachte Europa an den Abgrund.

Die mit weitem Abstand schlimmsten Folgen der Immobilien-, Banken-, Spekulations-, Schulden-, Euro-, und Institutionenkrise sind die soziale Not und die Verzweiflung, in der Hunderttausende Menschen und ihre Familien nun leben. Als der EU der Friedensnobelpreis für das Jahr 2012 zugesprochen wurde, ging mir sofort durch den Kopf, dass es für einen Preisträger wie die EU unwürdig ist, dass so viele Menschen auf ihrem Territorium in solcher Armut leben müssen. Vor allem Alte, Kinder und sozial benachteiligte Gruppen sind von den Folgen der Krise und der unwirksamen Krisenbekämpfung betroffen. Die Europäische Kommission hat Zahlen vorgelegt, die zeigen, dass die Reallöhne in den letzten Jahren in achtzehn der siebenundzwanzig EU-Mitgliedsländer drastisch gefallen sind, in Portugal beispielsweise um über zehn Prozent, in Griechenland sogar um über zwanzig Prozent. Zwar steigen in Deutschland die Löhne mittlerweile wieder – zwischen 2001 und 2009 waren sie allerdings auch bei uns um 6,3 Prozent gefallen. Die gewerkschaftsnahe Hans-Böckler-Stiftung hat errechnet, dass das verfügbare Einkommen der reichsten zehn Prozent der deutschen Bevölkerung in diesem Zeitraum um 16,6 Prozent zugenommen hat, während die ärmsten zehn Prozent im gleichen Zeitraum Einkommenseinbußen von 9,6 Prozent erlitten.[13]

Das gleiche Bild zeichnete der ursprüngliche Entwurf des vierten Armuts- und Reichtumsberichts der Bundesregierung, in dem das Auseinanderdriften der Einkommens- und Vermögensverhältnisse in Deutschland beklagt wurde. Obwohl der Bericht nur auf Grundlage empirischer Daten feststellt, dass es ein Verteilungs- und Gerechtigkeitsproblem in Deutschland gibt, wurde das Papier von FDP-Chef Philipp Rösler als «nicht abgestimmt» zurückgewiesen und vom Staatssekretär im Finanzministerium Steffen Kampeter als «Linksrhetorik pur» bezeichnet. Wie gesagt: Es ging um Zahlen und Erkenntnisse, die für ein Papier der Bundesregierung erhoben worden waren. Ganz besonders ärgert mich die immer wiederkehrende Rhetorik, mit der besonders benachteiligte Gruppen verspottet oder sogar für den Ausbruch der Krise verantwortlich gemacht werden. Vielleicht erinnert sich mancher noch an die Worte des damaligen FDP-Vorsitzenden Guido Westerwelle, der Anfang 2010 behauptete, zu hohe Hartz-IV-Sätze würden zu «spätrömischer Dekadenz» einladen. Dieser Sichtweise zufolge ist die Staatsschuldenkrise vor allem durch vermeintlich überhöhte Sozialleistungen ausgelöst worden. Immer wieder geistern Geschichten über Fälle von dreistem Sozialbetrug durch den Blätterwald. Ein berühmtes Beispiel hierfür war «Florida-Rolf», mit dem die «Bild»-Zeitung vor ein paar Jahren Schlagzeilen machte. Dabei ging es um einen Mann, der seit 1979 in den USA lebte. Er war 1985 erwerbsunfähig geworden und finanzierte sich nun mit der Sozialhilfe, die er aus Deutschland bezog, ein kleines Apartment in Miami. Solche Berichte suggerieren, dass sich durch staatliche Hilfszahlungen ein lebenslanger Urlaub in der Sonne finanzieren ließe, indem Einzelfälle verallgemeinert und zum Regelfall erklärt werden.

Das Argument, die Armen würden den Staat finanziell zu Grunde richten, funktioniert aber auch länderübergreifend, es kann quasi europäisiert werden. Immer wieder haben Medien Einzelfälle von Sozialbetrug vor allem in Südeuropa aufgedeckt – wer erinnert sich nicht an die «Insel der Blinden», den Fall einer griechischen Insel, auf der zahlreiche Menschen wegen ihrer angeblichen Sehbehinderung widerrechtlich staatliche Unterstützung erhielten. Bei uns gab es große Empörung, weil südeuropäische Arbeitnehmer angeblich mehr Urlaub haben und überhaupt weniger arbeiten als wir Deutsche. Die Caritas hat dagegen eine Statistik veröffentlicht, die zeigt, dass bei Berücksichtigung des gesetzlichen und tariflichen Urlaubsanspruchs Schweden, Deutschland und Dänemark in Europa an der Spitze liegen. Aber bei derartigen Vorwürfen geht es nicht um eine genaue Analyse von Problemen. Im Kern geht es bei solchen «Enthüllungen» darum, eine Art Nationalcharakter zu unterstellen, beispielsweise dass Griechen faul oder korrupt seien, weshalb sie nicht erwarten dürften, dass wir ihnen aus der Patsche helfen.

Dieser Logik folgend entsprechen die Finanzhilfen für strauchelnde EU-Länder nicht etwa dem wohlverstandenen Eigeninteresse der Geber, sondern sind höchstens ein Akt karitativer Mildtätigkeit – den man bei einem «Fehlverhalten» der Empfänger einfach wieder einstellen kann. Ich halte eine solche Sichtweise für arrogant; zudem verkürzt sie die Ursachen der Krise und übersieht geflissentlich die Verantwortung einiger Finanzjongleure, die weiterhin Millionengehälter verdienen und sich mit ihren Spekulationsgeschäften nicht weniger asozial verhalten als Sozialhilfebetrüger. Leider ist diese verfehlte Position aber auch häufig in Deutschland vertreten worden. Als Angela Merkel im Oktober 2012 nach Griechenland reiste, habe ich deshalb an sie appelliert, nicht mit dem Habitus eines «reichen Onkels» aufzutreten, sondern deutlich zu signalisieren, dass wir Deutsche selbst an der Überwindung der Krise in Griechenland interessiert sind. Hilfe nur zu gewähren, wenn gleichzeitig harte Reformen durchgeführt werden, war mir von Beginn an zu einseitig gedacht. Schließlich beschränkten sich die Maßnahmen, die die EU-Troika und der Internationale Währungsfonds den Krisenländern verordnet hatten, in der Regel auf den Abbau von Arbeitnehmerrechten, Lohn- und Rentenkürzungen und die Verlängerung der Arbeitszeit. Strukturreformen betreffen in erster Linie immer das untere Drittel und den Mittelstand der betroffenen Gesellschaften.

Damit kein Missverständnis aufkommt: Natürlich müssen verkrustete Strukturen in vielen Ländern der EU aufgebrochen werden. In einigen Staaten herrschte Korruption, weil manche Politiker nur an sich dachten und wichtige Reformen verweigerten, die ihre Macht gefährdet hätten. In dieser Hinsicht sind in Griechenland und im Italien Silvio Berlusconis erhebliche Fehler gemacht worden. Aber man sollte anerkennen, dass die betreffenden Staaten mit neuen Regierungen und einer oft völlig veränderten Haltung in den vergangenen Jahren sehr schnell Reformen und Sparmaßnahmen beschlossen haben. Wie schmerzhaft viele dieser Maßnahmen sind, zeigen die zahlreichen Demonstrationen in Südeuropa, bei denen Hunderttausende gegen die Politik ihrer Regierungen protestieren.

Wie schwierig ein solcher Reformprozess politisch ist, wissen wir Deutsche noch aus jüngster Vergangenheit – denn teure Wahlgeschenke werden auch hierzulande gerne verteilt. Wer erinnert sich nicht an den Slogan «Denn eines ist sicher – die Rente!», den der damalige Arbeitsminister Norbert Blüm 1986 tausendfach in der ganzen Bundesrepublik plakatieren ließ? Der Slogan sollte suggerieren, dass man das Rentensystem nicht zu reformieren brauchte, obgleich die demographische Bombe schon damals vernehmlich tickte. Der Grund war einfach: Eine solche Rhetorik der sozialen Kuscheldecke garantierte Helmut Kohl seine sechzehn Jahre währende Kanzlerschaft. Ab 1998 musste dann eine neue Bundesregierung für frischen Wind in Deutschland sorgen und den Reformstau auflösen. Allerdings erging es Bundeskanzler Gerhard Schröder schlecht, nachdem er die Agenda 2010 durchgesetzt hatte, mit der er Deutschland wieder fit machte. Sicherlich waren die Reformen an einigen Stellen unzulänglich, beispielsweise weil die Förderung der Leiharbeit das Lohndumping begünstigte und weil die mangelhafte Anerkennung der Arbeitsleistung dazu führte, dass Menschen trotz jahrzehntelanger Beschäftigung plötzlich auf Hartz IV angewiesen waren, wenn sie arbeitslos wurden. Andererseits befindet sich unser Land auch wegen dieser Reformen inzwischen ökonomisch wieder auf einem Spitzenplatz. Die SPD jedoch verlor eine Wahl nach der nächsten, bis sie schließlich 2009 mit einem beschämenden Bundestagswahlergebnis von der Macht vertrieben wurde. Ausgerechnet zu dem Zeitpunkt, als die Krise in Europa ausbrach, war dies eine Warnung an alle, die ebenfalls über eine engagierte Reformpolitik nachdachten, was sicher auch dazu führte, dass in den folgenden zwei Jahren in manchen Ländern kaum Reformeifer entstand. Welcher Regierungschef wollte schon das Schicksal Gerhard Schröders erleiden, mutig zu reformieren und dann abgewählt zu werden?

Inzwischen ist man bei der Bekämpfung der europäischen Krise in das andere Extrem verfallen und belastet einseitig die Mittelschicht und die Armen. Paradoxerweise wurden zuletzt zum Teil ausgerechnet jene Rezepte angewandt, mit denen die Neoliberalen schon so viel Unheil angerichtet hatten. So wurde den Ländern, die unter den europäischen Rettungsschirm schlüpfen wollten, aufgetragen, ihre Arbeitsmärkte zu flexibilisieren. In der Regel ist der Begriff «Flexibilisierung des Arbeitsmarkts», so schreibt der Wirtschaftsnobelpreisträger Paul Krugman, «jedoch bloß ein Euphemismus, hinter dem sich Lohnkürzungen verbergen. Es mag zwar sein, dass ein einzelner Arbeiter bessere Aussichten hat, einen Arbeitsplatz zu finden, wenn er einen niedrigeren Lohn akzeptiert (weil er im Vergleich zu anderen Arbeitnehmern attraktiver wird). Aber wenn alle weniger verdienen, ändert das nur eins: Alle verdienen weniger, aber die Schulden bleiben dieselben. Eine Flexibilisierung der Löhne (und Preise) verschlimmert die Situation nur.»[14]

Ich wollte nicht den Fehler vieler europäischer Politiker wiederholen und mir deshalb selbst ein Bild davon machen, welche Wirkungen diese auch von der EU verordnete Medizin in den betroffenen Krisenländern hat. Deshalb reiste ich bald nach meinem Amtsantritt als Präsident des Europäischen Parlaments im Januar 2012 wiederholt nach Griechenland und Spanien. Beide Länder waren aus unterschiedlichen Gründen in besonderer Weise von der Wirtschaftskrise betroffen, und in beiden Ländern schlug sie unmittelbar auf den Arbeitsmarkt durch. Bei meinen Reisen ging es mir darum, ein deutliches Signal zu setzen und zu zeigen, dass Europa nicht nur über Griechenland und Spanien spricht, sondern auch mit den Menschen vor Ort. Ich wollte wissen, wie sie ihre und die Situation ihrer Länder einschätzen.

Was ich in Südeuropa sah, hat mich zornig gemacht und auch traurig. Die Sparmaßnahmen, von denen viele ohne Zweifel notwendig waren, trafen wie so oft die Schwächsten in der Gesellschaft. Während die Einkommensmillionäre ihr Geld längst außer Landes geschafft und so ihren Besitzstand bewahrt hatten, wurde bei Arbeitslosen, bei Rentnern, im Gesundheitssystem und bei der Bildung drastisch gekürzt. Das Rentenalter wurde angehoben, die Pensionen heruntergefahren, die Löhne eingefroren und die Mindestlöhne gesenkt. Das griechische Sparpaket ist das größte, das je ein europäischer Staat geschnürt hat, und es wird in einem Land umgesetzt, das seit mehreren Jahren in einer Rezession steckt!

Die Hans-Böckler-Stiftung hat eine interessante Berechnung durchgeführt, um zu ermitteln, welche Auswirkungen die griechischen Sparmaßnahmen hätten, wenn man sie im gleichen

Maßstab in Deutschland durchführen würde. Demnach müssten in den öffentlichen Haushalten und den Sozialkassen einhundertsiebenundvierzig Milliarden eingespart werden – allein das Gesundheitswesen müsste um fünfundzwanzig Milliarden Euro schrumpfen, und für die Bildung stünden etwa sechs Milliarden Euro weniger zur Verfügung.[15] Deutsche Rentner erhielten insgesamt dreiunddreißig Milliarden Euro weniger, das entspräche einer Rentenkürzung von fast sechzehn Prozent oder durchschnittlich einhundertneunzig Euro im Monat. Wer also leichtfertig behauptet, dass Griechen, Spanier und andere sich noch mehr anstrengen müssten, sollte wissen, worüber er spricht. Und er sollte sich vielleicht daran erinnern, was in unserem Land los war, als eine Praxisgebühr von zehn Euro eingeführt wurde, und sich klarmachen, dass viele Reformen in Deutschland zu einer Zeit durchgeführt wurden, in der es uns vergleichsweise gutging und ein funktionierender Sozialstaat die sozialen Auswirkungen abfederte.

In Griechenland haben die Sparmaßnahmen dagegen erhebliche soziale Verwerfungen ausgelöst, deren Wucht man erst dann voll erfassen kann, wenn man sich die jeweiligen persönlichen Schicksale von Betroffenen erzählen lässt: Ich hörte von griechischen Eltern, die ihre Kinder in SOS-Kinderdörfern abgeben mussten, weil sie sie nicht mehr ernähren konnten. Von kranken Menschen, die von Ärzten nur gegen Bargeld behandelt wurden und die – wenn sie dies nicht hatten – auf eine Behandlung verzichten mussten. Von spanischen Rentnern, die mit ihrer mickrigen Pension ihre Enkel mitversorgten. Von jungen Paaren, die zusammen mit ihren kleinen Kindern wieder bei ihren Eltern einzogen, weil sie ihre Wohnung nicht mehr bezahlen konnten. Sowohl Griechenland als auch Spanien hatten darüber hinaus schon vor Ausbruch der Krise mit einer hohen

Jugendarbeitslosigkeit zu kämpfen. In Griechenland waren 2008 mehr als zwanzig Prozent der unter Fünfundzwanzigjährigen erwerbslos, inzwischen ist diese Quote auf über fünfzig Prozent emporgeschnellt; in Spanien sieht es ähnlich aus.

Europa erlebt daher momentan neue Wanderungsbewegungen von gut ausgebildeten Akademikern, die aus dem Süden in den Norden ziehen, weil sie in ihrer Heimat keine Chance mehr für sich sehen – obwohl sie die am besten ausgebildete Generation sind, die diese Länder je hervorgebracht haben. In den Goethe-Instituten sind die Deutschkurse überbelegt, weil es Südeuropäer in unser Land zieht. Den jungen Leuten helfen ihre Ausbildung, ihr Studium und die akademischen Titel zu Hause nicht, denn dort gibt es keine Arbeit. «Euch soll es mal besser gehen», haben mir meine Eltern früher gesagt, und auch ich habe meinen Kindern den Lehrsatz mit auf den Weg gegeben: «Wenn du dich anstrengst, wird sich der Erfolg schon einstellen.» Alles falsch, die Krise hat diese Aussagen Lügen gestraft. Es war bedrückend, den jungen Menschen in Athen und Madrid zuzuhören, die mir über ihre Situation berichteten.

Kaum war ich wieder in Brüssel, hatte ich ein Treffen mit Botschaftern aus südamerikanischen Ländern. Hinter verschlossenen Türen berichteten sie mir, dass immer mehr junge Südeuropäer nach Südamerika ausreisten, um dort Arbeit zu suchen. Man erwäge, so raunte ein Botschafter mir ins Ohr, die Grenzen für diese Armutsflüchtlinge aus Europa zu schließen, und hoffe, dass die EU hierfür Verständnis habe. Das saß! «Armutsflüchtlinge aus der EU». Wenn ich jemals eine Begegnung hatte, die mir verdeutlichte, wie schnell sich Dinge ändern können, die ich für unveränderlich hielt, dann war es dieses Treffen.

Auch vom früheren Musterschüler Irland gab es beunruhigende Nachrichten. Zwar erfüllte die einstige Vorzeigerepublik vorbildlich alle Auflagen, die sich aus dem Rettungsschirm ergaben, und bekam auch wieder Kredite an den Finanzmärkten – gleichwohl verlassen jährlich rund fünfzigtausend junge Leute das Land, um woanders eine bessere Zukunft zu suchen. Junge Leute, die daheim dringend gebraucht werden, weil sie die Zukunft des Landes sind, das nur eine Einwohnerzahl von knapp 4,6 Millionen Menschen hat.

Aber die Sparprogramme haben nicht nur Arbeitnehmer, Rentner und sozial Schwache belastet. Immer wieder treffe ich bei Veranstaltungen kleine und mittelständische Unternehmer, die mir sagen, dass sie niemand retten würde, wenn sie ihr Unternehmen an die Wand fahren. Das sind Menschen, die ihr unternehmerisches Risiko sehr umsichtig kalkulieren und erst dann eine Entscheidung treffen. Ich denke dabei beispielsweise an das Hotel im Schwarzwald, in dem ich immer wohne, wenn das Europaparlament in Straßburg tagt. In dem kleinen Hotel- und Restaurantbetrieb, der seit über hundert Jahren im Familienbesitz ist, werden unternehmerische Entscheidungen, etwa über neue Bettenkapazitäten oder eine Erweiterung der Tische im Restaurant, vorsichtig und in Absprache mit der örtlichen Bank, dem Tourismusverein und dem Architekten getroffen. Für solche Unternehmer wirkt es wie Hohn, wenn ein Manager einer Großbank Millionen verzockt und dennoch riesige Boni kassiert.

Gerade hier wird besonders deutlich, wie widersinnig der während der Krise immer wieder bemühte Begriff der «Systemrelevanz» ist. In der Praxis wird damit nur das Prinzip aufgehoben, demzufolge der Verursacher für die von ihm angerichteten Schäden aufkommen muss. Und während Finanzinstitute wie Banken und Versicherungen als «systemrelevant» galten und ihre Rettung daher als selbstverständlich angesehen wurde, diskutierte man lang und breit, ob man auch Unternehmen wie Opel oder Schlecker unter die Arme greifen dürfe – schließlich seien diese, anders als die Banken, nicht «systemrelevant»! Eine eigenartige Argumentation, die zudem am Kern des Problems vorbeizielt. Denn wer soll in Deutschland und Europa systemrelevant sein, wenn nicht diejenigen, die tagtäglich in Groß- oder in mittelständischen Betrieben schuften und dadurch die ganze Welt mit intelligenten europäischen Produkten und Dienstleistungen versorgen? Es sind doch gerade die Ingenieure, Forscher und Ausbilder, die Beschäftigten in den helfenden und pflegenden Berufen, die Busfahrer, Ärzte und Erzieher, denen wir unseren Wohlstand verdanken! Wenn diese Personen die Hoffnung aufgeben, dass es fair und gerecht in unserer Gesellschaft zugeht, wird es gefährlich.

Sehr aufschlussreich ist ein Bericht der Internationalen Arbeitsorganisation vom Sommer 2012, in dem diese vor einer «verlorenen Generation» in Europa warnt.[16] Diese Warnung muss uns beunruhigen, denn die Verlorenheit dieser Generation hat nicht nur eine ökonomische Dimension, sondern reicht noch viel weiter: Wenn man einerseits gewaltige Bankenrettungsschirme aufspannt, gleichzeitig aber bei Bildung und Kinderbetreuung radikal spart, erzeugt man damit auch eine politische Entfremdung, die unsere Gesellschaften zerstören kann. In Kombination mit Schuldenanstieg, Währungs- und institutioneller Krise hat dies in der Öffentlichkeit den Eindruck verstärkt, die Politik sei getrieben von den entfesselten Kräften des Marktes und den Interessen der Lobbyisten. Das stellt die gesamte Legitimität unseres politischen Systems in Frage. Warum soll man zur Wahl gehen, wenn die Politiker sowieso nichts mehr zu sagen haben? Wofür braucht man Parteien, wenn es keine Alternativen zu den bestehenden Verhältnissen zu geben scheint, und die Politik nur das umsetzt, was «die Märkte» verlangen? Wenn sich diese Sichtweise durchsetzt, wird unserer demokratischen Gesellschaftsordnung die Grundlage entzogen. Denn eine Demokratie ist – anders als totalitäre Regime – nicht nur auf die passive Duldung durch die Menschen angewiesen, sondern auch auf ihre aktive Teilnahme.

Die Entfremdung der Menschen von der Demokratie verschärft sich zusätzlich, wenn ihre Entbehrungen von der «anderen Seite» nicht honoriert werden. Reformprogramme können immer nur eine Seite der Medaille sein, wenn es darum geht, die Krise zu überwinden. In rascher Folge wurde eine Sparrunde nach der anderen beschlossen, unter denen in erster Linie die Mittelschicht und die Armen zu leiden haben. Sobald aber die Wohlhabenden ihren Teil zur Bewältigung der Krise beitragen sollten, ging es nur im Schneckentempo voran. Die Tatsache, dass selbst während der Krise die Reichen immer reicher und die Armen immer ärmer werden und gleichzeitig die Mittelschicht schrumpft, gefährdet den Zusammenhalt und die Stabilität unserer Gesellschaften. Es ist fraglich, wie lange sie eine solche Entwicklung aushalten können. Bezeichnenderweise ist eine besonders ungerechte Verteilung von Einkommen meist das Kennzeichen von Transformationsstaaten wie beispielsweise China und Russland, die von schweren sozialen Konflikten erschüttert werden. Die soziale Krise in Europa lässt viele Menschen an der Handlungsfähigkeit demokratischer Institutionen und Politiker zweifeln und hat auch das Vertrauen in die EU schwer geschädigt. Diese Vertrauenskrise kann nur dann überwunden werden, wenn wir die Lasten gerechter verteilen, die bei der Bewältigung der Wirtschaftskrise anfallen. All diejenigen, die den politischen Akteuren vorwerfen, die bisherige Krisenpolitik verschärfe das soziale Gefälle, haben recht. Die Art und Weise, wie die Krise bekämpft wurde, war über weite Strecken die Verlängerung der neoliberalen Politik, die die gesamte Weltwirtschaft und die EU an den Abgrund geführt hat.

Europas Versagen beim Arabischen Frühling

2011 wehte im neuen Libyen als erste ausländische Flagge die europäische mit ihren zwölf Sternen über der EU-Botschaft. Hierauf waren die EU-Mitgliedsländer zu Recht stolz, denn sie wollten diesem reichen nordafrikanischen Land, das gerade dabei war, die jahrzehntelange Herrschaft von Muammar al-Gaddafi abzuwerfen, von nun an gemeinsam helfen, ein demokratisches Gemeinwesen aufzubauen. Mit dem symbolischen Akt der Botschaftseröffnung wollte die EU aber gleichzeitig etwas vergessen machen, was allerorts als peinlich empfunden wurde: die Unfähigkeit Europas, zu Beginn des Libyenkonflikts zu einer einvernehmlichen Position über diesen Freiheitskampf zu kommen. Wie so oft war es den EU-Mitgliedsstaaten nicht gelungen, über ihren Schatten zu springen und eine gemeinsame Haltung zu formulieren. Was war geschehen?

Nachdem sich die Menschen im Jahr 2011 in Tunesien, Ägypten und in anderen arabischen Staaten aufgemacht hatten, um ihre korrupten Despoten zu stürzen, brach auch in Libyen ein Kampf um die Zukunft des Landes aus. Der «Arabische Frühling» überforderte die gesamte Welt, denn niemand hatte mit einer solchen Revolution gerechnet. Zudem hatte sich der Westen mit den Regimen Ben Alis in Tunesien, Hosni Mubaraks in Ägypten und Muammar al-Gaddafis in Libyen recht gut arrangiert. Über Jahrzehnte hatten diese Autokraten versichert, nur sie könnten verlässlich Öl liefern und islamische Fundamentalisten bekämpfen. Mit diesem Argument gelang es ihnen, internationale Forderungen nach Demokratie und Menschenrechten mühelos beiseitezuwischen. Eine effektive Strategie, wenn man bedenkt, dass sich Mubarak seine Macht auf diese Weise dreißig Jahre, Gaddafi zweiundvierzig Jahre und Ben Ali sogar vierundvierzig Jahre sichern konnte. Der Westen habe, so schrieb der langjährige Nahost-Korrespondent der Wochenzeitung «Die Zeit», Michael Lüders, den Wandel erst dann öffentlich begrüßt, nachdem er unwiderruflich erschien: «Die eigene, jahrzehntelang betriebene Politik, mit den übelsten Gewaltherrschern zu paktieren, solange sie Erdöl liefern, Terroristen jagen und Flüchtlinge von Europas Grenzen fernhalten, war buchstäblich über Nacht hinfällig geworden. Zusätzlich fehlgeleitet durch eine Islamophobie, die auf komplexe gesellschaftliche Fragen einfache Antworten bereithält, haben viele Europäer lange nicht verstanden, verstehen wollen, dass die arabische Revolution nicht Gefahren heraufbeschwört, sondern neue Chancen eröffnet.»[17]

Ich will realpolitische Beweggründe und manche Unsicherheiten in dieser revolutionären Situation nicht pauschal verurteilen. In der internationalen Politik müssen fast alle Staatenlenker zuweilen einen Pakt mit dem Teufel eingehen. Was mich aber damals schockierte, war die Tatsache, dass selbst zu einem Zeitpunkt, als der arabische Aufstand schon voll entflammt war und die alten Regime mit aller Härte gegen die Demonstranten vorgingen, viele westliche Regierungen und Kommentatoren den meist jungen Kämpfern noch immer ihre Unterstützung verweigerten. Mir war es wichtig, Flagge zu zeigen und den Menschen, die für eine Demokratisierung der arabischen Welt eintraten, die Hand zu reichen. Deshalb stellte ich in meiner damaligen Funktion als Vorsitzender der sozialdemokratischen

Fraktion im März 2011 fest: «Gaddafi ist ein Verbrecher, er ist ein Mörder, der vor einen internationalen Strafgerichtshof gehört.» Schon einen Monat vorher hatte ich im Plenum des Parlaments die meiner Meinung nach völlig verfehlte Politik der europäischen Regierungschefs kritisiert, die wortreich taktierten, anstatt sich klar zu dem Freiheitskampf zu bekennen. Wer, wenn nicht wir, fragte ich damals, soll an der Seite der Menschen stehen, die für ihre Freiheit und gegen ihre brutalen Unterdrücker kämpfen?

Ich dachte dabei an die bewegenden Bilder vom Tahrir-Platz in Kairo, die ich im Fernsehen verfolgt hatte, wo Muslime, Christen und Juden zusammen beteten und sich gegenseitig vor Übergriffen der ägyptischen Polizei schützten. Ich dachte auch an die zahlreichen Interviews und Statements von jungen ägyptischen Frauen, die selbstbewusst ihre Rechte einforderten, ohne dabei einfach das westliche System kopieren zu wollen. Dabei hat mich die Rede der ägyptischen Theaterregisseurin Laila Soliman besonders berührt, die anlässlich der Verleihung des ersten Willy-Brandt-Preises am 25. Oktober 2011 in Berlin die anwesenden prominenten Politiker wie Sigmar Gabriel, Gerhard Schröder, Richard von Weizsäcker, Hans-Dietrich Genscher und Gregor Gysi mit einigen unbequemen Tatsachen konfrontierte:

> «Ist die Anhäufung von Preisen vielleicht ein Zeichen dafür, dass die europäischen Politiker versuchen, ihr schlechtes Gewissen zu reinigen und ihr Image aufzupolieren, um die Spuren der Vergangenheit zu verwischen? Die europäische Außenpolitik im Umgang mit ihren Nachbarn war gewiss fragwürdig, fast feige. Über Jahrzehnte hinweg haben europäische Politiker brutale Diktaturen unterstützt. Ihr habt in sie investiert, wenn es um euren eigenen Vorteil ging. Eine

ganze Generation hat sich aber erhoben. Eine Generation, die genug davon hatte und sich nun erhebt, um von Angesicht zu Angesicht mit euch zu verhandeln. Eine Generation, die euch ebenbürtig sein will, im wahrsten Sinne des Wortes. Wir brauchen eure Unterstützung nicht, um ein politisches System zu schaffen. Wir sind intelligent und stark genug, es selbst hinzukriegen. Wir wollen nicht, dass ihr uns eure Tugenden aufzwingt und eure Regierungsformen. Aber wir brauchen euch, damit ihr euch auf die Seite der Revolution und des Volkes stellt und das Militärregime verurteilt und die Waffenlieferungen streicht, die solch eine mächtige und starke Armee hervorgebracht haben, deren Einfluss jenseits des Normalen reicht.»[18]

Wer solche Worte hörte, wer in Ägypten oder in Tunesien mit Aktivisten sprach und wer trotzdem darauf beharrte, dass die Unterstützung des Arabischen Frühlings naiv sei, weil man damit die möglichen schlimmen Folgen übersehe, dem fehlt eine wesentliche, menschliche Eigenschaft: Empathie, die Fähigkeit, sich in das Schicksal von anderen einzufühlen. Die «Westdeutsche Allgemeine Zeitung» brachte es am 1. Februar 2011 auf den Punkt, als sie zu diesem Thema schrieb: «Die Franzosen nennen es Déformation professionelle. So eine beruflich bedingte Unart zeigt die Politik im Umgang mit Ägypten. ... In der Politik scheint aber keiner dazu fähig, den Freiheitsdrang mitzufühlen. Seit 2001 steht die arabische Welt unter dem Generalverdacht des Terrors; die Angst davor erklärt die stereotype Reaktion.»

Als ich später selbst in Ägypten und Marokko war, wurde ich von jungen Aktivisten immer wieder gefragt, warum «der Westen» so wenig Begeisterung für eine Revolution empfunden hatte, die doch im Grunde den westlichen Werten verpflichtet war.

Eine Antwort darauf fiel mir damals genauso schwer wie heute noch. Ich schämte mich angesichts der sehr berechtigten Fragen dieser jungen Leute; ich schämte mich für die Sprachlosigkeit Europas und für die Doppelmoral, die unsere Politik gegenüber dem Nahen Osten und Nordafrika so lange geprägt hat.

Europa hat in den Monaten des Arabischen Frühlings viel von seinem Glanz verloren. Lange hatte unser Kontinent in der arabischen Welt, im Maghreb und im Nahen Osten, eine gewaltige Strahlkraft besessen, über Jahrzehnte verbanden viele Menschen in den arabischen Hauptstädten Europa mit einem Lebensmodell, das sie bewunderten, mit einem Lebensstandard, den auch sie erreichen wollten, und vor allem mit unveräußerlichen Rechten und demokratischer Teilhabe, die sie auch für sich selbst reklamierten. Diese Strahlkraft halte ich auch für einen wichtigen Faktor in den internationalen Beziehungen. Manche mögen eine solche Anziehungskraft, die Politikwissenschaftler «Soft Power» nennen, gering schätzen – aber wie wir an unzähligen Beispielen in der Geschichte ablesen können, kann eine solche sanfte Kraft Berge versetzen. Leider haben die europäischen Staaten diese Kraft jedoch nicht ausgenutzt – zu stark unterschieden sich ihre Partikularinteressen, zu sehr waren sie in ihren jeweiligen Blicken auf die Vergangenheit der Region verhaftet, sodass sie erst sehr spät erkannten (vielleicht bis heute noch nicht wirklich erkannt haben), wo das gemeinsame europäische Interesse liegt. Silvio Berlusconi rühmte sich seiner besonderen Beziehungen zu Libyens Diktator Gaddafi, der ihm versprochen hatte, die afrikanischen Flüchtlinge abzufangen, bevor sie über die Meerenge zu Italiens Küsten aufbrechen könnten. Frankreich hatte durch seine koloniale Vergangenheit eine besondere Beziehung in die französischsprachige Maghreb-Region, Ägypten ist neben Jordanien das einzige arabische Land, das mit Israel einen

Friedensvertrag abgeschlossen hat, und leistete immer wieder gute Dienste bei den verschiedenen Friedensverhandlungen im Nahen Osten. Es fanden sich also genug Gründe und Ausreden, warum es nicht zu einem europäischen Konsens gegenüber den Ländern der arabischen Welt kam, entschuldbar war diese babylonische Sprachverwirrung dennoch nicht!

Dies zeigte sich besonders deutlich an der Farce, die sich die EU in Sachen Libyen leistete. In diesem Bürgerkrieg wurde der vom einstigen Hoffnungsträger zum immer skurriler werdenden Despoten transformierte Oberst Gaddafi besiegt und schließlich unter nicht abschließend geklärten Umständen bei seiner Festnahme getötet. Der Sieg der libyschen Revolution war nicht zuletzt dem massiven militärischen Einsatz der internationalen Gemeinschaft zu verdanken, die mit ihren Luftangriffen die Stellungen der Gaddafi-Getreuen bombardierte und damit entscheidend schwächte. Dieser Militäreinsatz wurde durch die UN-Resolution 1973 vom 17. März 2011 ermöglicht, die unter anderem ein Waffenembargo sowie eine Flugverbotszone vorsah und die internationale Gemeinschaft ermächtigte, «alle notwendigen Maßnahmen» zu ergreifen, um die libysche Zivilbevölkerung vor Angriffen der Truppen Gaddafis zu schützen. Schon zwei Tage später begann der Militäreinsatz.

Allerdings hatte es die EU nicht vermocht, bei der wichtigen Abstimmung im UN-Sicherheitsrat zu einem gemeinsamen Votum zu kommen. Zwar hatten zehn seiner fünfzehn Mitglieder mit ihrem «Ja» für die notwendige Mehrheit gesorgt, doch scherte Deutschland aus der gemeinsamen Front aus. Während die anderen europäischen Mitglieder des Sicherheitsrats, Frankreich, Großbritannien, Portugal und Bosnien-Herzegowina, mit den USA für den Einsatz stimmten, enthielt sich Deutschland zusammen mit China, Russland, Indien und Brasilien der

Stimme. In den Medien wurde von «internationaler Isolierung», einem «Desaster» oder gar vom «deutschen Sonderweg» gesprochen, und man spekulierte, dass sich die schwächelnde FDP vor den Landtagswahlen in Baden-Württemberg und Rheinland-Pfalz als Friedenspartei profilieren wollte. Wenn dies tatsächlich das Kalkül war, so ging die Rechnung der FDP nicht auf, weil ihr Manöver zu durchsichtig und nicht glaubwürdig war. Auch andere EU-Mitglieder schienen im Fall Libyen vor allem das eigene Wohl im Auge zu haben: Der damalige französische Präsident Nicolas Sarkozy setzte durch, dass Frankreich als erstes EU-Land den Übergangsrat als legitimen Vertreter des libyschen Volkes anerkannte, und schaffte damit Fakten, noch bevor innerhalb der EU eine gemeinsame Haltung gefunden war. Sarkozy wollte mit diesem Zug Entschlusskraft beweisen, um im französischen Vorwahlkampf punkten zu können.

Die Liste solcher Beispiele ließe sich fortsetzen. Das ist aber hier nicht notwendig, entscheidend bleibt das Muster, um das es hier geht und das leicht zu entschlüsseln ist: Immer wenn eine Regierung meint, dass ihr eine Positionierung gegen eine Mehrheit in der EU einen innenpolitischen Geländegewinn bringt, positioniert sie sich gegen die EU. Das ist fatal. Denn es führt dazu, dass die EU als globaler Akteur, der die internationale Politik aktiv mitgestalten will, nicht ernst genommen wird. Die EU hat als Vermittler in Nahost und in anderen Krisenregionen durch dieses Verhalten erheblichen Einfluss verloren. Eine gespaltene EU, die sich zu keiner einheitlichen Linie durchringen kann, schwächt ihre Stellung in internationalen Verhandlungen. Dass dieses Verhalten unmittelbar den europäischen Interessen schadet, ist offensichtlich – und wird dennoch häufig hingenommen. Dass dieses Verhalten aber auch mittelbar den Interessen der einzelnen EU-Mitgliedsstaaten schadet, wird von diesen allzu oft ignoriert. Deshalb ist die Bilanz im außenpolitischen Bereich: Hier muss die EU noch einiges tun, um nicht in der Bedeutungslosigkeit zu verschwinden.

★★★

Durch die beschriebenen Defizite ist die EU in den Augen vieler diskreditiert. Sie gilt als zerstritten, undemokratisch, bürokratisch und neoliberal. Das ist eine schwere Hypothek für eine Organisation, die auf das Vertrauen der Menschen angewiesen ist. Sehr deutlich konnte man dies sehen, als im Oktober 2012 verkündet wurde, dass die EU den Friedensnobelpreis bekommen sollte. Viele Kommentatoren kritisierten die Entscheidung generell. Andere meinten, dass bestenfalls die Gründungsväter und -mütter den Preis verdient hätten. Andere wiederum waren der Auffassung, dass es Bürger, Jugendliche oder Kinder sein sollten, die nach Oslo fahren müssten. Trotz aller Meinungsunterschiede waren sich die meisten über eines einig: Die derzeitigen Repräsentanten der EU – der Verfasser eingeschlossen – seien nicht geeignet, den Preis entgegenzunehmen. Darin zeigt sich das tiefe Misstrauen gegenüber den Institutionen der EU und damit letztlich auch ein Misstrauen gegen die EU insgesamt. Dieses Misstrauen speist sich aus Gründen, die ich verstehen kann. Aber bevor ich meine Vorschläge zu einer besseren EU mache, möchte ich einen Moment darüber nachdenken, was passieren könnte, wenn wir dem Impuls nachgeben und das Projekt der europäischen Einigung scheitern ließen.

II. WAS, WENN EUROPA SCHEITERT?

Die Behauptung, Europa sei ohne Alternative, ist falsch. Europa kann scheitern, es gäbe dann eben keine EU mehr. Wenn Europa scheitert, dann deshalb, weil es Fehler gemacht hat. Das hat viel damit zu tun, dass ein Teil der selbsternannten europäischen Elite versagt hat. Spekulanten, die der Gier verfallen sind. Banken und Unternehmensvorstände, denen es nicht mehr um langfristiges und nachhaltiges Wachstum geht, sondern um den schnellen und exorbitanten Gewinn. Politiker, die vor allem auf den nächsten Wahltermin schielen und sich nicht um die Tragweite ihres Handelns kümmern. Europa kann aber auch scheitern, weil diejenigen, die es besser wissen müssten, schlecht und unwahr über die EU sprechen. Was Europa immer wieder in die Kritik bringt, ist eine Praxis, in der viele meiner Politikerkollegen wahre Experten sind und die ich das *Blame game*, also das «Schuld-Spiel», nennen möchte.

Das Blame game

Das «Schuld-Spiel» hat nur ein Ziel: Europa zu diffamieren, seine Institutionen lächerlich zu machen und seine Repräsentanten als Deppen darzustellen, um die nationalen Politiker möglichst gut aussehen zu lassen. Wie das Spiel funktioniert, kann man gut an einem Beispiel aus den letzten Monaten erläutern. In großen Teilen der deutschen Öffentlichkeit gab es schon lange Zeit die

Forderung nach der Einführung einer Finanztransaktionssteuer, die früher Tobin-Steuer genannt wurde. Das Europaparlament hatte sich ebenso wie die Europäische Kommission für dieses Instrument ausgesprochen, um die Spekulanten an den Kosten der Krisenbeseitigung zu beteiligen und um den nervösen Handel auf den Finanzmärkten wenigstens etwas zu entschleunigen. Der öffentliche Druck, eine solche Steuer einzuführen, wurde schließlich so groß, dass sich Angela Merkel im Januar 2012 zu der Erklärung gezwungen sah, «als Privatperson» könne sie sich eine solche Steuer vorstellen. Hintergrund dieser für eine Regierungschefin doch erstaunlich defensiven Stellungnahme war, dass in der schwarz-gelben Koalition keine Einigung über diese Steuer erzielt werden konnte. Die FDP als Gralshüterin einer unregulierten Marktwirtschaft sperrte sich vehement gegen die Einführung einer neuen Steuer und vertrat damit massiv die Interessen von Bankern und Spekulanten. Die Bundeskanzlerin sah sich also mit der Forderung nach einer populären Maßnahme konfrontiert, die sie aber wegen ihres störrischen Koalitionspartners nicht umsetzen konnte.

Nun wurde der erste Akt des *Blame game* aufgeführt: Die Bundesregierung verkündete, dass sie sich in Brüssel für eine europaweit geltende Finanztransaktionssteuer einsetzen werde. Gemeinsam mit den anderen EU-Finanzministern besprach Wolfgang Schäuble die Einführung einer solchen Steuer. Weil die schwarz-gelbe Koalition in dieser Frage uneinig war, engagierte sich der deutsche Finanzminister in Brüssel aber nur sehr halbherzig für dieses Projekt. Im Kreise seiner Amtskollegen ließ er durchblicken, dass er der deutschen Öffentlichkeit zuliebe so tun müsse, als kämpfe er wie ein Löwe. Natürlich kam es unter diesen Voraussetzungen in Brüssel zu keiner Einigung, so wie es die Bundesregierung auch insgeheim erhofft hatte. Am nächsten Tag folgte dann der zweite Akt des *Blame game*. Als ich am Morgen die Zeitung aufschlug, las ich dort voller Erstaunen die Schlagzeile: «EU kann sich nicht auf die Einführung der Finanztransaktionssteuer einigen.» Es war also die EU gescheitert und nicht die Mitgliedsstaaten, die hierfür die Verantwortung trugen.

Das Spiel ging aber noch weiter, nun begann der dritte Akt. In meiner Rede vor den Staats- und Regierungschefs beim Gipfel des Europäischen Rats im Mai 2012 beharrte ich auf der Einführung dieser Steuer, nicht nur aus eigener tiefer Überzeugung, sondern auch, weil eine riesige Mehrheit im Europaparlament dafür war. Da widersprach mir die Bundeskanzlerin vehement und sagte: «Herr Schulz, Sie wissen doch, dass es dafür hier keine Mehrheit gibt.» Ich staunte! Normalerweise konnte die Bundesregierung nahezu alles in Europa durchsetzen, jetzt aber behauptete sie, sich den europäischen Partnern beugen zu müssen. Dann begann der vierte Akt des Schauspiels: Nachdem in Frankreich François Hollande neuer Präsident geworden war und die Bundesregierung die Stimmen der Opposition im Deutschen Bundestag brauchte, um den Fiskalpakt zu ratifizieren, konnte man sich auf einmal sehr schnell auf die Einführung einer Finanztransaktionssteuer einigen, denn sowohl die neue französische Regierung als auch die Bundestagsfraktionen der SPD und der Grünen forderten sie. Zwar soll die Steuer nicht von allen siebzehn Eurostaaten eingeführt werden, weil sich einige Staaten bislang noch nicht dazu durchringen können, aber immerhin im Rahmen der sogenannten «verstärkten Zusammenarbeit» von elf Staaten der EU. Bemerkenswert war nun schließlich der fünfte und letzte Akt der Aufführung: Die Finanztransaktionssteuer wurde in den Medien plötzlich als «Prestigeprojekt» Deutschlands und Frankreichs gelobt, als hätten das Europaparlament und die EU-Kommission überhaupt nichts beigetragen. Merkel, die auf den bereits fahrenden Zug aufgesprungen war, erhielt die Lorbeeren, und es hieß: Deutschland hat sich durchgesetzt.

Das ist das *Blame game*: Gutes kommt aus den Hauptstädten – Schlechtes aus Brüssel. Es ist ein ständig wiederkehrendes Muster, das sich auch bei der wenig glaubwürdigen Kritik aus Deutschland am Entschluss der EZB zeigte, Staatsanleihen von Krisenstaaten zu kaufen. Alle Insider wussten, dass die Bundesregierung sehr wohl damit einverstanden war, dass die EZB die Krisenländer auf diese Weise stabilisierte, doch wetterte sie ebenso wie einige andere europäische Regierungen laut gegen diesen vermeintlichen Dammbruch bei der Krisenbekämpfung. Sie ließ also die EZB den Job machen, den eigentlich sie hätte machen müssen – «aus schierer Angst davor, dass die Wähler ihren Kurs der Eurorettung nicht mehr mittragen» würden, wie die «Süddeutsche Zeitung» anmerkte.[19] Auf der Bühne wurde unter lautem Beifall des heimischen Publikums verkündet, dass es «keine Vergemeinschaftung der Schulden» geben werde, während hinter der Bühne heimlich die Weichen gestellt wurden, um genau das in die Wege zu leiten. Nur schaute dabei eben niemand zu. Diesen Beispielen könnte man andere hinzufügen. In aller Regel werden Vorschläge für neue europäische Gesetze aus den Hauptstädten angemahnt und von den nationalen Regierungen mitbeschlossen – wird ein solcher Vorschlag dann aber öffentlich kritisiert, heißt es, die Bürokraten in Brüssel hätten mal wieder ihre Kompetenzen überschritten. Ich kann nur empfehlen, zukünftig die Zeitungen und Nachrichtensendungen mal daraufhin zu verfolgen, ob man das *Blame game* entdeckt.

Auch wenn dieses Spielchen zunächst lustig klingt, ist ein solches politisches Manöver einer seriösen Politik unwürdig. Denn wenn Europa von Montag bis Samstag durch diese Spielchen diskreditiert und nur in pastoralen Sonntagsreden gepriesen wird, darf man sich nicht wundern, wenn sich die Menschen von der EU abwenden. Deshalb ist es eben kein lustiges Spielchen, sondern ein Verhalten, durch das die europäische Idee unter die Räder kommt und das überdies dazu führt, dass all jene hart angegangen werden, die als Verteidiger der europäischen Integration auftreten.

Aber ich will für einen Moment all jene beim Wort nehmen, die tagtäglich ihr Spiel mit Europa treiben, und vier Szenarios entwickeln, die zeigen, wie sich unser Kontinent ohne die von ihren Kritikern verhasste EU entwickeln würde. Diese Alternative bedeutet konkret: Die Einführung der D-Mark und der anderen nationalen Währungen, das erneute Hochziehen von Grenzen in Europa und das Ende des freien Verkehrs von Personen, Waren und Dienstleistungen, das individuelle Feilschen jedes europäischen Staates mit den USA, China und anderen Ländern über Handelsverträge, Datenschutz und Klimaabkommen, und nicht zuletzt das Risiko, dass der Nationalismus wieder zur dominanten Geisteshaltung auf unserem Kontinent wird. Auch wenn sich die möglichen Folgen eines Scheiterns der EU auch noch in anderen wichtigen Bereichen hypothetisch durchspielen lassen, will ich es im Folgenden bei diesen vier Szenarien belassen.

Szenario 1: Die neue D-Mark – Albtraum der Exportindustrie

Ich stelle mir vor, wie ich im Jahr 2020 auf dem Sofa sitze und im Fernsehen eine historische Dokumentation über das Europa der Jahre 2008 bis 2015 anschaue. Die Dokumentation heißt «Die europäische Zäsur – die Rückkehr der Nationen». In dem Film wird beschrieben, wie 2008 die amerikanische Immobilienblase platzte und daraufhin die Bankenkrise ausbrach, die schließlich die europäischen Staaten zwang, mit Milliardenbeträgen ihre Finanzinstitute zu retten. Es wird geschildert, wie dann die europäische Schulden- und Währungskrise entstand, in deren Verlauf vor allem diejenigen Staaten in die Knie gingen, die es in den Jahren zuvor versäumt hatten, die Modernisierung ihrer Strukturen voranzutreiben, weil ihre Regierungen aus der Abwahl von Gerhard Schröder im Jahr 2005 den Schluss gezogen hatten, dass sich eine harte Reformpolitik politisch nicht auszahlt. Griechenland, Irland, Zypern, Portugal, Spanien und Italien kamen als Erstes ins Trudeln, und nun versuchte man erst zögernd und dann immer stärker, die Eurozone mit Geld und Bürgschaften von den solventeren EU-Staaten zu stabilisieren. Die notwendigen Rettungsaktionen wurden aber nur halbherzig vollzogen, weil die europäischen Staats- und Regierungschefs die Krisenbekämpfung als Chefsache an sich zogen und dadurch plötzlich wieder das Einstimmigkeitsprinzip in der EU reaktivierten. Während das Europaparlament und die Kommission zügig Maßnahmen zur Krisenbekämpfung diskutiert und beschlossen hatten, feilschten die Regierungschefs bei den Verhandlungen auf ihrer Ebene wie störrische Teppichhändler, damit sie in ihren Hauptstädten später verkünden konnten, wie gut ihr Land bei der Lastenverteilung der Krisenbekämpfung weggekommen war. Dadurch wurden zwar die Interessen der siebzehn Eurostaaten in den Verhandlungen vorgebracht, das Gesamtinteresse der Eurozone und der EU aber geriet aus dem Blick.

In dieser emotionalen Phase entwickelte sich in Deutschland eine populistische Stimmung gegen die Staaten, die am meisten von der Krise betroffen waren, und so mancher Politiker wollte die Chance nutzen, sich als Hüter der nationalen Interessen zu profilieren. Der Polemik schienen keine Grenzen gesetzt. Aber nicht nur in Deutschland kochten die Gemüter hoch. Auch in den Staaten, in denen harte Reformen durchgeführt wurden, fluchten die betroffenen Arbeitnehmer, Rentner und Arbeitslosen über einen rigorosen Sparkurs, der sozial völlig unausgewogen war. Im Jahre 2013 und 2014 spitzte sich die Diskussion so zu, dass es zu einer völligen Blockade der EU kam. Die Regierungschefs konnten sich nicht auf einen europäischen Haushalt einigen, weshalb alle europäischen Hilfszahlungen für die Krisenländer gestoppt werden mussten und auch die europäischen Zukunftsinvestitionen zum Erliegen kamen. Die griechische Bevölkerung, der endlosen Reformen und Kürzungen überdrüssig, wandte sich von Europa ab, und eine griechische Regierung, die aus radikalen Parteien gebildet wurde, gab den Euro auf und verließ die EU.

Entgegen den Erwartungen mancher Ökonomen führte dieser Austritt zu keiner Beruhigung in der Eurozone. Stattdessen befeuerte diese Entwicklung die Spekulation gegen immer weitere Euroländer. Spekulanten setzten gewaltige Summen darauf, dass nun Portugal und Zypern als nächste Länder den Euro verlassen würden. Durch diese Finanzwetten und die Unsicherheit, ob diese Länder im Euro bleiben würden, verschlechterten sich für beide Länder die Ratings massiv, sodass sie Kredite nur noch zu horrenden Zinsen bekommen konnten und die Investitionen in den währungspolitisch plötzlich so fragilen Staaten abrupt einbrachen. Zwar retteten die bestehenden Eurorettungsschirme, insbesondere der Europäische Stabilitätsmechanismus (ESM), beide Länder zunächst durch Kredite, aber durch die mit der Rettungsaktion verbundenen Sparauflagen verschlimmerte sich die Rezession in diesen Ländern. Dadurch verschlechterten sich die ökonomischen Prognosen und die wirtschaftlichen Rahmendaten auch für den gesamten Euroraum und lösten eine Kettenreaktion aus, neben der sich die Krise nach der Pleite von Lehman Brothers wie ein laues Lüftchen ausnahm. Weil die griechischen Staatsanleihen auf einmal wertlos waren, wurden die Bürgschaften der Eurozone für Griechenland fällig, wodurch allein Deutschland auf einen Schlag Milliardenbeträge verlor. Die Bundesrepublik hatte bis Ende 2012 bereits Bürgschaften in Höhe von vierhundertzehn Milliarden Euro hinterlegt. Außerdem musste neues Geld nach Griechenland fließen, um Athen bei der Abfederung der sozialen Notlage zu helfen, die mittlerweile zu bürgerkriegsähnlichen Zuständen geführt hatte.

Nach der Wiedereinführung der Drachme waren die Ersparnisse, Einkommen und Renten der Griechen faktisch halbiert worden, während sich die Preise für Importe gleichzeitig dramatisch verteuert hatten. Auch die staatlichen und privaten Schulden konnten nun nicht mehr in Euro, sondern nur in Drachmen bezahlt werden, was die griechischen Schulden aufgrund des schlechten Wechselkurses zusätzlich in die Höhe trieb. Durch diese sich beschleunigende Abwärtsspirale kippte ein Land nach dem anderen aus dem Euro: erst Zypern, Portugal, Irland, Spanien und schließlich Italien. Der sogenannte Nord-Euro entstand, der vor allem von Deutschland, Frankreich, Finnland, Estland, den Niederlanden und Luxemburg getragen wurde.

Aber auch in diesen verbleibenden Eurostaaten machte sich eine Katerstimmung breit, denn der grenzüberschreitende Handel in Europa litt erheblich unter der Verkleinerung der Eurozone, die sich chaotisch und sprunghaft vollzog. Die deutschen Exporte nach Südeuropa brachen ein, was der heimischen Industrie einen schweren Schlag versetzte. Dadurch stieg die Arbeitslosigkeit, und die wirtschaftlichen Rahmendaten verschlechterten sich in Deutschland genauso wie in den anderen Nord-Eurostaaten. In den Medien wurden Schuldige für die Misere gesucht – und mit den «Brüsseler Bürokraten» auch die üblichen Verdächtigen gefunden. Manche Regierungen waren ganz froh, dass diese Feindbilder davon ablenkten, dass sich die wirtschaftlichen Probleme der kleinsten Euro-Länder erst durch ihre eklatanten Managementfehler in eine Krise der gemeinsamen Währung verwandelt hatten. Aufgrund des anhaltenden öffentlichen Drucks entschlossen sich die verbleibenden Euro-Regierungen Ende 2014, die gemeinsame Währung aufzugeben. Das Projekt Euro war gescheitert.

Wer darauf gesetzt hatte, dass damit ein wirtschaftlicher Befreiungsschlag gelungen wäre, sah sich nun bitter enttäuscht. Sowohl die unmittelbaren als auch die mittelbaren Kosten waren gewaltig. Deutschland hatte den Eurostaaten direkte Kredite in Höhe von 2,8 Billionen Euro gewährt, hinzu kamen Außenstände der Deutschen Bundesbank in der Eurozone in Höhe von weiteren siebenhundert Milliarden Euro. Diese Kredite waren nun unmittelbar gefährdet, weil vielen ehemaligen Euro-Ländern nun Insolvenz und Rezession drohten und die grenzüberschreitenden Schuldendienste extremen Währungsschwankungen unterlagen. In Berlin druckte und prägte die Bundesdruckerei derweil im Eiltempo wieder D-Mark-Scheine und Münzen, die gesamte Buchhaltung bei Löhnen, Renten, Steuern, Gebühren, Sozialabgaben und Preisen musste umgestellt werden, und die Computer der Banken und Versicherungen rechneten monatelang, um laufende Kredite und Verträge anzupassen. Alle Unternehmen mussten die Preise für ihre Produkte und die benötigten Rohstoffe neu kalkulieren. An allen Automaten, an denen man mit Scheinen und Münzen bezahlen konnte, mussten die entsprechenden technischen Änderungen vorgenommen werden.

Während der öffentliche Sektor und Großunternehmen diese Herausforderungen noch einigermaßen meisterten, traf es die kleinen und mittelständischen Unternehmen nun besonders hart. Denn sie waren nicht nur durch die Wirtschaftskrise ins Straucheln gekommen, sondern mussten nun auch noch einen Verwaltungs- und Bürokratieaufwand stemmen, der ungemein arbeits- und kostenintensiv war.

Für die exportorientierten Unternehmen in Deutschland begann nun eine noch schwerere Zeit als nach der anfänglichen Verkleinerung der Eurozone. Zwar wurden die Importe aus den meisten Ländern billiger, dafür verteuerten sich aber die Preise deutscher Produkte im Ausland, weil die D-Mark gegenüber den anderen Währungen in Europa bis zu fünfzig Prozent aufgewertet wurde. Auf einmal hatten deutsche Autos, der Maschinenbau und andere Hightech-Produkte *Made in Germany* mit einer gefährlichen Konkurrenz nicht nur aus Asien und den USA zu kämpfen, sondern auch aus Europa, weil in den Staaten mit abgewerteten Währungen nun besonders preiswerte Produkte angeboten wurden.

Unterschiedliche Schätzungen, die eine erneute D-Mark-Einführung kalkuliert haben, gehen von einem Exporteinbruch von mindestens zwanzig Prozent und einem Rückgang der gesamtwirtschaftlichen Leistung von zunächst fünf Prozent aus. Dies entspräche einem jährlichen Verlust der deutschen Volkswirtschaft von einhundertvierzig Milliarden Euro. Einen solchen Rückgang hatte Deutschland im Krisenjahr 2008 zu bewältigen – allerdings stiegen die Exporte in den folgenden Jahren wieder an, und die Wirtschaft konnte durch ein massives Konjunktur- und Kurzarbeiterprogramm gestützt werden.

Ob Deutschland ein dauerhaftes Auseinanderbrechen der Eurozone auch so gut abfedern könnte, ist dagegen mehr als unwahrscheinlich, zumal diese ökonomische Verwerfung eine weitere Dimension hätte: Die Wettbewerbsfähigkeit Deutschlands würde sich durch die starke Aufwertung der D-Mark drastisch verschlechtern, weil sich die deutschen Löhne im Verhältnis zu den einstigen Eurostaaten deutlich erhöhen würden. Auch dies hätte massive Folgen für den Produktionsstandort, weil sich noch mehr arbeitsintensive Betriebe aus Deutschland zurückziehen würden. Der Ökonom Michael Burda schätzt, dass als Ergebnis der D-Mark-Aufwertung der deutsche Mittelstand «mit einem Schlag ausgelöscht» würde.[20]

Um diesen Effekt abzumildern, würde die Deutsche Bundesbank voraussichtlich das tun, was sie auch zu D-Mark-Zeiten manchmal tun musste und was die Schweizer Nationalbank noch bis Anfang 2012 tat, damit die Schweizer Franken nicht im Verhältnis zum Euro explodierten: Sie würde im großen Stil andere, schwächere europäische Währungen aufkaufen, um diese zu stützen. Damit würde Deutschland ähnlich viel Geld aufwenden müssen wie zurzeit, um anderen Ländern zu helfen, nur dass in diesem Szenario mit dem deutschen Geld nicht die eigene Währung verteidigt würde, sondern andere Währungen! Auch deshalb stimmt meines Erachtens die These nicht, dass es für Deutschland billiger wäre, wenn die D-Mark wieder eingeführt würde. Der Sachverständigenrat der Bundesregierung hat einmal vorsichtig geschätzt, dass der sofortige volkswirtschaftliche Schaden eines Zerbrechens des Euro für Deutschland bei zwei bis drei Billionen Euro läge und der langfristige kaum zu beziffern ist. Deshalb hat der gewerkschaftsnahe Ökonom Gustav Horn im Zusammenhang mit einem solchen Szenario von einer drohenden «wirtschaftlichen Katastrophe» gesprochen. Im Oktober 2012 legte die Bertelsmann-Stiftung eine Studie vor, in der der volkswirtschaftliche Gesamtschaden bei einem Zusammenbruch der Eurozone mit siebzehn Billionen Euro weltweit beziffert wird. Das sind natürlich nur Schätzungen.

Mit dem Aus für den Euro hätte Europa sich aus dem internationalen Währungsgeschäft verabschiedet. Denn verglichen mit dem US-Dollar, der seit Jahrzehnten globale Leitwährung ist, und dem chinesischen Renminbi, der eine global immer wichtigere Währung wird, wäre keine Währung eines europäischen Landes mehr von wirklicher Bedeutung. Somit müsste Deutschland viele Geschäfte wieder über den Dollar abwickeln, ohne Einfluss auf die Entwicklung dieser Währung zu haben. Damit würde Europa zum Spielball der amerikanischen und chinesischen Währungspolitik. Manch einer mag sich daran erinnern, welche ökonomischen Folgen die Hochzinspolitik des amerikanischen Präsidenten Ronald Reagan hatte, der Deutschland damals kaum etwas entgegensetzen konnte. Mit dem Ende des Euro wären die europäischen Währungen tagtäglichen Spekulationen ausgesetzt.

Gegen diese wirtschaftlichen Verwerfungen wäre eine andere Folge des Euro-Zerfalls eher marginal. Denn da wir nun wieder die deutsche und finnische Mark, den niederländischen Gulden, den belgischen, französischen und luxemburgischen Franc, die spanische Peseta, die griechische Drachme, das irische und zypriotische Pfund, die italienische und maltesische Lira, die estnische und slowakische Krone, den portugiesischen Escudo, den slowenischen Tolar und den österreichischen Schilling hätten, würden sich Urlaubs- und Geschäftsreisen erheblich verkomplizieren. Europa würde eine Renaissance der mehreren Portemonnaies erleben, wie ich sie aus meiner Jugend kannte.

Am Ende der Fernsehdokumentation wird ein in Deutschland berühmter Professor aus München gezeigt. Er druckst ein bisschen vor der Kamera herum und ringt sich schließlich zu dem

Eingeständnis durch, dass er «das alles doch nicht so gemeint» habe, als er vor einigen Jahren unermüdlich gegen den Euro polemisierte, und dass er «diese verheerenden wirtschaftlichen Folgen nicht erwartet» hätte. Mir bleibt in diesem Szenario dann nur noch, ans Telefon zu gehen und meine Kinder anzurufen. Ich muss mich bei ihnen entschuldigen, dass wir so töricht waren und die gemeinsame Währung fahrlässig aufgegeben haben.

Szenario 2: «Ihren Ausweis bitte» – die Rückkehr der Schlagbäume

Die wahrscheinlich gravierendste Folge eines Zerfalls des Euro sehe ich aber woanders. Europa wäre bei einem der wichtigsten Integrationsvorhaben seiner Geschichte gescheitert. Das europäische Modell stünde fortan nicht mehr für Sicherheit und Wohlstand, sondern für Chaos und sozialen Niedergang. Die europäische Integration geriete insgesamt ins Wanken, und es bedarf keiner hellseherischen Fähigkeiten, um vorauszusagen, dass in diesem Fall auch das nächste große Integrationsprojekt zügig abgewickelt werden würde: das grenzenlose Europa.

Dabei ist das Verschwinden der Schlagbäume in Europa eines jener europäischen Wunder, über das ich mich noch immer am meisten freue. Brauchte man in früheren Zeiten noch Passierscheine, Empfehlungsschreiben und manchmal Bestechungsgeld, um von einem Fürstentum in das nächste reisen zu können, wurde dies in der Welt der Nationalstaaten erleichtert, in denen ein Visum im Reisepass oder manchmal sogar der Personalausweis ausreichte, um die Grenzen zu überschreiten. Dennoch blieben enorme Hindernisse bestehen. Die Schlangen an der holländischen Grenze, wenn die Touristen aus dem Rheinland und dem Ruhrgebiet in den Pfingstferien an die Nordsee drängten, habe ich noch gut in Erinnerung. Und auch heute kann eine Reise in fremde Länder sehr umständlich werden. Wer ins entfernte Ausland reist, weiß, wie umständlich und teuer es häufig ist, ein Visum zu bekommen. Für Touristen kann ein Grenzübertritt bis heute ein zähes Unterfangen sein. Aus den USA zurückkehrende Reisende wissen, dass ihre Koffer darauf kontrolliert werden, ob die mitgeführten Levis-Jeans neu sind oder von zu Hause mitgebracht wurden. Denn für neue Kleidung muss man auch als Tourist Zoll zahlen.

Für exportierende Unternehmen sind solche Grenz- und Zollkontrollen schon in normalen Zeiten eine Herausforderung, die Logistik, Personal und Geld erfordert. Wenn sich aber zwischen den Staaten Spannungen aufbauen und es zu Handelskonflikten kommt, hat dies schnell Strafzölle und andere Sanktionen zur Folge, die wirtschaftliche Schäden verursachen. Vielleicht übersehen wir das zu oft: Beinahe täglich ist in den Zeitungen über Handelskriege zu lesen, beispielsweise wenn sich Staaten nicht über die Reduzierung von Emissionen einigen können oder wegen Urheberrechts- und Patentverletzungen streiten. Mal drohen die Amerikaner den Chinesen, dann wieder umgekehrt, Europa streitet sich mit den USA, und auch Tokio und Peking belauern sich misstrauisch.

Handelskriege gibt es fast überall auf der Welt – und es hat sie in der Vergangenheit auch in Europa gegeben. In den sechziger Jahren machte beispielsweise der Konflikt zwischen der Europäischen Wirtschaftsgemeinschaft (EWG) und der Europäischen Freihandelszone (EFTA) Schlagzeilen, weil sich beide Organisationen als Konkurrenten gegenüberstanden. Mit solchen

Problemen haben wir uns auf unserem Kontinent nicht mehr herumschlagen müssen, seit durch die europäische Integration die Zollschranken abgebaut und mit dem Binnenmarkt und dem Schengener Abkommen eine weltweit einmalige Situation geschaffen wurde. In Europa genießen alle Unionsbürger die vier Freiheiten des Binnenmarktes, also den freien Personen-, Waren-, Dienstleistungs- und Kapitalverkehr. Nach dem Prinzip der «gegenseitigen Anerkennung» dürfen alle Produkte, die in einem Land des Binnenmarktes nach den dort geltenden Vorschriften hergestellt worden sind, auch in allen anderen Ländern des Binnenmarktes verkauft werden. Es gibt ein Diskriminierungsverbot, das die EU-Bürger in allen Mitgliedsstaaten mit der einheimischen Bevölkerung gleichstellt.

Dieses System der offenen Grenzen hat den Wohlstand in Europa enorm gefördert. Zugleich ist es inzwischen zu einer unabdingbaren Voraussetzung geworden, um diesen Wohlstand auch in Zukunft zu bewahren. Denn während die europäischen Staaten im Weltmaßstab vergleichsweise klein sind, verfügen Länder wie Russland, Brasilien, China, Indien und die USA allein durch ihre territoriale Ausdehnung über einen riesigen Binnenmarkt innerhalb ihrer nationalen Grenzen. Deutschland gehört weder an seiner Fläche noch an seiner Einwohnerzahl gemessen zu den großen Ländern der Erde. Aber durch den europäischen Binnenmarkt hat sich unserem Land ein riesiges Handelsterritorium eröffnet, in dem fünfhundert Millionen Menschen leben, was seine Position als Exportmacht gestärkt hat. Dieser Binnenmarkt hat einen ungeheuren ökonomischen Effekt. Beinahe sechzig Prozent unserer Exporte gehen in die EU, und beinahe siebzig Prozent seiner Waren importiert Deutschland aus den Ländern des Binnenmarktes. Aus den kleinen Niederlanden sind laut Statistischem Bundesamt im Jahr 2011 mehr Güter zu uns eingeführt worden als aus dem riesigen China, der Wert der deutschen Exporte nach Frankreich wiederum war weitaus höher als jener der nach China gelieferten Waren. Bricht also der Binnenmarkt zusammen, bricht auch die deutsche Volkswirtschaft zusammen – auf einen solch knappen Nenner kann man das entsprechende Szenario bringen.

Aber selbst wenn bei einem Renationalisierungsschub nicht gleich der Binnenmarkt abgeschafft würde, sondern «nur» die Grenzkontrollen wieder eingeführt würden, hätte dies erhebliche Nachteile. Die grenzüberschreitende Just-in-time-Produktion vieler Unternehmen, durch die Lagerkosten eingespart werden, würde empfindlich gestört. Als streikende LKW-Fahrer vor einigen Jahren die französische Grenze blockierten, stand die deutsche Autoproduktion nach wenigen Tagen still, weil wichtige Zulieferteile nicht mehr zu den Produktionsstätten gelangten. Um ein solches Szenario zu verhindern, würde man wahrscheinlich Lastwagen an den Grenzen durchwinken. Personenkontrollen aber würden erneut eingeführt werden. Dadurch wären die individuellen Freiheitsrechte der Bürger erheblich beschränkt, und an der Grenze würden sich wieder die langen Schlangen bilden, die ich noch aus meiner Kindheit kenne. Nachdem in den Jahren 1989 / 1990 die europäischen Völker Mauern eingerissen und Grenzzäune beseitigt haben, würden zu Beginn des 21. Jahrhunderts wieder neue Sperranlagen aufgebaut werden.

Paradoxerweise wäre auch der inneren Sicherheit mit neuen Grenzkontrollen nicht geholfen. Momentan erfolgen diese an den Außengrenzen des Schengenraums, und Untersuchungen zeigen, dass die grenzüberschreitende Kriminalitätsbekämpfung innerhalb der gemeinsamen Außengrenze verbessert worden ist. Das Schengensystem ist so erfolgreich, dass mit Norwegen, Island und der Schweiz selbst Nicht-EU-Staaten am Schengensystem teilnehmen. Auch die viel kritisierte Europäische Agentur für die operative Zusammenarbeit an den Außengrenzen (kurz Frontex, aus dem Französischen für Frontières extérieures) erfüllt eine – sicher noch ausbaufähige – Funktion: Sie koordiniert nicht nur den Schutz der europäischen Außengrenzen, sondern formuliert auch strenge rechtliche Standards für die Ausbildung von Grenzschutzbeamten, gibt technische Unterstützung zur Grenzsicherung und kann im Extremfall einem Land auch mit Personal bei der Grenzsicherung helfen.

Im Tourismus genießen aus dem Nicht-EU-Ausland kommende Reisende den Vorteil, dass sie mit dem Schengenvisum europaweit reisen können, ohne unzählige Grenzkontrollen und Einreiseformalitäten über sich ergehen lassen zu müssen. Auch das ist ein Standortfaktor, der nicht unerheblich ist und den wir aufgäben, wenn wir den Schengenraum auflösen würden.

Im Zusammenhang mit dem Abbau der Grenzen ist auch die Unionsbürgerschaft in Europa ein wichtiger Fortschritt, mit dem erhebliche Privilegien verbunden sind. So genießt der Unionsbürger nicht nur die bereits beschriebenen Freiheiten, sondern ebenfalls das kommunale und europäische Wahlrecht innerhalb der EU. Und ebenso genießen alle Unionsbürger im Ausland konsularischen Schutz durch die Botschaften anderer EU-Staaten.

Wer auf unserem Kontinent wirklich wieder Grenzen hochziehen will, der schadet also nicht nur einer manchen Kritikern vielleicht abstrakt erscheinenden europäischen Idee, sondern er schadet ganz konkret den Bürgerinnen und Bürgern. Weniger Handel, eine Verschlechterung der Wettbewerbssituation, eingeschränkte Freiheits- und Bürgerrechte und eine völlig veränderte Atmosphäre auf unserem Kontinent wären die Folgen.

Szenario 3: Europa verstummt im Konzert der Weltmächte

Die Prozesse, die allgemein als Globalisierung beschrieben werden, haben in vielen Bereichen zu einer enormen Beschleunigung geführt, und sie haben die Welt für viele Menschen deutlich kleiner werden lassen. Menschen fliegen mit Billigfluglinien an weit entfernte Orte, um dort Urlaub zu machen oder auch nur ein verlängertes Wochenende zu genießen. Nachrichtenagenturen berichten täglich über Ereignisse, die auf anderen Kontinenten stattfinden, und auf unseren Smartphones bekommen wir dies in Echtzeit mit. Auf den globalen Märkten haben sich Spekulationen mit Währungen, Nahrungsmitteln, Rohstoffen und ungezählten Finanzprodukten so beschleunigt, dass inzwischen Computer diese Transaktionen durchführen, weil der Gewinn nur noch durch den Handel in Sekundenbruchteilen weiter gesteigert werden kann. Multinationale Unternehmen, Banken und Versicherungen haben eine Größe erreicht, mit der sie weltweit eine Macht ausüben, von der die meisten Staaten nur träumen können.

Zur Jahrtausendwende hat diese Globalisierung zu tektonischen Verschiebungen auf unserem Planeten geführt, die die westliche Dominanz der letzten fünfhundert Jahre mindestens herausfordern, vielleicht sogar beenden. Diesen Prozess muss man nüchtern betrachten, denn er birgt Chancen und Risiken. Die Chancen eröffnen sich vor allem für jene Hunderte Millionen Menschen in Asien und Afrika, die in der vergangenen Dekade einer zuvor hoffnungslosen Hunger- und Armutsfalle entfliehen konnten. Bei aller berechtigten und notwendigen Kritik an vielen Schwellenländern sollte man diese Erfolge anerkennen. Die Verschiebung der Gewichte kann man am deutlichsten erkennen, wenn man sich das Wachstum der Schwellenländer Brasilien, Russland, Indien und China anschaut (sie werden nach ihren Anfangsbuchstaben auch häufig als die BRIC-Staaten bezeichnet). Die Wirtschaftsleistung nimmt dort teilweise jährlich um bis zu zehn Prozent zu – ein Erfolg, der auch dann beeindruckt, wenn man berücksichtigt, dass diese Staaten von einem sehr niedrigen Niveau aus gestartet sind. In China und Indien sind solche Wachstumszahlen seit Jahrzehnten zu beobachten, womit sich diese Länder scheinbar allen konjunkturellen Wellen entziehen. Das Wachstum in Europa hingegen dümpelt vor sich hin, und es droht in den kommenden Jahren eine Rezession in Europa.

Sehr deutlich lassen sich die Verschiebungen an den veränderten Weltmarktanteilen nachvollziehen. Nach Angaben von Eurostat und der Konferenz der Vereinten Nationen für Handel und Entwicklung hat China (einschließlich Hongkongs) seinen Anteil am weltweiten Warenexport innerhalb einer Dekade (2000 bis 2010) von 5,6 auf 16,7 Prozent steigern können, während der Anteil der siebenundzwanzig EU-Staaten mit dem Nicht-EU-Ausland im gleichen Zeitraum von 17,5 auf 15,1 Prozent gefallen ist. Damit vergrößerte China seinen Anteil am Weltexport nicht nur um ein Vielfaches, sondern überholte sowohl die EU als auch die USA, deren Anteil im Jahr 2010 10,8 Prozent betrug. China ist seit 2005 Exportweltmeister! Während also der Anteil Europas am Welthandel sinkt, sichern sich die aufstrebenden Staaten ein immer größeres Stück vom Kuchen.

Diese Verschiebung im ökonomischen Bereich wird in wenigen Jahrzehnten eine bemerkenswerte Konsequenz haben, die uns auch psychologisch sehr weh tun wird. Hierzu eine kleine Geschichte: Im November 1975 trafen sich nahe Paris, im Schloss Rambouillet, die Regierungschefs aus Deutschland, Frankreich,

Italien, Großbritannien, Japan und den USA. Sie folgten einer Einladung des deutschen Bundeskanzlers Helmut Schmidt und des französischen Präsidenten Valéry Giscard d'Estaing, die nach dem Scheitern des Bretton-Woods-Systems eine neue internationale Abstimmungsrunde schaffen wollten, auf der über weltwirtschaftliche und währungspolitische Fragen beraten werden konnte. Aus dieser Runde bildete sich 1976 mit dem neuen Teilnehmer Kanada die sogenannte G7-Runde und, nachdem Russland 1998 hinzugekommen war, die G8. In diesem Forum sind die Regierungen der stärksten Volkswirtschaften vertreten, um die ökonomischen Geschicke unseres Planeten zu koordinieren. Als sich im Dezember 1999 in Berlin zum ersten Mal ein neues Forum traf, die G20, in der nicht nur die wichtigsten Industrie-, sondern auch die wichtigsten Schwellenländer vertreten sind, hatten viele Beobachter den Eindruck, dass ein Treffen in diesem Format eine generöse Geste der Industriestaaten an die Schwellenländer sei. Inzwischen hat sich herausgestellt, dass dies eine grobe Fehleinschätzung war, denn einige dieser Schwellenländer werden schon in wenigen Jahren alle europäischen Staaten in ihrer Wirtschaftsleistung übertreffen. Im Klartext: In dreißig Jahren ist kein europäisches Land mehr ein G8-Staat.

Es gibt noch weitere Beispiele dafür, wie sich die Welt im 21. Jahrhundert ändern wird und welche Auswirkungen dies auf Europa hat, wenn wir nicht die richtigen Konsequenzen aus dieser Entwicklung ziehen. Der Kampf um die Rohstoffe gibt uns schon jetzt einen Vorgeschmack darauf. Während der ökonomische und politische Aufstieg Europas im 18. und 19. Jahrhundert weitgehend auf der Montanindustrie beruhte, deren Rohstoffe in Europa zu finden waren, benötigen viele Produkte der Zukunft Rohstoffe, die auf unserem Kontinent nicht vorkommen. Der Konkurrenzkampf um die sogenannten Seltenen Erden, die man beispielsweise zur Herstellung von Mobiltelefonen braucht, hat uns dieses Problem drastisch vor Augen geführt. Und auch wenn Deutschland versucht, als Vorreiter einer Energiewende seine Abhängigkeit von Öl und Gas durch den Ausbau der erneuerbaren Energien zu verringern, werden wir in dieser Beziehung noch über Jahrzehnte von Regionen abhängig sein, die politisch höchst unsicher sind.

Die entscheidenden Rohstoffe werden aber auch im 21. Jahrhundert Bildung und Erfindungsgeist sein. Bislang haben wir uns auf unserem technologischen Vorsprung gegenüber den Schwellenländern ausgeruht und zuweilen reichlich arrogant auf die «Billigprodukte» dieser Staaten herabgeblickt, doch werden wir uns diesen Hochmut nicht mehr lange leisten können. Denn inzwischen führt China das weltweite Ranking der Patentanmeldungen an, und jährlich verlassen dort Hunderttausende junge Ingenieure ihre Universitäten, während unsere Wirtschaft händeringend nach Facharbeitern und Akademikern sucht. In den aufstrebenden Ländern wird versucht, immer breiteren Schichten den Zugang zu Hochschulen zu ermöglichen, während bei uns der Anteil der Arbeiterkinder an Universitäten sinkt und die Zugangshürden für angehende Studierende durch die Einführung von Hochschulgebühren sogar noch erhöht werden. Wir werden uns in der Zukunft aber nicht nur an noch mehr asiatische Autos gewöhnen müssen, weil traditionsreiche europäische und amerikanische Autobauer unter starkem Druck stehen. Auch im kulturellen Bereich, der doch durch Mozart, Hollywood, Coca-Cola und die Rolling Stones so fest in westlicher Hand schien, müssen wir lernen, dass Lang Lang, Bollywood, Bubble Tea und koreanischer K-Pop im Vormarsch sind.

Nicht zuletzt sprechen die demographischen Trends eine eindeutige Sprache: Im Jahre 2013 hat unsere Erde rund sieben

Milliarden Bewohner. Nur knapp über fünfhundert Millionen davon wohnen in der Europäischen Union. Je nach Schätzung wird die Menschheit bis 2050 auf zehn Milliarden und ein Jahrzehnt später bereits auf über zwölf Milliarden Menschen anwachsen. Fast alle Kontinente werden dabei kräftig zulegen. Nur die Zahl der Europäer wird bis zur Mitte des 21. Jahrhunderts abnehmen. Deutschland, mit seinen derzeit noch zweiundachtzig Millionen Einwohnern das bevölkerungsreichste Mitgliedsland der EU, wird schon in wenigen Jahren noch nicht einmal mehr ein Prozent der Weltbevölkerung stellen, während für China, Indien, die USA und Brasilien wachsende Bevölkerungszahlen prognostiziert werden.

Vor dem Hintergrund dieser Entwicklungen muss man ganz nüchtern konstatieren, dass die Ära der westlichen Vorherrschaft endgültig vorbei und der Zeitpunkt nicht mehr weit ist, an dem kein europäisches Land seine Interessen gegenüber den aufstrebenden Großmächten der Zukunft alleine noch wirkungsvoll vertreten kann. Es gibt in diesem Zusammenhang eine schöne Anekdote, die der luxemburgische Premierminister Jean-Claude Juncker gerne erzählt: Wenn er sich mit dem Präsidenten Chinas in Peking treffe, komme man zu dem Schluss, dass man gemeinsam mit den 1,3 Milliarden luxemburgischen und chinesischen Menschen eine echte Weltmacht darstelle. Man klopfe sich dann auf die Schulter, so erzählt Juncker gerne schmunzelnd weiter, und schaue mit gewichtiger Miene in die Runde. Wenn der luxemburgische Regierungschef dann aber wieder in sein Flugzeug steige, um zurück nach Hause zu fliegen, regiere der chinesische Präsident noch immer sein 1,3-Milliarden-Volk, während Juncker die Geschicke von nur fünfhunderttausend Luxemburgern lenke.

Diese kleine Geschichte hat schon in manchen Situationen

viele Lacher ausgelöst, im Kern enthält sie aber einen wichtigen Hinweis: Weder die zweiundachtzig Millionen Deutschen noch die fünfhunderttausend Luxemburger werden im globalen Wettbewerb der Regionen auf sich allein gestellt bestehen können. Nur gemeinsam haben die fünfhundert Millionen Europäer im 21. Jahrhundert eine Chance, dass ihre Stimme gehört wird. Wir haben die Alternative: Wir können entweder versuchen, uns weiter als Nationalstaat durchzuschlagen, und darauf hoffen, von den künftigen Wirtschaftsgroßmächten wenigstens zu den künftigen G20-Treffen zugelassen zu werden – oder möglichst rasch die richtigen Schlüsse aus der absehbaren Entwicklung ziehen und als eine gemeinsame Wirtschaftsmacht Europa auch weiterhin einen festen Platz bei den G8-Treffen einnehmen.

Szenario 4: Das Wiederaufleben des dumpfen Nationalismus

Seit die europäische Wirtschaftskrise ausgebrochen ist, habe ich in vielen Gesprächen gemerkt, wie schnell nationale Wut und Emotionen plötzlich wieder hochkochen können oder sich instrumentalisieren lassen. Ich habe gemerkt, wie schnell auf einmal wieder ein Gefühl herrscht, das wir lange überwunden glaubten – das Gefühl, von den anderen Nationen der Welt ungerecht behandelt zu werden. So glauben viele Deutsche, alle anderen Nationen in Europa wollten nur an ihr Geld. Die Griechen dagegen empfinden die von außen erzwungene Austeritätspolitik als ungerecht, und ähnlich denken viele Menschen in Spanien, Italien und Portugal. Es herrscht wieder Misstrauen in Europa, und viele scheinen vergessen zu haben, wohin Arroganz, Neid und Misstrauen den Kontinent schon mehrmals geführt haben, als sich die vergiftete Atmosphäre zwischen den Völkern im 20. Jahrhundert in industrialisierten Kriegen entlud. Dass wir das überwunden haben, ist eine Leistung, für die Europa im November 2012 zu Recht mit dem Friedensnobelpreis geehrt worden ist. In der Begründung des Nobelpreiskomitees heißt es: «Das Norwegische Nobelkomitee wünscht den Blick auf das zu lenken, was es als wichtigste Errungenschaft der EU sieht: den erfolgreichen Kampf für Frieden und Versöhnung und für Demokratie sowie die Menschenrechte, die stabilisierende Rolle der EU bei der Verwandlung Europas von einem Kontinent der Kriege zu einem des Friedens.»

Allerdings bin ich sehr pessimistisch, ob wir im Falle eines Scheiterns der EU diesen friedlichen Geist beibehalten werden. Schon in der aufgeheizten Debatte der letzten beiden Krisenjahre haben wir in allen Ländern Europas wieder die hässliche Fratze des Nationalismus gesehen. Dieses Aufwallen nationaler Emotionen und Befindlichkeiten nach einem sechzig Jahre andauernden Prozess der europäischen Einigung mag viele erstaunen. Mich überrascht es nicht. Schließlich haben wir in Europa nur die Strukturen geändert, die Menschen aber sind dieselben geblieben. Wir sind zwar zu Empathie und Humanität befähigt, zu kultureller, intellektueller und sportlicher Höchstleistung – aber wir können ebenso Schreckliches tun, aus eigenem Antrieb oder weil wir dazu verführt werden. Auch wenn ich kein Marxist bin und deshalb nicht an die These glaube, derzufolge allein das Sein das Bewusstsein bestimmt, bleibt es trotzdem richtig, dass wir versuchen müssen, die Rahmenbedingungen so zu setzen, dass das Beste in uns zum Tragen kommt und wir die Menschen nicht in Versuchung führen. Denn wenn wir die Strukturen zerschlagen, die die bösen Dämonen des 20. Jahrhunderts zu überwinden halfen, wir also die europäische Einigung beseitigen, dann wird alles in Frage gestellt, was wir sicher glaubten und uns Halt gab. Deshalb werfe ich den Regierungschefs aller politischen Richtungen weniger vor, die eine oder andere falsche Maßnahme zur Krisenbekämpfung beschlossen oder zu zögerlich gehandelt zu haben. Mein Hauptvorwurf lautet vielmehr, dass in vielen europäischen Ländern eine Atmosphäre billigend in Kauf genommen wurde, gegen die man sich mit aller Vehemenz hätte stemmen müssen.

Den Populisten ist die Europäische Union schon immer ein besonderer Dorn im Auge gewesen. Die Grundidee der europäischen Integration, die transnationale Solidarität, sehen vor allem die Rechtspopulisten sehr skeptisch. Sie glauben an den Nationalstaat, der Sicherheit im Inneren und Schutz vor äußeren Bedrohungen gewährleisten soll. Bei Problemen suggerieren sie, dass man die Grenzen wieder hochziehen und sich abschotten könne vor einer Welt, die wegen der sich immer weiter beschleunigenden Globalisierung von vielen als bedrohlich wahrgenommen wird. Populisten spielen mit der Angst vor dem Fremden und zündeln mit Begriffen wie Überfremdung. Sie fühlen sich in modernen Gesellschaften unwohl, die immer heterogener werden, weil sich traditionelle Orientierungen und soziale Milieus auflösen, sich die Rollen der Geschlechter verändern und die ethnischen und religiösen Zugehörigkeiten vervielfältigen. Sie vermissen die einfachen, klaren Lösungen. Rechtspopulisten sind Menschen, die Angst vor dieser Welt haben und in ihr nicht klarkommen. Weil sie sich das nicht eingestehen wollen, brauchen sie jemanden, der schuld an all dem Elend ist, das sie wahrnehmen.

Dieser Sündenbock kann wechseln. Bei den Nationalsozialisten waren es Juden, Sinti und Roma, Linke, Homosexuelle und Kranke, die nicht nur für alles Schlechte in der Welt verantwortlich gemacht, sondern zudem mittels einer beispiellosen industriellen Tötungsmaschinerie ermordet wurden. In den sechziger Jahren waren es die sogenannten Gastarbeiter, die man für Arbeitslosigkeit, Werteverfall und hohe Kriminalitätsraten verantwortlich machte, und nach den Angriffen auf das World Trade Center in New York im September 2001 wurden plötzlich «die Muslime» von vielen Seiten angefeindet. Seit 2008 sind zu all diesen Gruppen noch die «Eurokraten» hinzugefügt worden, die angeblich einen teuflischen Plan aushecken, um die freien Länder Europas in eine Art «EUdSSR» zu verwandeln – eine solche Verschwörung wird immer mal wieder von den englischen Boulevardzeitungen unterstellt.

Natürlich gibt es auch einen linken Extremismus und Populismus, der einfache Lösungen für alle Probleme anbietet. Nach seiner Lesart sind Globalisierung, Banker, Finanzmärkte und der «militärisch-industrielle Komplex» für alle sozialen, wirtschaftlichen und politischen Probleme verantwortlich. Überall werden Verschwörungen gewittert, die von globalen Konzernen in Hinterzimmern ausgeheckt und von der Politik willfährig umgesetzt werden. «Die Politiker», «die Wirtschaft» und «die Eurokraten» sind als Formulierungen eben auch populistisch, weil ganzen Berufsgruppen die Haftung für Entscheidungen zugewiesen wird, für die sie mehrheitlich nicht verantwortlich sind. Auch beim linken Populismus wird suggeriert, dass man das Rad der Geschichte wieder zurückdrehen und der Nationalstaat sozialen Schutz vor den Anfeindungen einer rauen Welt bieten könne, und ebenso wenig wie die Rechtspopulisten haben die Linkspopulisten realistische Lösungen anzubieten.

Stattdessen heizen sie das innenpolitische Klima in unseren

Gesellschaften auf und stören damit zunehmend die sachliche Debatte über Auswege aus der Krise. Obwohl es falsch wäre, überall Anzeichen für eine Neuauflage eines europäischen Extremismus zu sehen – und ich sicher bin, dass Europa aus seinen Fehlern gelernt hat und unsere Gesellschaften sensibler für extremistische Auswüchse geworden sind –, ist es ein Gebot der politischen Vernunft, dass man gegenüber denjenigen wachsam bleibt, die die Dämonen des 20. Jahrhunderts wiederbeleben wollen.

Und hier gibt es Anlass zur Sorge. Die Rechtspopulisten geben sich in ihren Aussagen zwar betont naiv und ummanteln ihre Tabubrüche mit einer vermeintlichen Meinungsfreiheit («Man wird doch wohl noch mal sagen dürfen!»), doch zielen ihre Provokationen einzig darauf ab, die Stimmungen in den Ländern, in denen sie agitieren, gezielt aufzuheizen. Dadurch beeinflussen sie Regierungen, entweder mittelbar oder gar durch die Übernahme von Regierungsverantwortung. «Die politische Effektivität der Rechtspopulisten», beschreibt die Friedrich-Ebert-Stiftung in einer entsprechenden Studie, «misst sich in erster Linie also nicht daran, was sie selbst tatsächlich umzusetzen imstande sind, sondern daran, wie weit sie den politischen Diskurs in gesellschaftspolitischen sensiblen Fragen mitbestimmen können. Ihr indirekter Einfluss und ihr Agenda-Setting bleiben ihre größten Erfolge.»[21] Neben dem Effekt, dass es populistischen Parteien immer wieder gelingt, den öffentlichen Diskurs in die von ihnen gewünschte Richtung zu drängen, in die sich dann auch die etablierten Parteien bewegen, gibt es Beispiele dafür, wie selbst Parteien mit großen demokratischen Traditionen Populismus erzeugen oder ihn verstärken.

Bis vor wenigen Jahren waren rechtspopulistische Parteien noch vergleichsweise leicht zu identifizieren: Wenn jemand wie der österreichische FPÖ-Vorsitzende Jörg Haider von der «ordentlichen Beschäftigungspolitik des Dritten Reiches» sprach, der Franzose Le Pen die Gaskammern als «ein Detail in der Geschichte des Zweiten Weltkrieges» bezeichnete oder der Vorsitzende der italienischen Lega Nord Umberto Bossi im Parlament sagte: «Wenn ich die Flüchtlingsboote im Mittelmeer sehe, dann will ich Kanonendonner hören», dann konnte man sicher sein, dass der entsprechende Politiker schon mit einem Bein im rechtsradikalen Sumpf stand. Doch trotz dieser klar erkennbaren extremistischen Positionen gelang es den Protagonisten dieser Parteien schon damals, Stimmung in ihren Mitgliedsländern zu machen, Themen zu besetzen und politische Entscheidungen zu beeinflussen. In unserem Land hat es in den letzten Jahren nicht nur fürchterliche Terrorakte mit rechtsradikalem Hintergrund gegeben, sondern auch zahlreiche, weniger spektakuläre rechtspopulistische Auswüchse, die aber den Boden bereiteten, auf dem schlimme Verbrechen gediehen. Als durch die Jugoslawienkriege mehr und mehr Flüchtlinge nach Mitteleuropa kamen, plakatierten die «Republikaner» deutschlandweit «Das Boot ist voll», und leider meinten viele Zeitungen damals, dass sich in dieser Parole die «berechtigten Sorgen» der Bevölkerung widerspiegelten, die sie aufgreifen müssten. Die «Bild»-Zeitung stellte beispielsweise in einer Artikelserie im September 1991 die rhetorische Frage: «Asylanten im Ruhrgebiet – wer soll das bezahlen?» In dieser aufgehetzten innenpolitischen Stimmung wurden Menschen, die Schutz in Deutschland gesucht hatten oder schon seit vielen Jahren hier lebten, durch die Straßen gehetzt und getötet, Häuser von Asylbewerbern und türkischstämmigen Deutschen brannten, und mancherorts versammelte sich ein besoffener Mob und verbreitete Angst und Schrecken. Just zu dieser Zeit änderte die damalige schwarz-gelbe Bundesregierung unter Helmut Kohl – mit Zustimmung von Teilen der SPD – den damaligen Artikel 16 des deutschen Grundgesetzes, um den vermeintlichen Missbrauch des Asylrechts zu bekämpfen. Von diesem Grundgesetzartikel ist heute nicht mehr viel übrig geblieben, oder präziser: Es ist viel hinzugekommen, sodass in dem neuen Artikel 16a GG nun ausführlich nachzulesen ist, unter welchen Bedingungen das Grundrecht auf Asyl *keine* Anwendung mehr findet.

Ich will es mir hier nicht zu einfach machen. Natürlich wäre es absurd, die damalige Bundesregierung und Opposition mit den damaligen rechtspopulistischen Parteien gleichzusetzen. Aber dass es damals eine Stimmungsmache gab, der die etablierten Parteien nicht laut widersprachen oder von der einige ihrer Politiker sogar meinten, profitieren zu können, ist eindeutig. Eine solche Haltung entspricht nicht meinem Verständnis von Politik, die eine entscheidende Verantwortung auch für das politische Klima und den öffentlichen Diskurs in einem Gemeinwesen trägt. Sie darf keine Tabubrüche dulden, die darauf abzielen, Menschen zu diffamieren. Sie muss sich dem entgegenstellen und für vernünftige und humane Lösungen werben – selbst wenn das Wählerstimmen kostet. Deshalb habe ich damals die «Kinder statt Inder»-Debatte von Jürgen Rüttgers in Nordrhein-Westfalen ebenso kritisiert wie die Unterschriftenkampagne des ehemaligen hessischen Ministerpräsidenten Roland Koch gegen die doppelte Staatsbürgerschaft.

Ich erinnere mich noch sehr gut, wie ich als Bürgermeister in Würselen mit meinen Kollegen auf einer Bürgermeisterkonferenz darüber sprach, wie wir als Kommunen die Verpflichtungen aus dem Flüchtlingsaufnahmegesetz umsetzen würden. Über die belgische Grenze kamen damals Flüchtlinge aus dem Kongo, und als Stadt mussten wir etwa tausendzweihundert Schwarzafrikaner unterbringen. Das war für eine Gemeinde, die damals knapp über fünfunddreißigtausend Einwohner hatte, eine echte Herausforderung. Doch obwohl wir sogar gezwungen waren, Unterkünfte zu beschlagnahmen, um die vielen Asylbewerber unterzubringen, stand ich zu dieser Verpflichtung. Gebetsmühlenartig wiederholte ich, dass das Grundgesetz gelte und dass ich deshalb das Grundrecht auf Asyl in meiner Stadt umsetzen würde. Für diese Position wurde ich kritisiert und zum Teil auf der Straße angepöbelt. Die damals aufstrebenden «Republikaner» versuchten, aus dieser Situation politischen Profit zu schlagen, und polemisierten gegen die Kongolesen. Im Kommunalwahlkampf 1989 wurde dementsprechend hart gefochten, doch auch weil mich die evangelische und katholische Kirche und andere engagierte Vertreter der Zivilgesellschaft unterstützten, gelang es schließlich, die Rechtspopulisten in unserer Stadt unter die Fünfprozenthürde zu drücken. Ich glaube fest daran, dass es die Aufgabe der Politik ist, in manchen, sehr entscheidenden Situationen auch mal gegen den Mainstream zu schwimmen und für eine Sache, für einen Grundwert zu kämpfen.

Mittlerweile haben die Vertreter des Rechtspopulismus ihre Strategien geändert. Sie sind geschmeidiger geworden – und erfolgreicher. In den Niederlanden, in Finnland, in Österreich, in Italien, in Frankreich, in Schweden, in Dänemark, in Tschechien, Rumänien, Bulgarien, in Ungarn und in der Schweiz haben rechtspopulistische Parteien zum Teil erheblichen Einfluss auf die öffentliche Meinung und sogar auf das Regierungshandeln. Die neue Geschmeidigkeit zeigt sich auch an der Themenwahl: Die klassische «Ausländer raus»-Hetze wurde ersetzt durch ein Islam-Bashing, das sich oft als Menschenrechtsdiskurs tarnt. Da machen sich Rechtspopulisten plötzlich Sorgen um die Rolle der Frau im Islam und erklären die Burka zu einer zentralen Gefahr für unsere Gesellschaften. Mit derselben Logik spielen sie sich auch als Verfechter von Demokratie und Meinungsfreiheit auf und empören sich darüber, dass all dies in der islamischen Welt fehle. Welch heuchlerische Position, wenn man sich erinnert, dass gerade Rechtspopulisten immer wieder versucht haben, Meinungsfreiheit und Demokratie zu beschränken. Und schließlich wollen sie die populären Themen beispielsweise der Occupy-Wall-Street-Bewegung kapern, indem sie globalisierungskritische Positionen übernehmen und die Globalisierung pauschal und undifferenziert für Arbeitslosigkeit und soziale Ungleichheit verantwortlich machen. In einer Studie der Konrad-Adenauer-Stiftung heißt es über die Positionierung der Rechtspopulisten: «Sie propagieren die Illusion einer kleinen, intakten Welt, die vor globalen Wirtschaftszyklen geschützt werden kann.»[22]

Ihr trauriges Meisterstück im Bereich Public Relations vollzogen viele Rechtspopulisten aber, als die Krise in Europa ausbrach. In einem atemberaubenden Tempo wurde das Islam-Bashing durch ein Europa-Bashing ergänzt. Der instinktsicherste Zeremonienmeister dieser Strategie in Deutschland war Thilo Sarrazin, der beide Trends bediente und damit enorme Summen verdiente. Paradoxerweise geißelte er mit seiner Kritik am Euro eine Politik, für die er in seinen beruflichen und politischen Funktionen mitverantwortlich war. In einem brillanten Artikel «Ein fataler Irrweg» bezeichnete einer der Herausgeber der «Frankfurter Allgemeinen Zeitung», Frank Schirrmacher, Sarrazin im August 2010 als den «Ghostwriter einer verängstigten Gesellschaft».

Seit Ausbruch der Krise standen die Europaskeptiker mit ihren Argumenten allerdings wieder im Zentrum der Debatte, und erneut zeigte sich, wie erfolgreich die Populisten im Bereich des Agenda-Settings waren. So führte die dänische Regierung im Sommer 2011 unvermittelt die Grenzkontrollen an der deutsch-dänischen Grenze wieder ein, und ein im Wahlkampf strauchelnder Präsident Nicolas Sarkozy klagte über die vermeintlichen Massen von Immigranten, die nach Frankreich strömten. Obwohl diese Manöver deutlich als reiner Populismus im Rahmen des französischen und dänischen Wahlkampfes zu erkennen waren, verhandelten die europäischen Innenminister in Brüssel plötzlich über die Wiedereinführung von Grenzkontrollen im Schengenraum. Woher die Minister zu diesem Zeitpunkt die Erkenntnis hatten, dass sich Europa am Vorabend einer riesigen Einwanderungswelle befinde, ist bis heute ihr Geheimnis geblieben. In Großbritannien erhielten die Europaskeptiker ebenfalls unverhofften Aufwind, als der britische Premierminister David Cameron erklärte, er schließe ein Referendum über Großbritanniens Zukunft in der EU nicht aus. Doch Cameron hatte sich verzockt. Anstatt für seine ständige Blockade in Brüssel von den Europaskeptikern gelobt zu werden, fühlten sich diese nun sogar ermutigt, die Mitgliedschaft des Vereinigten Königreichs in der EU gänzlich in Frage zu stellen. Es ist nicht völlig auszuschließen, dass dieser Prozess im Jahr 2014 dazu führen wird, dass das Vereinigte Königreich die Europäische Union verlassen wird.

Auch in Südeuropa zogen Populisten kräftig vom Leder, und es wurden empörende Vergleiche gezogen: In griechischen und anderen südeuropäischen Zeitungen war im Zusammenhang mit den Sparpaketen, die ihre Regierungen mit der EU und dem Internationalen Währungsfonds verhandelt hatten, plötzlich vom «Brüsseler Joch» die Rede, und die deutsche Bundeskanzlerin wurde in skandalöser Form durch Fotomontagen verunglimpft, auf denen sie in SS-Uniform zu sehen war. Bei meinen Reisen als Präsident des Europäischen Parlaments nach Athen und in andere Hauptstädte habe ich solche Vergleiche scharf verurteilt. Der deutsche EU-Kommissar Günther Oettinger wollte derweil die Flaggen der Staaten mit hohen Schulden europaweit auf halbmast setzen lassen, was wohl nicht zufällig an die mittelalterliche Praxis des Prangers erinnern sollte, und der CDU-Fraktionsvorsitzende Volker Kauder – eigentlich ein ruhiger und besonnener Mann – tönte voller Stolz über den großen Einfluss der Bundesregierung auf die Krisenpolitik der EU, jetzt auf einmal werde «in Europa deutsch gesprochen». Wäre es der FDP-Parteiführung nicht in letzter Minute gelungen, eine europakritische Mitgliederbefragung im Zaum zu halten, hätte diese im Erfolgsfall allerdings zum Ende der von Kauder so gelobten Bundesregierung geführt.

Damit kein Zweifel aufkommt: Die genannten Kollegen aus der deutschen Politik sind aufrechte Streiter für ihre Sache, und sie vertreten Positionen, die in aller Regel im demokratischen Spektrum liegen. Aber es ist ersichtlich, wie sich die Achsen des Diskurses verschieben und sich der innenpolitische Ton ändert, wenn Rechtspopulisten den Finger in eine vermeintlich offene Wunde legen und Politiker der Mitte plötzlich meinen, hier Trends aufnehmen oder ihnen hinterherlaufen zu müssen. Scharfsinnig analysierte der deutsche Philosoph Jürgen Habermas dieses Verhalten: «Angesichts des unerhörten Gewichts der Probleme wäre es zu erwarten, dass die Politiker endlich … die Bevölkerung offensiv über das Verhältnis von kurzfristigen Kosten und wahrem Nutzen, also über die historische Bedeutung des europäischen Projekts aufklären. … Viele biedern sich stattdessen an einen Populismus an, den sie mit der Vernebelung eines komplexen und ungeliebten Themas selbst herangezüchtet haben.»[23]

Es gibt keinen einfachen Ausweg aus der Krise Europas, und was immer Populisten aus dem rechten oder linken Lager auch an Scheinlösungen anbieten – es wird nicht funktionieren. Wir werden uns die Mühe machen müssen, auf komplexe Herausforderungen komplexe Antworten zu geben. Denjenigen, die einfache Lösungen versprechen und immer schnell einen Sündenbock bei der Hand haben, dürfen wir keinen Glauben schenken. Europa ist kompliziert und oft auch ärgerlich – das ist unstrittig. Es gibt Missstände in den europäischen Institutionen genauso wie in den Mitgliedsländern. Aber wer deswegen glaubt, es ginge ohne europäische Einigung besser, der liegt falsch. Denn jeder aufgedeckte Fehler in der EU, jede bürokratische Absurdität, über die wir spotten, ist ein Beweis, dass die Kontrolle funktioniert. Das muss man den Populisten entgegenhalten. Ich bin davon überzeugt, dass ein Scheitern der EU zu einem kaum kontrollierbaren Prozess führen könnte, der alte Dämonen wieder zum Leben erweckt und einen dumpfen Nationalismus begünstigt. In der gegenwärtigen Krise deutet sich dies leider schon an.

★★★

So weit das fiktive Szenario eines Scheiterns der EU. Es ist nicht so weit von der Realität entfernt, wie viele denken mögen. Denn natürlich gibt es Alternativen zur EU: Man kann die EU, wie sie heute aussieht, ändern und reformieren. Man kann die Integration zurückfahren. Und man kann das Projekt Europäische Union auch beenden. All das ist möglich. Der Lissabonner Vertrag, also das geltende EU-Recht, sieht ausdrücklich die Möglichkeit vor, dass ein Land die EU verlassen kann, und laut der bereits zitierten Meinungsumfrage vom Sommer 2012 meinen viele Deutsche, dass ihr Leben ohne EU vielleicht besser verlaufen würde. Das ist eine legitime Position. Ich halte sie aber für falsch. Ich bin davon überzeugt, dass wir einen hohen Preis dafür zahlen müssten, wenn wir diese EU aufgeben – einen weit höheren Preis, als wenn wir das Projekt Europa retten. Deshalb bin ich sehr dafür, dass wir von denjenigen, die leichtfertig über ein Ende Europas schwadronieren, eine Erklärung verlangen, welche Pläne sie für unser Land haben. Wie sich Deutschland ihrer Vorstellung nach politisch, kulturell und ökonomisch entwickeln wird, wenn es alleine im Sturm der Globalisierung bestehen soll. Welchen Platz unser Land in Europa und in der Welt einnehmen soll. Das würde ich gerne wissen. Jeden Tag höre ich im Europaparlament, wie die radikalen Europaskeptiker im Plenum über das aus ihrer Sicht notwendige Ende der EU sprechen. Aber zu dem, was danach folgen soll, ist von ihnen nur dröhnendes Schweigen zu vernehmen.

Die Geschichte ist voller beeindruckender Beispiele, wie falsche politische Entscheidungen ein Land, eine Region oder gar einen ganzen Kontinent zurückwerfen können. So verfolgte der chinesische Kaiser Jiajing im 16. Jahrhundert eine Politik der Isolation. Die hochseetüchtigen Schiffe der chinesischen Flotte mussten im Hafen bleiben und wurden teilweise vernichtet, und der Außenhandel wurde unterbunden.[24] Während sich China also von der Welt abwandte, begann der dynamische Aufstieg Europas, der geprägt war von intensivem Handel und Austausch über technisches und wissenschaftliches Wissen. Diese Offenheit begründete Europas Aufstieg zur Weltmacht, während China fast fünfhundert Jahre brauchte, um sich von dieser falschen Politikentscheidung zu erholen und wieder seinen Platz zurückzugewinnen. Ich hoffe, dass wir in Europa keine falschen Entscheidungen treffen, unter denen die folgenden

Generationen dann lange zu leiden haben. Denn ich glaube, dass sich in diesem Fall bewahrheiten würde, was von vielen klugen Menschen prognostiziert wurde: Ohne die EU ist Deutschland zu groß für Europa und zu klein für die Welt.

III. NEUSTART

Vielleicht kommen wir aus dem schweren Sturm, in dem wir uns befinden, besser heraus, als wir hineingefahren sind. Vielleicht finden wir angesichts des möglichen Scheiterns die notwendige Motivation und die Kraft, uns wieder darüber auszutauschen, wie wir das Zusammenleben auf unserem Kontinent gestalten wollen und ob es möglicherweise eine bessere Alternative zu der jetzt bestehenden EU gibt. Anstatt das vermeintlich «alternativenlose Europa» zu beschwören und in überholten Pro- und Kontra-Ritualen zu erstarren, sollten wir eine Debatte beginnen, deren Überschrift lautet: «Welches Europa wollen wir?» Eine solche Debatte hat eine Zukunftsdimension und verharrt nicht in stiller Ehrfurcht vor der schicksalhaften europäischen Vergangenheit. Für die Älteren unter uns mag die Erfahrung der europäischen Kriege noch Motivation und Anlass sein, das gemeinsame Europa zu verteidigen. Daran will ich nichts kritisieren, denn es macht auch einen Großteil meiner Motivation aus. Viele junge Leute aber verlangen zu Recht eine neue, in die Zukunft gerichtete Begründung, warum und wofür wir dieses Europa brauchen. Eine rein vergangenheitsbezogene Argumentation reicht nicht mehr aus, um sie zu gewinnen.

Entscheidend wird daher sein, dass wir die Vertrauenskrise bewältigen, in der die EU und ihre politischen Eliten gegenwärtig stecken. Dafür müssen wir nicht nur die Wirtschaftskrise bekämpfen, sondern auch die richtigen Schlussfolgerungen aus ihren Ursachen ziehen. Europa muss sowohl wirtschaftspolitisch das Ruder herumreißen als auch seine Demokratie stärken und ausbauen. Beides gehört zusammen, denn letztlich hängt die Legitimität unseres politischen Systems auch davon ab, ob uns die Überwindung der Krise im Rahmen der nationalen und europäischen Demokratie gelingt. Wer meint, die Krise rechtfertige eine Unterbrechung der Demokratie, wird sie nur weiter verschärfen. Ein solcher Weg ist eine Sackgasse.

Einige wichtige Schritte, um die Krise zu lösen, haben wir bereits unternommen. So sind wir bei der Kontrolle der nationalen Haushalte durch Europa vorangekommen. Das ist wichtig, weil in der Vergangenheit getrickst worden ist, auch in Deutschland, und die Instrumente der EU für eine wirkungsvolle Kontrolle zu schwach waren. Außerdem ist in Europa mit dem Fiskalpakt eine Schuldenbremse eingeführt worden, die in Deutschland bereits seit 2009 in unserer Verfassung steht und 2016 in Kraft tritt. Wir werden eine europäische Bankenaufsicht bekommen und – sofern der Druck auf die mehrheitlich konservativ-liberalen Regierungschefs nicht nachlässt – hoffentlich auch eine Re-Regulierung der Finanzmärkte sowie das Verbot von besonders risikoreichen Spekulationen. Alle europäischen Institutionen haben sich inzwischen darauf verständigt, dass wir ein Wachstums- und Beschäftigungspaket schnüren müssen, um die Zukunftsfähigkeit Europas zu verbessern. Im institutionellen Bereich werden wir jedoch noch nacharbeiten müssen, um jene Strukturen zu schaffen, die Europa für das 21. Jahrhundert fit machen. Das heißt nichts anderes, als dass es eine europäische Regierung geben muss, damit die Mehrheit entscheidet und nicht jedes Land als Vetomacht auftreten kann. Wir werden es uns nicht weiter erlauben können, dass der Langsamste im Geleitzug das Fortschreiten der Integration blockiert, wo mehr Europa notwendig wäre. Diese neue europäische Regierung muss von einem neuen Europaparlament kontrolliert werden, das mit mehr Rechten und Befugnissen ausgestattet ist.

Wenn wir uns auf diese Weise gemeinsam neu aufstellen, entziehen wir all denen den Boden, die momentan noch darauf wetten, dass die Eurozone oder die EU als Ganzes auseinanderbricht. Dafür müssen wir den Primat der Politik zurückgewinnen. Den Rückgewinn von politischer Souveränität wird es aber nur durch mehr Europa geben. Scheitern wir an der Lösung der Krise, dann wird auch die EU scheitern und damit unser solidarisches Gesellschaftsmodell insgesamt. Gelingt es uns hingegen, die Krise zu lösen und die notwendigen Entscheidungen zu treffen, werden wir den europäischen Riesen entfesseln können.

In mindestens vier Bereichen werden wir hierfür nacharbeiten müssen: erstens bei der Stärkung der europäischen Demokratie, zweitens bei der Herausbildung einer europäischen Außenpolitik, die diesen Namen auch verdient, drittens bei der Verteidigung unseres Gesellschaftsmodells und viertens bei der notwendigen Zähmung des internationalen Raubtierkapitalismus. Wenn uns das gelingt, haben wir auch im 21. Jahrhundert die Chance, in freien und wohlhabenden Gesellschaften zu leben und ein Stabilitäts- und Friedensanker in der Welt zu bleiben. Doch dafür müssen wir uns ins Zeug legen und die entsprechenden Aufgaben endlich anpacken. Niemand wird uns diesen Job abnehmen.

Europa muss seine Demokratie stärken

Europa wird demokratisch sein, oder es wird scheitern. Im Umkehrschluss gilt: Ohne Europa wird unsere Demokratie scheitern. In einer Welt, in der mehr und mehr Lebensbereiche globalisiert sind, verschärft sich die Notwendigkeit, grenzüberschreitend zusammenzuarbeiten. Der Klimawandel, die Regulierung der Finanzmärkte, die Bekämpfung des Hungers, die Flüchtlingsproblematik und eine effektive Rüstungskontrolle sind von einzelnen Staaten nicht zu bewältigen. Immer mehr Entscheidungen werden deshalb von Regierungschefs in internationalen Foren getroffen. Selbst wenn es die EU morgen nicht mehr gäbe, bestünde dennoch die Notwendigkeit, dass europäische Staaten gemeinsam Lösungen finden. Deshalb würde ein Zerfall der EU ihren Mitgliedsstaaten nicht die Souveränität und Handlungsfreiheit verschaffen, die sich die Europaskeptiker erhoffen. Wie alle anderen Länder auch sind die europäischen Staaten durch die Charta der Vereinten Nationen, die Allgemeine Erklärung der Menschenrechte und andere völkerrechtliche Verträge in ihrer Souveränität eingeschränkt, ganz unabhängig von der Existenz des europäischen Staatenverbunds. Vielmehr ist die EU der einzigartige Versuch, mittels einer politischen Union demokratische Prinzipien in die transnationalen Beziehungen einzuführen, das heißt, Demokratie auch in einer globalisierten, interdependenten Welt weiterhin zu ermöglichen. Es kann also bei der Diskussion über die EU weniger um die Frage gehen, ob wir durch die Rückkehr zum Nationalstaat unsere Souveränität wiedergewinnen können. Dies kann nicht gelingen; die eigentliche Frage lautet, wie wir die Demokratie in den Zeiten der Globalisierung durch die EU zurückgewinnen können.

Zum viel beschworenen Erbe der europäischen Rechtstradition gehört das Gewaltenteilungsmodell, also die Trennung von Legislative, Exekutive und unabhängiger Rechtsprechung. Das funktioniert in den EU-Mitgliedsstaaten recht gut und ist seit Jahrzehnten auf der nationalen Ebene eingeübt worden. Indem wir nun mehr und mehr Souveränitätsrechte von der nationalen auf die EU-Ebene übertragen, ohne auch das Gewaltenteilungsmodell mit zu übertragen, verursachen wir das bereits angesprochene Demokratiedefizit.

Am besten kann bisher der Europäische Gerichtshof seine in der Gewaltenteilung vorgesehene Rolle ausüben. Als effektive Judikative wacht er sorgsam darüber, dass europäische Institutionen nicht die Grundrechte ihrer Bürger verletzen, klärt Streitigkeiten zwischen den europäischen Institutionen und richtet auch bei Unstimmigkeiten zwischen einzelnen Mitgliedsstaaten und der EU. Aber schon bei der Exekutive, also der europäischen Regierung, ist die Gewaltenteilung unklar. Wer ist eigentlich die europäische Regierung? Der Europäische Rat, also die Versammlung der Staats- und Regierungschefs? Oder die Europäische Kommission? Die Antwort erschließt sich, wenn wir uns anschauen, was eine Regierung ist. Zu ihren wesentlichen Merkmalen gehört es, dass sie mittels ihrer exekutiven Gewalt die geltenden Gesetze umsetzt und dabei notfalls auch Zwang ausüben darf, um mögliche Gesetzesverstöße zu ahnden. Parke ich mein Auto falsch, bekomme ich dafür einen Strafzettel. Die entsprechenden Gesetze werden zwar von einem Parlament beschlossen, doch kann die Regierung ihrerseits Regelungen vorschlagen. Nimmt man diese beiden Kriterien, das Initiativrecht für Gesetze und die Möglichkeit des exekutiven Durchgriffs, handelt die EU-Kommission in den vergemeinschafteten Politikbereichen als europäische Regierung. Sie schlägt die europäischen Gesetze vor, also die Richtlinien und Verordnungen, und überwacht anschließend deren Einhaltung. Hält sich ein Staat nicht an eine Verordnung, ist es die Kommission, die entsprechende Zwangsmaßnahmen einleitet, von Strafzahlungen bis hin zu einer Klage vor dem Europäischen Gerichtshof.

Weiterhin zeigt sich die Macht der Kommission an dem Genehmigungsvorbehalt, den sie in einigen Bereichen hat. Wenn ein Mitgliedsstaat ein Unternehmen, das in wirtschaftliche Schwierigkeiten geraten ist, mit Mitteln der öffentlichen Hand unterstützen will, muss dessen Regierung die EU-Kommission um Erlaubnis fragen. Bundeskanzler Gerhard Schröder musste dies zum Beispiel tun, als er im November 1999 beschloss, dem angeschlagenen Bauunternehmen Holzmann ein Darlehen und Bürgschaften des Bundes zu gewähren, und auch Jacques Chirac musste die Zustimmung aus Brüssel einholen, als er die Entwicklung der europäischen Internetsuchmaschine Quaero mit zweihundertfünfzig Millionen Euro fördern wollte. Bei internationalen Verhandlungen, etwa über Handelsabkommen, sitzen sogar gar keine Vertreter nationaler Regierungen mehr am Tisch; diese Verhandlungen werden von der Kommission für die gesamte EU geführt.

Die Kommission nimmt in vielen wichtigen Politikbereichen also bereits Regierungsverantwortung wahr – umso kurioser ist es, dass sich die Regierungschefs der Mitgliedsländer dagegen sperren, diese Realität auch offen auszusprechen. Da darf man sich nicht wundern, dass die Menschen das europäische System nicht verstehen. Darum sollte man endlich aufhören, aus falsch verstandenen Rücksichten gegenüber den Europaskeptikern um den heißen Brei herumzuschleichen: Diejenigen, die regieren, sollten sich auch Regierung nennen dürfen. Damit wird der Präsident der EU-Kommission der europäische Regierungschef. Meiner Meinung nach sollte dieser auch gleich in Personalunion als Präsident des Europäischen Rates fungieren und die Treffen der Regierungschefs leiten, eine Rolle, die heute Herman Van Rompuy wahrnimmt. Eine kommissarische Zusammenlegung beider Präsidentenämter ist schon jetzt möglich; bei der nächsten Reform der Europäischen Verträge sollte das Amt des Ratspräsidenten dann ganz abgeschafft werden – in einem Gewaltenteilungsmodell ist es völlig sinnwidrig. Eine Aufwertung der EU-Kommission auf Kosten des Europäischen Rates der Staats- und Regierungschefs hätte natürlich erhebliche Auswirkungen auf das bestehende System: Die Regierungschefs, die bislang auf ihren Gipfeltreffen so tun, als seien sie die eigentliche europäische Regierung, werden sich dann bescheiden müssen und endlich die Funktion einnehmen, die den Regeln der Gewaltenteilung entspricht, nämlich die einer Zweiten Kammer.

Damit sind wir bei der Legislative angekommen. Eigentlich könnte es ganz einfach sein. Schon jetzt gibt es ein von den europäischen Bürgern direkt gewähltes EU-Parlament, das ihre Interessen vertritt, als erste Gesetzgebungskammer. Und es gibt eine Zweite Kammer, den Rat der Europäischen Union, in dem die Fachminister der Mitgliedsstaaten sitzen und die Interessen ihrer Länder vertreten. Ich denke, dass dieser EU-Ministerrat mit dem Europäischen Rat der Staats- und Regierungschefs verschmelzen sollte, um die bestehenden Gipfeltreffen zu einer regelmäßig tagenden Zweiten Kammer umzubauen. Ein so entstehendes Zweikammersystem könnte sicherstellen, dass sowohl die Interessen der einzelnen Staaten als auch der Unionsbürger insgesamt parlamentarisch vertreten würden. Es ist darüber hinaus ein System, wie es sich bereits in vielen Mitgliedsstaaten bewährt hat, auch bei uns in Deutschland, wo im Bundesrat die

Landesregierungen als die Vertreter der Bundesländer und im Bundestag die gewählten Abgeordneten als die Vertreter ihrer Wählerinnen und Wähler sitzen.

Das Europaparlament steht allerdings auch noch vor dem Problem, dass es zwar in allen vergemeinschafteten Bereichen als Legislativorgan tätig ist, wie wir das auch aus den nationalen Demokratien kennen, jedoch kein Initiativrecht besitzt, deshalb also den Gesetzgebungsprozess nicht selbst in Gang setzen kann. Die über siebenhundertfünfzig Abgeordneten aus den siebenundzwanzig Mitgliedsländern haben nicht einmal dann das Anrecht, einen eigenen Gesetzesvorschlag einzubringen, wenn sie diesen einstimmig unterstützen. Das ist absurd und widerspricht eklatant dem Gewaltenteilungsmodell. Zwar gibt es mittlerweile eine Vereinbarung zwischen Parlament und Kommission, die vorsieht, dass die Kommission die Initiativen des Parlaments aufnimmt, wenn sie mit großen Mehrheiten vorgeschlagen werden. Aber das ist nur eine Hilfskonstruktion, die zwei Institutionen beschlossen haben, um mit diesem Missstand pragmatisch umzugehen.

Offizieller und einklagbarer Bestandteil des EU-Rechts ist diese Vereinbarung damit noch lange nicht. Die europäische Demokratie darf jedoch nicht aus informellen Verfahren bestehen, mit denen Politik gewissermaßen per Handschlag gemacht wird. Wenn wir keine Bananenrepublik werden wollen, müssen wir deshalb das Gewaltenteilungsmodell, wie wir es aus den Nationalstaaten kennen, auf die europäische Ebene übertragen. Das bedeutet, dass das EU-Parlament die europäische Regierung wählt und sie auch abwählen kann und dass Gesetzesinitiativen sowohl von der europäischen Regierung als auch von den beiden Legislativorganen (Parlament und Rat) eingebracht und beschlossen werden können. Diese institutionelle Klarheit wird nicht nur das Verständnis der Menschen für die politischen Prozesse in der EU erhöhen – die Prozesse selbst werden transparenter, Europa wird demokratischer sein, und wir werden zu besseren Ergebnissen kommen. Die Zeit der Kungelei muss endlich vorbei sein.

Eine solche institutionelle Reform ist natürlich eine gewaltige Aufgabe. Hierfür ist eine Revision der Europäischen Verträge notwendig, die allerdings für das Jahr 2017 sowieso vorgesehen ist, weil spätestens dann der bislang nur als völkerrechtlicher Vertrag existierende Fiskalpakt in die Europäischen Verträge aufgenommen werden muss. Wir sind also gut beraten, die kommenden Jahre dafür zu nutzen, öffentlich über die künftige Gestalt unseres Gemeinwesens zu diskutieren und gemeinsam eine neue Europäische Verfassung auszuarbeiten.

Ob in Parlamenten, auf Marktplätzen, in Arenen oder in Internet-Foren: Politische Gemeinwesen, die sich demokratisch nennen, leben davon, dass Entscheidungen öffentlich debattiert und verkündet werden. So war das bei den Griechen und auch in der alten römischen Republik, und aus dieser Motivation haben schon unsere Urgroßväter so sehr für die Versammlungs- und Meinungsfreiheit gekämpft. Einer der wichtigsten Orte, an dem die politische Debatte geführt wird, ist das Parlament. Ob es sich dabei um ein gemauertes Gebäude handelt oder um einen Marktplatz, ist unerheblich. Entscheidend ist, dass ein Parlament gleichzeitig Ort und Symbol für die Demokratie ist. Aus diesem Grund fahren bei Umstürzen die Panzer als Erstes vor den Parlamenten auf. Und umgekehrt wählen die Menschen nach einer erfolgreichen Revolution, die zur Demokratie führen soll, zunächst ihre Volksvertreter, die in einer Versammlung über Grundrechte, Verfassung und Regierung bestimmen sollen. Demokratische Parlamente schaffen Legitimität und Legalität, weil sie – von wenigen Ausnahmen abgesehen – öffentlich tagen.

Dieser Standard gilt weltweit und auch in Europa. In ganz Europa? Nein, denn es gibt ein kleines Widerstandsnest, das sich diesem demokratischen Selbstverständnis hartnäckig widersetzt. Dieses Widerstandsnest setzt sich aus den Regierungen der EU-Mitgliedsstaaten zusammen, die sich entweder als Rat der Fachminister treffen oder als Europäischer Rat der Staats- und Regierungschefs. Beide Institutionen sind sehr mächtig und fällen grundsätzliche Entscheidungen – und beide handeln weitgehend hinter verschlossenen Türen. Doch diese Closed-shop-Politik ist ein Skandal. Gesetzgebung braucht Öffentlichkeit. Deshalb kann man die Plenartagungen des Europäischen Parlaments, des Deutschen Bundestages und der meisten anderen Parlamente live im Fernsehen und im Internet verfolgen. Wer dagegen die Öffentlichkeit ausschließt, setzt sich zwangsläufig dem Verdacht aus, er habe etwas zu verbergen. Da der EU immer wieder vorgeworfen wird, sie sei zu intransparent – obschon es natürlich nicht «die» EU ist, die sich gegen Transparenz sperrt, sondern eben nur Teile der EU –, ist die Forderung nach mehr Öffentlichkeit wesentlich für ihre Legitimität.

Ein erster Schritt zu mehr Transparenz wurde getan, als 1999 unter der deutschen Ratspräsidentschaft eine neue Methode zur Erarbeitung neuer vertraglicher Grundlagen in der EU eingeführt wurde: Die Europäische Grundrechtecharta, die heute verbindliches EU-Recht ist, wurde durch einen Konvent ausgearbeitet, der aus Abgeordneten der nationalen und des europäischen Parlaments sowie aus Vertretern der Regierungen und der EU-Kommission zusammengesetzt war. Der einstige Bundespräsident Roman Herzog saß diesem Gremium vor. Ich war zu Beginn Mitglied in diesem Konvent, und ich erinnere mich noch sehr gut, wie offen wir über Religionsfreiheit, Arbeitnehmerrechte und andere rechtspolitische Fragen stritten und lebhaft darüber diskutierten, worin eigentlich unser so häufig beschworenes Wertefundament besteht.

Die offene Debatte hat nicht nur der Qualität des Ergebnisses gutgetan – die Europäische Grundrechtecharta gilt als eines der wichtigsten und modernsten Menschenrechtsdokumente weltweit –, mit ihr wurde auch die interessierte Öffentlichkeit eingebunden, auf die wir in unseren Gemeinwesen angewiesen sind. Die Konventsmethode war so erfolgreich, dass sie gleich nach Fertigstellung der Europäischen Grundrechtecharta wiederholt wurde. Es wurde ein Konvent zur Erarbeitung einer Europäischen Verfassung eingesetzt, der vom ehemaligen französischen Präsidenten Valéry Giscard d'Estaing geleitet wurde und der zwischen Februar 2002 und Sommer 2003 einen entsprechenden Entwurf erstellte. Zwar trat diese Verfassung letztlich nicht in Kraft, weil sie in den Niederlanden und Frankreich nicht ratifiziert wurde, woraufhin eine Regierungskonferenz den heute noch gültigen Vertrag von Lissabon ausarbeitete, doch gehörte auch die Arbeit dieses Konvents zu einer der Sternstunden der europäischen Demokratie. Beide Konvente tagten öffentlich, luden Vertreter der Zivilgesellschaft, Wissenschaft und Regionen ein und beförderten in den Mitgliedsstaaten eine breite Debatte über die jeweils angestrebten Ziele.

Handeln Regierungen dagegen Verträge im Geheimen aus, schüren sie Misstrauen in der Bevölkerung; das Beispiel des geplanten Anti-Produktpiraterie-Handelsabkommens ACTA hat dies Anfang 2012 deutlich gezeigt. Damals ging ein Aufschrei durch die Internetgemeinde, weil viele Regierungen in aller Heimlichkeit Verhandlungen über dieses Abkommen geführt und dabei auch umstrittene Bestimmungen über die internationalen Regeln zum Urheberrecht beschlossen hatten, die tief in den Alltag der Menschen eingegriffen hätten. Nachdem sich die Regierungschefs geeinigt hatten und auch die Europäische Kommission ACTA zügig durchgewunken hatte, kamen die problematischen Aspekte dieses Abkommens erst ans Licht der Öffentlichkeit, als sich das Europäische Parlament dieses Themas annahm. 2,8 Millionen Bürger unterzeichneten daraufhin eine Petition gegen ACTA und übergaben sie nicht etwa den Staats- und Regierungschefs, sondern dem Europäischen Parlament. Die Volksvertreter berieten das Abkommen dann öffentlich – in Ausschüssen, im Plenum, bei Anhörungen und bei Veranstaltungen, die europaweit durchgeführt wurden – und verwarfen es schließlich. Nicht weil sie gegen einen effektiven Schutz des Urheberrechts waren, sondern weil sich im Verlauf der Beratungen zu viele Risiken für Bürgerrechte und die Möglichkeit des Missbrauchs offenbarten. Die Regierungen hätten besser daran getan, das Abkommen von Beginn an unter Einbeziehung der Parlamente und Betroffenen auszuarbeiten. Dieses Vorgehen hätte ihnen eine Blamage erspart.

Allerdings reicht es nicht aus, nur die Möglichkeiten bereitzustellen, dass sich eine breite Öffentlichkeit an den anstehenden Debatten beteiligen kann – diese Debatten müssen zuweilen auch so zugespitzt werden, dass interessierte Bürgerinnen und Bürger sich gerne daran beteiligen und die politischen Alternativen erkennen können. Die Klage, die politischen Parteien ähnelten einander inzwischen zu stark, ist ein Hinweis darauf, dass in dieser Beziehung vieles im Argen liegt: Alternativen entwickelt man nur im Streit. Deshalb ist es gute Praxis, dass es ein Wechselspiel von Regierung und Opposition gibt, bei der jede Seite ihre jeweiligen Vorschläge vorstellt und ihrerseits die Vorschläge der anderen Seite auf Schwachstellen abklopft. Gerade in Krisenzeiten ist eine solche Arbeitsteilung jedoch schwer, denn ein Bürger, der sich morgens bei der Zeitungslektüre noch über die mangelnde Unterscheidbarkeit der Parteien aufregen mag, wird sich möglicherweise abends beim Blick in die Nachrichtensendung wünschen, das politische Personal würde weniger zanken und endlich konstruktiv zusammenarbeiten.

Das Bedürfnis des Unterhakens in Krisenzeiten ist nachvollziehbar und richtig. Es gibt Momente, die vertragen keinen Parteienstreit – die schrecklichen Tage im Herbst 1977, als die Rote Armee Fraktion die Bundesrepublik Deutschland mit ihrem Terror überzog, palästinensische Terroristen eine Linienmaschine der Lufthansa entführten und Bundeskanzler Helmut Schmidt daraufhin in Bonn einen überparteilichen Krisenstab einberief, waren so eine Situation. Wenn aber solche Momente der Überparteilichkeit zum Regelfall werden und der politische Streit als Angriff auf die Gemeinschaft gilt, dann gerät die Demokratie in Gefahr.

Ein erschreckendes Beispiel dafür lieferte die deutsche Debatte über die Ratifizierung des Fiskalpakts und des Europäischen Stabilitätsmechanismus vom Sommer 2012. Weil für diese Ratifizierung eine Zweidrittelmehrheit von Bundestag und Bundesrat benötigt wurde, konnten die Oppositionsparteien der Regierung bei den Verhandlungen im deutschen Parlament einen Wachstums- und Beschäftigungspakt und die Einführung der Finanzmarkttransaktionssteuer abtrotzen – zwei Vorhaben, für die sich die Regierungen anderer europäischer Länder schon seit längerer Zeit ausgesprochen hatten, gegen die sich die deutschen Regierungsparteien bislang aber immer gesträubt hatten. Nachdem das Kabinett Merkel den Plänen nun auf Druck von SPD und Grünen doch zustimmen musste und beide Vorhaben europaweit eingeführt wurden, rückte die konservative Tageszeitung «Die Welt» das Verhalten der deutschen Opposition in einem Kommentar in die Nähe des Vaterlandsverrats: «Es ist ein einmaliger Vorgang in der Geschichte der Bundesrepublik, dass die Opposition mitgeholfen hat, die deutsche Verhandlungsposition im Ausland zu erodieren und deutsche Interessen zu beschädigen.»[25]

Hier zeigt sich ein erstaunliches Verständnis der europäischen Politik, das völlig übersieht, dass unser politisches System scheitern muss, wenn eine Opposition ihre Rolle in einer parlamentarischen Demokratie nicht mehr wahrnehmen darf. Dabei sind gerade die Verhandlungen über den Fiskalpakt und die dort vereinbarten Kompromisse zwischen Haushaltsdisziplin und Wachstumsimpulsen schöne und leider zu seltene Beispiele dafür, wie eine europäische Innenpolitik und eine europäische Streitkultur funktionieren können. In den Fiskalpaktverhandlungen setzten sich sozialdemokratische Parteien in Regierung (Frankreich) und Opposition (Deutschland) gemeinsam erfolgreich für die Besteuerung der Finanzmärkte ein und zeigten damit, wie eine europäische, über die Grenzen der Mitgliedsstaaten hinausreichende Debatte funktionieren kann. Sie zeigt, wie im Streit Alternativen entwickelt werden können, die den Wählern eine echte Auswahl bei Abstimmungen garantieren. Aus dem gleichen Grund habe ich übrigens auch das Engagement von Angela Merkel für die Wiederwahl des damaligen französischen Präsidenten Nicolas Sarkozy verteidigt. Was sollte auch daran verwerflich sein, dass sich die Bundeskanzlerin und CDU-Vorsitzende für ihren Parteifreund auf europäischer Ebene einsetzte, der ihre Politik grundsätzlich teilte und sie stets unterstützte? Und warum sollte sie sich umgekehrt gegenüber dem sozialistischen Präsidentschaftskandidaten neutral verhalten, der für einen Politikwechsel in Europa warb? Zur Durchsetzung ihrer Politik braucht sie in Paris schließlich einen Verbündeten und keinen Gegner.

Alle Parteien und Parlamentsfraktionen müssen sich selbst immer wieder fragen, ob sie nicht zu zahm sind und dem Streit zu oft ausweichen. Das Europäische Parlament wird häufig als Konsensmaschine wahrgenommen, und leider ist dieser Eindruck allzu häufig berechtigt. Zwar kann das Parlament an diesem Erscheinungsbild derzeit wenig ändern, wenn es seinen Einfluss nicht völlig aufgeben will – aufgrund der verfassungsgemäßen Vorgaben ist das Parlament vor allem dann stark, wenn es mit großen Mehrheiten auch gegen den Rat einen Beschluss fasst. Allerdings ist Konsens nicht nur aus Sicht der Medien zu langweilig, denn es ist für das Gelingen der Demokratie in einer neuen EU entscheidend, dass die Konflikte und Alternativen noch deutlicher herausgearbeitet werden.

Und hierbei kommt den politischen Parteien eine herausgehobene Funktion zu. Diese Funktion erfüllen sie in den Nationalstaaten recht gut, wo die Wählerinnen und Wähler ein Gefühl dafür haben, welche Person und Partei für welche Inhalte steht. Aber ich vermute, dass nur wenige in Deutschland je von den Gebilden namens EVP oder SPE gehört haben. Wahrscheinlich verbinden die meisten Menschen mit diesen Kürzeln ein neues Automodell oder eine aktuelle Software für Computer. Das sind sie nicht. Das eine ist die Europäische Volkspartei bestehend aus der deutschen CDU von Angela Merkel, der griechischen *Nea Dimocratia* vom Antonis Samaras, der französischen UMP und anderen konservativen Parteien. Im anderen Club, der Sozialdemokratischen Partei Europas, sind Sigmar Gabriel und François Hollande führende Mitglieder. Auch die Grünen, die Liberalen und die Linkspartei sind jeweils ein Teil solcher europäischen Parteien.

Leider spielen diese europäischen Parteien in der EU-Politik bislang kaum eine Rolle. Man kennt sie auch nicht wirklich. Wir werden sie deshalb stärken müssen, wenn wir die europäische Demokratie insgesamt stärken wollen. Die Funktion, die die politischen Parteien bei uns im Land haben – sie tragen zur Willensbildung des deutschen Volkes bei, wie es im Grundgesetz so schön heißt –, müssen sie auch in Europa übernehmen. Ohne europäische Parteien als Motor wird eine europäische Öffentlichkeit kaum Fahrt aufnehmen können, ohne sie wird es uns nicht gelingen, europäische Themen zukünftig europaweit zu diskutieren, anstatt nach den jeweiligen nationalen Logiken. Denn so wie die nationalen Regierungen verständlicherweise im Rat die Interessen ihres Landes im Auge behalten müssen, werden SPD, Grüne, CDU und die anderen deutschen Parteien immer zunächst ihren nächsten eigenen Wahlkampf im Hinterkopf haben, wenn sie sich für oder gegen eine bestimmte Idee positionieren. Deshalb brauchen wir europäische Parteien, die in Kenntnis der nationalen Positionen Europa als Ganzes im Blick behalten. Damit sind diese europäischen Parteien nicht besser, und sie sollen auch keinen höheren Rang einnehmen als die nationalen. Das Verhältnis ist vergleichbar mit dem Verhältnis zwischen Deutschem Bundestag und Europaparlament. Auch hier gibt es keine Über- oder Unterordnung, sondern ein sich ergänzendes, miteinander verschränktes System.

Wie gesamteuropäische Parteien funktionieren können, ist an zahlreichen Beispielen aus dem Europaparlament zu sehen. Auch hier entwickeln die Parlamentarier immer wieder Positionen, die quer zu den Positionen ihrer nationalen Regierungen oder ihrer Heimatparteien stehen. Beim sogenannten SWIFT-Abkommen etwa ging es darum, ob sensible Daten europäischer Bankkunden im Zuge der Terrorbekämpfung an die USA weitergegeben werden sollen. Während sich die europäischen Außenminister bereits darauf verständigt und die EU-Kommission beauftragt hatten, ein entsprechendes Abkommen mit den USA zu verhandeln, stoppte das EU-Parlament dieses Vorhaben mit breiter Mehrheit, weil entscheidende Datenschutzrechte der europäischen Bürger nicht ausreichend berücksichtigt worden waren.

Die Strukturen für europäische Parteien haben wir zum großen Teil bereits: Jede der genannten Parteien hat einen Vorsitzenden und eine Parteizentrale, die in Brüssel sitzt. Die europäischen Grünen haben mit Reinhard Bütikofer einen deutschen Vorsitzenden, und die SPE hat mit Achim Post einen deutschen Generalsekretär. Es gibt Parteitage und Verfahren, wie man zu Beschlüssen kommt. Vor den europäischen Gipfeln, bei denen sich die Staats- und Regierungschefs treffen, kommen auch die nationalen Parteivorsitzenden zusammen, um sich abzustimmen. Angela Merkel hat diese Parteitreffen schon als Oppositionspolitikerin geschickt genutzt, um das konservative Lager auf José Barroso als zukünftigen Kommissionspräsidenten einzuschwören. Im Lager der Sozialdemokraten verständigte man sich in diesem Rahmen wiederum auf Catherine Ashton als Außenkommissarin und Vizepräsidentin der Kommission.

Zu diesen Strukturen müssen aber noch die Inhalte kommen. Das ist ein dickes Brett. Bei vielen Themen ist weniger die politisch-ideologische Zugehörigkeit entscheidend, sondern vielmehr die nationale Herkunft. Während die deutschen Christdemokraten sich in der Frage des Atomausstiegs inzwischen auf die Positionen der SPD und Grünen zubewegt haben, werden deutsche Sozialdemokraten und französische Sozialisten in diesem Bereich wohl noch für eine geraume Weile auf gegensätzlichen Positionen beharren. Insofern haben die europäischen Parteien hier noch viel Arbeit vor sich. Ich bin mir allerdings sicher, dass es im Zuge der Vorbereitung auf die Europawahl 2014 in diesem Bereich Fortschritte geben wird. Aus allen Zentralen der europäischen Parteien hört man, dass mit großem Engagement an gemeinsamen Wahlprogrammen gearbeitet wird. Das ist auch für die nationalen Parteien eine wichtige Entwicklung, die auf diese Weise lernen werden, über ihren nationalen Tellerrand hinauszuschauen. So kann ich mir gut vorstellen, dass in nicht allzu ferner Zukunft auch die Programme der nationalen Parteien wortgleiche Passagen zu bestimmten Themen enthalten, die sie auf europäischer Ebene gemeinsam entwickelt haben.

Neben neuen Strukturen und gemeinsamen Programmen braucht es darüber hinaus auch Köpfe, die diese europäischen Parteien klar erkennbar vertreten können. Deshalb ist es überfällig, dass die europäischen Parteien für die Europawahlen 2014 jeweils einen Spitzenkandidaten aufstellen, der oder die in allen siebenundzwanzig EU-Mitgliedsländern antritt. Damit könnte die Europawahl 2014 eine echte Wende in der europäischen Demokratie einleiten und zur Geburtsstunde wahrhaft europäischer Parteien werden: mit gesamteuropäischen Spitzenkandidaten, gesamteuropäischen Programmen und gesamteuropäischen Wahlkampagnen.

Diese Wende lässt sich nur erreichen, wenn die Stimmabgabe bei Europawahlen auch wirklich Einfluss auf die Ausgestaltung der europäischen Politik hat. Da sich in der deutschen Öffentlichkeit aber der Eindruck festgesetzt hat, die Europawahl sei weitgehend bedeutungslos oder bestenfalls ein Stimmungstest für die nationalen Parteien, geht die Wahlbeteiligung seit dem ersten Urnengang für das EU-Parlament im Jahr 1979 kontinuierlich zurück. Gingen damals immerhin noch 65,7 Prozent der Deutschen zur Europawahl, waren es 2009 nur noch 43 Prozent.

In den anderen Mitgliedsländern der EU sind vergleichbare Entwicklungen zu beobachten.

Ich bin nicht bereit, das einfach so hinzunehmen. Bei Wahlen muss man die Möglichkeit haben, für eine Partei oder eine Person zu stimmen, mit deren Programm man übereinstimmt und der man deshalb Verantwortung übertragen will, und man muss auch die Möglichkeit haben, eine Partei oder Regierung abstrafen zu können. Fehlt diese Möglichkeit, werden viele Menschen an der Legitimität des ganzen Systems zweifeln. Genau das passiert derzeit in Europa. Wurde in der EU eine Fehlentwicklung angeprangert oder ein Skandal aufgedeckt, konnte man mit seiner Wählerstimme bislang keinen Denkzettel erteilen, während es bei den nationalen Wahlen ganz selbstverständlich ist, jene Parteien abzustrafen, von denen man meint, dass sie etwas falsch gemacht haben. Auf diese Weise übertrugen die Deutschen nach sechzehn Jahren Kohl-Regierung dem Sozialdemokraten Gerhard Schröder die Verantwortung – und entzogen ihm wieder ihr Vertrauen, als sie meinten, die von ihm angestoßenen Reformen seien sozial unausgewogen. Dieser Wechsel zwischen Regierung und Opposition funktioniert in Europa bislang nicht. Das muss sich dringend ändern.

Deshalb ist es auch wichtig, dass sich die Spitzenkandidaten der europäischen Parteien nach der Europawahl 2014 um das Amt des Kommissionspräsidenten bewerben. Kommissionspräsident wird dann der Kandidat oder die Kandidatin, der oder die im Europaparlament eine Mehrheit der Abgeordneten hinter sich versammeln kann. Das ist übrigens schon jetzt im Lissabonner Vertrag so festgeschrieben, in dessen Artikel 17 Absatz 7 es heißt: «Der Europäische Rat schlägt dem Europäischen Parlament nach entsprechenden Konsultationen mit qualifizierter Mehrheit einen Kandidaten für das Amt des Präsidenten der

Kommission vor; dabei berücksichtigt er das Ergebnis der Wahlen zum Europäischen Parlament. Das Europäische Parlament wählt diesen Kandidaten mit der Mehrheit seiner Mitglieder.»

Das ist eine neue Entwicklung; bislang kungelten die Staats- und Regierungschefs hinter verschlossenen Türen aus, wer Kommissionspräsident wird. Durch dieses vordemokratische Verfahren gab es bislang nur eine geringe Bindung des Kommissionspräsidenten an das Europaparlament. Auch wenn der Vergleich etwas hinkt, wird die Lächerlichkeit dieses Verfahrens deutlich, wenn man es einmal auf die bundesdeutschen Verhältnisse überträgt. Man stelle sich vor, dass es bei einer Bundestagswahl zwar Kandidaten für den Bundestag gäbe, sich zunächst aber niemand um das Amt des Bundeskanzlers bewerben würde und der Bundestag erst nach vollzogener Parlamentswahl einen Kandidaten vorgesetzt bekäme – und zwar vom Bundesrat. So würden die dort zusammensitzenden Ministerpräsidenten wahrscheinlich jemanden aus ihrem Kreis vorschlagen, der oder die sich plötzlich für eine Aufgabe in Berlin berufen fühlt. Bei ihrem Vorschlag, wer deutscher Bundeskanzler werden sollte, würden die Ministerpräsidenten überdies nicht das Ergebnis der Bundestagswahl berücksichtigen, sondern nur die Mehrheitsverhältnisse in ihrem Gremium, im Bundesrat. Der Bundestag wiederum müsste diesen Kandidaten dann bestätigen, obgleich er nicht zur Wahl gestanden und auf keinem Plakat für eine bestimmte Politik geworben hatte. Das klingt verrückt, doch so sind auf europäischer Ebene alle Kommissionspräsidenten seit 1979 bestimmt worden.

Das muss und wird sich ändern. Bei der Europawahl 2014 wird es zum ersten Mal eine Auswahl von Personen geben, die mit unterschiedlichen Programmen in einen gesamteuropäischen Wahlkampf ziehen und den Wählern klare Alternativen anbieten. Dieser Wahlkampf wird deshalb nicht mehr – wie so oft in der Vergangenheit – den Charakter eines Volkshochschulkurses über die Bedeutung Europas tragen, sondern endlich die so dringend benötigte Plattform bieten, um über politische Richtungsentscheidungen zu debattieren – schließlich gibt es genug Fragen, über die es zu beraten gilt und auf die die unterschiedlichen Kandidaten eine Antwort geben müssen.

Ohne eine aktive Zivilgesellschaft funktioniert eine Demokratie nicht. Ein Gemeinwesen braucht Bürger, die sich engagieren. Ein Staat existiert nicht neben den Menschen, wie das viele Beamte hierzulande früher dachten und dementsprechend die deutschen «Staatsangehörigen» im schlimmsten Fall als Untertanen und im besten Fall als Schutzbefohlene behandelten. Nein, ein Staat konstituiert sich aus seinen Bürgern, die als Einzelne oder gemeinschaftlich ihren Beitrag für das Zusammenleben leisten. Das sind die Mitglieder der Eine-Welt-Gruppen genauso wie die Helfer vom DLRG, die Sängerinnen im Kirchenchor ebenso wie die ehrenamtlichen Feuerwehrleute, die Aktivisten von Amnesty International und die Trainer der Sportvereine. Die Zivilgesellschaft ist kommunal, regional und national organisiert. Wir erleben sie an den unterschiedlichsten Orten – ob nun Gewerkschaften und Arbeitgeber über Löhne und Arbeitszeiten verhandeln oder Vertreter der Religionsgemeinschaften sich bei nationalen Integrationsgipfeln über ihre jeweiligen Wertvorstellungen austauschen. Diese Zivilgesellschaft handelt in öffentlichen Debatten die Themen aus, die sie beschäftigen, und sie bringt dabei ihre unterschiedlichen Perspektiven, Erfahrungen und Expertisen ein. Am Ende eines solchen Diskussions- und Anhörungsprozesses muss dann politisch entschieden werden. So kennen wir das in den Mitgliedsstaaten. Von einer europäischen Zivilgesellschaft hingegen spricht kaum jemand. Das ist ein Problem, und viele halten eine weitgehende Demokratisierung der EU schon deshalb für ausgeschlossen, weil es an einer europäischen Öffentlichkeit mangelt. Eine Öffentlichkeit, die nicht nur funktionierende demokratische Institutionen wie ein Parlament braucht, sondern auch eine lebendige Zivilgesellschaft und aufmerksame Medien.

Wie schafft man eine europäische Zivilgesellschaft? Oder existiert sie bereits, ohne dass wir sie richtig wahrnehmen? Schließlich befinden sich Unternehmen, Gewerkschaften, Parteien und viele Nichtregierungsorganisationen mitten im Prozess der Europäisierung. Manche sind in diesem Prozess schon recht weit gekommen – andere haben noch einen recht weiten Weg vor sich.

Da ist zunächst einmal das Problem der Sprache. In der EU gibt es dreiundzwanzig Amtssprachen. Kann eine öffentliche Debatte über ein europäisches Problem stattfinden, ohne dass es in Europa eine einheitliche Sprache gibt? Aus meiner eigenen Erfahrung im Europaparlament, in dessen Fluren all diese Sprachen gesprochen werden, kann ich sagen, dass das geht. Und wenn ich aus meinem Büro in Brüssel gehe, so stehe ich schon mitten in einem Land, das mit Französisch, Flämisch und Deutsch gleich über drei offizielle Amtssprachen verfügt. Nun mag man Belgien für ein schlechtes Beispiel halten, weil es dort erhebliche innenpolitische Konflikte gibt, die sich nicht zuletzt an Sprachkonflikten entzünden. Aber mit der Schweiz, Spanien, Italien, Finnland und Rumänien gibt es andere Beispiele für mehrsprachige Staatsgebilde. Zudem gibt die EU jedes Jahr Hunderte von Millionen Euro dafür aus, dass Dokumente in den unterschiedlichen Amtssprachen vorliegen und die Parlamentsdebatten in Brüssel und Straßburg simultan gedolmetscht werden. Ich habe mich immer dagegen gewehrt, an dieser Stelle zu sparen, weil dies den Menschen die Möglichkeit nähme, sich umfassend über die EU und ihre Gesetzgebung zu informieren. Und selbstverständlich muss es auch Menschen, die keine Fremdsprachenkenntnisse haben, möglich sein, Europaabgeordneter zu werden. Zumindest bei gewählten Repräsentanten darf fehlende Sprachkompetenz kein Ausschlusskriterium sein. Außerdem steigt die Fremdsprachenkompetenz zunehmend. Auf den Gängen des Europaparlaments schwirren die unterschiedlichsten Sprachen herum, und meistens wird bei Teamsitzungen, die ich leite, ein Kauderwelsch aus Englisch, Französisch, Italienisch und Deutsch gesprochen. Und auch die jungen Leute, die ich bei Veranstaltungen in ganz Europa erlebe, lernen Fremdsprachen, allein schon, um die Inhalte im Internet verfolgen oder die Liedtexte ihrer Lieblingskünstler verstehen zu können. An der «babylonischen Sprachenvielfalt» wird die europäische Demokratie ganz sicher nicht scheitern. Ich glaube sogar, dass diese Sprachenvielfalt für uns alle eine intellektuelle und kulturelle Befruchtung ist und bleiben wird.

Eine Gruppe von Menschen hat meines Erachtens übrigens schon längst einen wichtigen Beitrag für eine europäische Zivilgesellschaft geleistet: die Künstler. Ich erlebe immer wieder, wie Filmschaffende vom europäischen Film sprechen und sich bei ihren Branchentreffen über grenzüberschreitende gemeinsame Projekte austauschen. Mit ihrer europäischen Filmförderung versucht die EU, diese gemeinsame kulturelle Identitätsbildung zu unterstützen. Und während wir vielleicht gar nicht so klar sehen, dass es einen europäischen Film überhaupt gibt, orientiert sich jemand wie Woody Allen schon seit langem an unserer Kultur. Auch Großveranstaltungen wie der Eurovision Song Contest tragen zu einer gemeinsamen Identität bei, genauso wie europäische Sportereignisse. Die Filmemacher, Sänger und Sportler scheinen sich wie selbstverständlich auf ihrer europäischen Bühne zu bewegen.

Damit Europa aber nicht allein ein Projekt der politischen und kulturellen Eliten bleibt und die Zivilgesellschaft «von unten» her gestärkt wird, habe ich 2012 zusammen mit Ulrich Beck, Helmut Schmidt, Jürgen Habermas, Umberto Eco und anderen einen Aufruf für ein freiwilliges europäisches Jahr unterschrieben. Junge Leute sollen darin gefördert werden, mit finanzieller Unterstützung der EU für ein Jahr ins europäische Ausland zu gehen, um dort zivilgesellschaftlich zu arbeiten. Eine solche Erfahrung kann ein ganzes Leben prägen und eine neue Perspektive eröffnen. Ich weiß, wovon ich spreche: Als Junge aus einfachem Haus war es für mich ein unglaubliches Ereignis, als ich zu einem Schüleraustausch nach Frankreich reisen durfte. Die Offenheit und Freundschaft, die ich dort erlebte, hat mich für mein ganzes Leben geprägt. Seit diesem Austausch bin ich ein aufrichtiger Frankophiler; noch heute verbringe ich meine Urlaube in Frankreich und ist mir die französische Sprache neben meiner Muttersprache am nächsten.

Um einer entstehenden europäischen Zivilgesellschaft auf die Beine zu helfen, sind jedoch noch weitere Dinge notwendig. Deshalb war es für die europäischen Sozialdemokraten ein so großer Erfolg, dass innerhalb der EU ein Element direkter Demokratie eingeführt wurde. Seit dem 1. April 2012 gibt es die Europäische Bürgerinitiative, bei der sich Bürger zum ersten Mal grenzüberschreitend zusammenschließen und ein Gesetzgebungsverfahren anstoßen können. Während viele Organisationen wahrscheinlich noch ihre Kraft bündeln müssen, um dieses Instrument zukünftig effektiv zu nutzen, haben andere schon jetzt die notwendige Organisationskraft im Rücken.

Europäische Gewerkschaften, viele Unternehmen und internationale Nichtregierungsorganisationen verfügen über das Potenzial, europaweite Kampagnen für oder gegen etwas anzustoßen und Menschen zu mobilisieren. Damit demokratisieren wir die EU weiter und stärken so das europäische Gesellschaftsmodell.

Eine funktionierende Zivilgesellschaft braucht darüber hinaus auch Medien, mit deren Hilfe sie ihre eigenen Positionen vermitteln und umgekehrt die politischen Entscheidungsprozesse in Europa nachvollziehen kann. Eine positive Nebenerscheinung der Krise ist, dass wir uns mehr für unsere Nachbarländer zu interessieren beginnen: Plötzlich sind unsere Zeitungen und Nachrichtensendungen voll von Ereignissen aus dem europäischen Umfeld. In Deutschland wird auf einmal über das Renteneintrittsalter in Frankreich gestritten, wir beschäftigen uns mit der Frage, wie sich das Fehlen von Katasterämtern in Griechenland auswirkt, debattieren über die Höhe der irischen Unternehmenssteuer und informieren uns über den Stand der Medienfreiheit in Ungarn. Während Jakob Augstein im Sommer 2012 auf «Spiegel Online» fordert, dass Deutschland nun endlich von den Südeuropäern lernen müsse, wie keynesianische Wachstumspolitik funktioniere, kritisiert Frank Stocker zur selben Zeit in der «Welt» das seiner Meinung nach zu großzügige Sozialsystem in Frankreich.[26] All diese Berichte zeigen, dass durch die Krise eine europäische Innenpolitik befördert worden ist.

Soweit die positive Sicht auf die europäische Medienöffentlichkeit. Nun zum Wasser, das ich in den Wein gießen muss. Leider bleibt die Perspektive der meisten Medien auch dann national, wenn sie über Europa berichten. Wird über die Rentenpolitik in Frankreich berichtet, so geschieht dies meist, weil wir es als ungerecht empfinden, dass wir eine längere Lebensarbeitszeit haben. Und der Bericht über das Fehlen des griechischen Katasteramts wird mit der innenpolitischen Forderung verbunden, die deutschen Hilfspakete für Griechenland einzustellen, weil die notwendigen Strukturen in Athen fehlten, um die deutschen Zahlungen sinnvoll zu verwenden. Vor allem die Boulevardzeitungen haben in den Jahren der Krise zum Teil heftig über die Stränge geschlagen. Den «Pleite-Griechen» wurde unterstellt, ihr ganzes Land beruhe auf «Klüngel, Korruption, Familienbanden» und es fehle ihnen jegliche Einsicht für die Notwendigkeit eines Kurswechsels: «Sparen? Wieso? Sie streiken lieber!»

Natürlich dürfen Zeitungen solche Schlagzeilen wählen, und für Boulevardzeitungen gehört dieses Getöse zum Geschäftsmodell. Aber es fehlt mir in der Berichterstattung die gesamteuropäische Perspektive, die nüchterne Analyse der Krise – und die klare Stimme, die deutlich sagt, dass wir als Kontinent nur gemeinsam aus dem Schlamassel kommen. Während der olympischen Sommerspiele in London habe ich eine Graphik gesehen, die gezeigt hat, wie man einen solchen Perspektivwechsel vollziehen kann. In dem Medaillenspiegel wurden die EU-Mitgliedsstaaten nicht einzeln aufgelistet, dann wären sie den Großmächten des Sports, den USA und China, hoffnungslos unterlegen gewesen, sondern als Gesamteuropa zusammengefasst. Und siehe da: Gemeinsam lagen sie in jeder sportlichen Kategorie uneinholbar an der Spitze. Statt also über «Deutschlands Versagen bei Olympia» zu klagen, wie dies manche Medien im August 2012 taten, klänge die Zukunftsmusik mit dieser neuen Sichtweise «Europa ist weltweit spitze».

Allerdings scheitern viele Journalisten, die von Brüssel aus versuchen, die europäischen Debatten in die Mitgliedsstaaten zu transportieren, schlicht daran, dass sie von ihren Zeitungs- oder Rundfunkredaktionen nicht den Platz eingeräumt bekommen, den sie für ihre Darstellung brauchen. Das ist die Klage, die ich von Journalisten immer wieder höre. Ich will über diesen Zustand jedoch nicht jammern, sondern überlegen, was wir tun können, um eine europäische Öffentlichkeit zu erschaffen. Mit Arte und Euronews gibt es schon interessante Versuche, transnationale Medien aufzubauen, und mehrere überregionale Zeitungen in Deutschland versuchen, sich mit französischen, britischen und spanischen Partnern enger abzustimmen. Eine Technologie, die ich noch zu wenig beherrsche und in die wir älteren Abgeordneten uns verstärkt einarbeiten müssen, sind das Internet und die daraus entstehenden grenzüberschreitenden Medien wie Twitter, Blogs und soziale Netzwerke. Wenn ich mir die jüngeren Kollegen anschaue, mit denen ich täglich zusammenarbeite, gewinne ich den Eindruck, dass diese Medien für die junge Generation denselben Stellenwert besitzen wie für uns einst die Berichterstattung im «Spiegel», «Stern» oder anderen gedruckten Publikationen. Welch wichtige Rolle sie bei der Themensetzung auf der europäischen Ebene schon jetzt spielen, hat das Beispiel ACTA eindrucksvoll gezeigt. Zumindest auf dieses Thema bezogen bildete sich hier eine europäische Öffentlichkeit heraus.

Bei all den neuen Möglichkeiten der modernen Medien dürfen wir aber nicht außer Acht lassen, dass wir uns immer wieder für die richtigen Rahmenbedingungen einsetzen müssen, ohne die Journalisten nicht frei und unabhängig arbeiten und berichten können. Da gibt es auch innerhalb der EU Probleme. Sorgen macht mir besonders die Beschränkung der Medienfreiheit durch politische oder kommerzielle Einflussnahme, Probleme der Medienkonzentration sowie die bedrohte Unabhängigkeit mancher Regulierungsbehörden. Deshalb hat das Europaparlament die Kommission im März 2011 aufgefordert, eine rechtliche Klarstellung zu Medienfreiheit, Medienpluralismus und unabhängiger Medienverwaltung vorzulegen. Das ist entscheidend für den Neuaufbau unserer europäischen Demokratie. Diese Initiative wurde nicht von allen begrüßt, weil manche vermuteten, dass sich die EU wieder in Dinge einmische, die sie nichts angingen. Aber wir können nicht die Augen davor verschließen, dass in einigen EU-Mitgliedsländern Dinge passieren, die ganz klar gegen die europäischen Werte verstoßen. Das Mediengesetz, das die ungarische Regierung unter Viktor Orbán 2012 einführen wollte, war das eklatanteste Beispiel. Nur durch ein massives Einschreiten vom Europaparlament und der EU-Kommission konnte die ungarische Regierung bewegt werden, hier Korrekturen vorzunehmen. Auch in Italien gab es während der Berlusconi-Ära eine ungeheure Konzentration politischer, wirtschaftlicher und medialer Macht in der Hand eines einzigen Mannes. Als Ministerpräsident übte Berlusconi Einfluss auf die staatliche Fernsehanstalt RAI aus und besaß mit seiner Gesellschaft Mediaset mehrere Privatsender, sodass er insgesamt neunzig Prozent des italienischen Fernsehmarktes kontrollierte. Medienpluralismus sieht anders aus. Deshalb unterstütze ich eine Initiative, die von Journalisten selbst kommt und die mir persönlich sehr am Herzen liegt: das Europäische Zentrum für Presse und Medienfreiheit, das 2013 in Leipzig eröffnet werden soll. Das Zentrum ist als Anlaufstelle für Organisationen und Journalisten geplant, die dort Verstöße gegen die EU-Grundrechtecharta und die Europäische Charta der Pressefreiheit melden können – eine Art Frühwarn- und Monitoringstelle für Verletzungen der Pressefreiheit.

Ohne eine funktionierende Zivilgesellschaft werden wir die

europäische Demokratie nicht stärken können. Deshalb muss die Politik, sowohl in den Nationalstaaten als auch auf der europäischen Ebene, den Menschen zuhören, die sich für unser Gemeinwesen einsetzen, und die bürokratischen Hindernisse aus dem Weg räumen, die ihnen im Weg stehen. Besser ist es, wenn wir selbst aktiv werden, um die europäische Zivilgesellschaft zu unterstützen, damit das Demokratiedefizit in Europa überwunden wird.

Die Stärkung der europäischen Demokratie ist möglich. Viele Reformen können schon durch kleinere Änderungen große Wirkung entfalten. Die Zusammenlegung der Ämter von Kommissions- und Ratspräsident ist durch eine politische Entscheidung möglich, ohne dass ein Federstrich am europäischen Recht verändert werden muss. Dies wäre ein wichtiger Schritt, um das Gewaltenteilungsmodell in Europa zu stärken, das aus der Balance geraten ist. Auch beim Herstellen von mehr Transparenz und Öffentlichkeit und bei der Stärkung der europäischen Zivilgesellschaft können wir relativ einfach wichtige Stellschrauben neu justieren und damit die europäische Demokratie stärken. Letztlich werden wir aber an einer Vertragsreform nicht vorbeikommen, um eine neue, in sich konsistente Rechtsgrundlage zu schaffen. Ein neuer Verfassungskonvent ist dafür das richtige Gremium. Am Ende eines solchen Prozesses, in dem wir auch über die Verteilung von Kompetenzen zwischen nationaler und europäischer Ebene sprechen sollten, muss dann eine Abstimmung der europäischen Bürgerinnen und Bürger über diesen Vertrag stehen. Ich kann mir vorstellen, dass eine solche Abstimmung, die europaweit am gleichen Tag stattfinden sollte, dazu führt, dass es tatsächlich ein Referendum über Europa wird und keine Denkzettelwahl über nationale Regierungen oder

Themen. Im Gegensatz zu vielen anderen Akteuren der europäischen Politik ist mir weder vor einer solchen Debatte noch vor dem Ergebnis der Abstimmung selbst bange. Letztlich werden dann alle Farbe bekennen und sich entscheiden müssen, wo sie ihre Rolle in Europa sehen. Und jene Staaten, die den neuen Vertrag nicht ratifizieren können oder wollen, sollten die Möglichkeit nutzen, die EU zu verlassen: Wir werden es uns nicht weiter erlauben können, dass diejenigen, die ihr «Nein» bei jedem Integrationsfortschritt als Pawlow'schen Reflex vorbringen, die demokratische und institutionelle Gestalt der EU bestimmen dürfen. Konkret werden die Briten in absehbarer Zeit entscheiden müssen, ob sie ihre Zukunft noch in der europäischen Gemeinschaft sehen. Ich bin zuversichtlich, dass viele Menschen, wenn sie vor die Alternative gestellt werden, ob ihr Land die EU verlassen soll, vor einer so folgenschweren Entscheidung zurückschrecken. Ich bin nicht dafür, die EU zu spalten – aber wir sollten offen dagegen kämpfen, dass die Europaskeptiker weiterhin die Debatte dominieren.

Brüssel ist nicht Babylon

Studierende der Politischen Wissenschaften lernen gleich zu Beginn ihres Studiums, dass die Außenpolitik die höchste Form der politischen Regierungskunst darstellt. Wer also Geschichtsbücher aufschlägt, liest vor allem darüber, wie – überwiegend männliche – Herrscher Kriege führten, wie sie Bündnisse eingegangen sind und wie sie diese wieder gebrochen haben. Aus dieser Perspektive betrachtet ist die Geschichte die Summe von außenpolitischen Entscheidungen, getroffen von «echten Kerlen». Auch heute beurteilen die meisten Menschen einen Staatsmann wesentlich nach seinen außenpolitischen Handlungen. Ist es nicht der Friedensnobelpreis, den Willy Brandt 1971 für seine Ostpolitik bekommen hat, der uns am meisten beeindruckt? Ist es nicht das beherzte Handeln von Helmut Kohl, als sich die Chance für die Vollendung der deutschen Einheit ergab, das ihm den Platz in den Geschichtsbüchern sichert? Und hat uns nicht über alle Parteigrenzen hinweg Gerhard Schröder aus dem Herzen gesprochen, als er eine deutsche Beteiligung am Irakkrieg gegenüber George W. Bush ausschloss? Solche außenpolitischen Entscheidungen werden bis heute als die höchste Form der staatlichen Souveränität angesehen – dabei gibt es kaum einen Politikbereich, in dem diese Souveränität inzwischen so eingeschränkt ist, wie das Feld der Diplomatie. Die wachsende Vernetzung von Staaten, Ökonomien und Gesellschaften ist zur Grundbedingung der Politik im 21. Jahrhundert geworden. Die Freiheitsbewegung in Birma lässt uns ebenso wenig kalt wie ein zynischer Diktator in Weißrussland. Wenn der US-amerikanische Immobilienmarkt einbricht oder ein japanisches Atomkraftwerk explodiert, sind die Folgen dieser Entwicklungen und Ereignisse direkt oder mittelbar auch bei uns zu spüren. Und der Klimawandel wird unsere Gesellschaften in einer Art und Weise ändern, die wir heute kaum überschauen können.

Unzählige Beispiele für die Interdependenz unserer Welt ließen sich ergänzen, und wir wären schlecht beraten, wenn wir angesichts der globalen Umbrüche versuchten, uns in unserem vergleichsweise ruhigen Winkel der Welt abzuschotten. Was als innereuropäisches Friedensprojekt im 20. Jahrhundert begonnen hat, muss im 21. Jahrhundert daher um eine nach außen gerichtete Dimension erweitert werden: Europa muss sich zum globalen Akteur für Frieden und Stabilität entwickeln und viel mehr als bisher zur Lösung internationaler Konflikte und Krisen beitragen. Globale wirtschaftliche Macht bedingt weltpolitische Verantwortung – diesem Auftrag kann sich Europa nicht entziehen. Auch unsere Partner erwarten ein größeres Engagement der EU. Dass dies nur nach klaren völkerrechtlichen Kriterien erfolgen darf, ist für mich selbstverständlich. Mir geht es um eine kooperative Weltordnung, im Sinne einer Weltinnenpolitik.

Bislang aber tritt Europa auf der Weltbühne oft seltsam zögerlich auf, zeigt sich uneinig und lässt keine kohärente Politik erkennen. Zudem gelingt es der EU oftmals nicht, ihre außenpolitischen Ressourcen wirksam einzusetzen. Zuweilen könnte man den Eindruck gewinnen, sie sei sich ihrer Macht gar nicht bewusst. Dabei könnte Europa auf ein beeindruckendes Potenzial zurückgreifen; die EU ist, ob sie es will oder nicht, ein Global Player: Unsere Wirtschaftskraft macht ein Viertel des weltweiten Bruttosozialprodukts aus, wir sind der größte Geber von Entwicklungshilfe, Frankreich und Großbritannien haben zwei der fünf ständigen Sitze im UN-Sicherheitsrat inne, und die kollektiven Verteidigungsausgaben der siebenundzwanzig EU-Mitglieder stehen im globalen Vergleich nur denen der USA nach. Europa ist also sowohl wirtschaftlich als auch militärisch eine Großmacht. Warum gelang es der EU bislang dennoch kaum, dieses Machtpotenzial in reale Politik umzusetzen?

Die Mitgliedsstaaten sind zu oft nicht bereit, Kompetenzen auf die EU zu übertragen, wenn vermeintliche oder tatsächliche nationale Interessen und die nationale Sicherheit berührt werden. Ebenso sind sie unwillig, historisch gewachsene Sonderbeziehungen zu bestimmten Teilen der Welt aufzugeben. Erschwerend kommt hinzu, dass Mitgliedsstaaten mitunter unterschiedliche außenpolitische Ansätze vertreten, die in ihren spezifischen historischen Erfahrungen wurzeln.

«Europäische Interessen» – ich zögere kurz, das so zu formulieren. Gibt es überhaupt solche gemeinsamen europäischen Interessen? Kann es sie angesichts der unterschiedlichen Erfahrungen und Prägungen der EU-Mitgliedsländer überhaupt geben? Frankreich ist durch seine Kolonialvergangenheit mit dem Maghreb und Westafrika verbunden, England durch das britische Commonwealth mit Ländern von Kanada bis nach Asien, Spanien und Portugal pflegen enge Bande zu Lateinamerika, die Republiken des Baltikums blicken immer noch mit Misstrauen auf den großen russischen Nachbarn, Deutschland empfindet eine besondere Verantwortung für den Staat Israel und die Nahostregion. Jedes Land hat seine historischen Spezifika, seine Traumata, seine Hoffnungen und seine Blickrichtung.

Bei meinen vielen Reisen in andere Länder bin ich immer wieder daran erinnert worden – oft von Taxifahrern oder anderen Leuten, die man zufällig trifft –, dass Deutschland vermeintlich oder wahrhaftig besondere Beziehungen zu diesem oder jenem Land habe. Oft ging es um Ereignisse, die zum Teil bereits Jahrhunderte zurückliegen, die aber offensichtlich im kollektiven Gedächtnis einer Nation gespeichert sind. Vielerorts haben sich verzerrte Bilder abgelagert, historisch falsch und machtpolitisch instrumentalisiert, die an Schlachten oder an alte Bündnisse erinnern. Wer erinnert sich nicht noch daran, wie während der Jugoslawienkriege in den neunziger Jahren plötzlich die Schlacht auf dem Amselfeld genutzt wurde, um einen Bürgerkrieg zu legitimieren, obschon sie vor über sechshundert Jahren stattgefunden hatte? Kann es also angesichts der zahlreichen, teils jahrhundertealten nationalen Mythen, Legenden und Geschichten einen europäischen Patriotismus geben? Eine innere, emotionale Verbundenheit mit unserem Kontinent? Meine Antwort hierauf muss ich zweiteilen.

Als junger Mann habe ich von den «Vereinigten Staaten von Europa» geträumt, einem Bundesstaat, der sich an den Vereinigten Staaten von Amerika orientiert. Das war damals für mich das Ziel der europäischen Integration. Mit den Jahren habe ich jedoch gelernt, wie stark die nationalen Identitäten sind. Heute kann ich mir deshalb kaum mehr vorstellen, dass wir in Europa jemals aufhören werden, uns als Deutsche, Niederländer, Franzosen oder Polen zu fühlen. Das ist auch gut so! Unsere nationale Vielfalt und unsere spezifischen Erfahrungen sind ein Reichtum, dessen Preisgabe töricht wäre. Deshalb wird sich der Nationalstaat nicht in Europa auflösen, und die nationalen Identitäten werden nicht zu einer einzigen europäischen Identität verschmelzen. Das schließt aber nicht aus, dass es europäische Interessen gibt. Auch die regionalen Identitäten – als Rheinländer oder Westfale, Bayer oder Sachse – verhindern ja nicht, dass man sich gleichzeitig als Deutscher empfindet. Wir werden also regionale, nationale und europäische Identitäten besitzen. Nun muss man auch noch unterscheiden zwischen Identität und Interesse. Selbst wenn meine Identität vor allem regional geprägt sein sollte, kann ich trotzdem Interessen entwickeln, die über den regionalen Bezugsrahmen hinausreichen, denn Interessen entwickle ich rational, während meine Identität vorrangig eine Frage der Emotionen ist.

Deshalb der zweite Teil meiner Antwort: Die europäische Integration hat schon längst die Schwelle zum Staatenbund überschritten. Das Bundesverfassungsgericht hat den Begriff des Staatenverbunds geprägt, der ein Stadium zwischen Staatenbund und Bundesstaat ist. Wir haben uns nicht aus reiner Begeisterung zusammengeschlossen, sondern weil es vernünftig ist und unseren Interessen entspricht. Das supranationale Gebilde namens Europäische Union war historisch unser Konzept zur Befriedung unseres kriegerischen Kontinents und ist heute unsere Antwort auf die Anforderungen einer Welt, in der kein Nationalstaat mehr allein seine Probleme bewältigen kann. Nur die Bündelung nationaler Souveränität ermöglicht die Bewahrung und Rückgewinnung von politischen Gestaltungsmöglichkeiten und Handlungsmacht, denn mit unseren fünfhundert Millionen Bürgern und dem größten und reichsten Binnenmarkt der Welt stellen wir zwar eine beeindruckende Einheit dar, bleiben im globalen Ranking aber klein. Von den etwa zwölfeinhalb Milliarden Menschen, die diesen Planeten im Jahr 2060 bevölkern werden, kommen dann zehneinhalb Milliarden Menschen aus Afrika und Asien. Diese Menschen werden völlig zu Recht ihre Interessen artikulieren und ihren Anteil am internationalen Wohlstand einfordern. Sie werden Ressourcen verbrauchen, und sie werden innovativ sein und Europa als Konkurrenten empfinden.

Deshalb will ich die Frage, ob wir gemeinsame europäische Interessen haben oder haben können, normativ beantworten: Wir haben als Europäer gar keine Alternative dazu, unsere gemeinsamen Interessen zu formulieren. Auf die meisten Punkte wird man sich schnell und mit großen Mehrheiten einigen können: Natürlich wollen wir ein friedliches Umfeld in und um Europa, also gute Beziehungen zu Russland im Osten und zu den Mittelmeerstaaten im Süden. Wir wollen eine sichere Rohstoff- und Ressourcenversorgung und unterstützen schon deshalb eine friedliche Entwicklung im Nahen Osten. Wir legen Wert darauf, dass international die Menschenrechte und möglichst auch demokratische Maßstäbe eingehalten werden. Wir wollen eine nachhaltige wirtschaftliche Entwicklung und hohe

Umweltschutzstandards weltweit, weil wir wissen, dass es den sicheren Untergang unseres Planeten bedeuten würde, wenn die bald zwölf Milliarden Erdenbewohner alle so wirtschaften würden, wie wir dies in den letzten zweihundert Jahren getan haben. Wir legen großen Wert darauf, dass die Produkte, die wir im Supermarkt kaufen, sozial verträglich hergestellt werden. Bei Bedarf wollen wir Einwanderer ins Land holen können, wenn es uns etwa an Fachkräften mangelt oder unsere Sozialversicherungen unbezahlbar werden, weil unsere Bevölkerung überaltert.

Diese Ziele entsprechen weitgehend den Punkten, die die Europäische Kommission schon 2003 in der Europäischen Sicherheitsstrategie zusammengefasst hat. Das Papier wurde unter dem damaligen EU-Außenbeauftragten Javier Solana formuliert und trägt den visionären Titel «Ein sicheres Europa in einer besseren Welt». In diesem Dokument, dem in den letzten zehn Jahren leider kein neues gefolgt ist, werden fünf Hauptbedrohungen für Europa identifiziert: der Terrorismus, die Verbreitung von Massenvernichtungswaffen, regionale Konflikte, das Scheitern und der Zusammenbruch von Staaten und die organisierte Kriminalität. Nun müsste man diese Liste sicher noch präzisieren und erweitern – gewiss ist aber, dass allein die Tatsache der gemeinsamen europäischen Geographie das Entwickeln von gemeinsamen Zielen und die Identifizierung von gemeinsamen Bedrohungen möglich macht. Dies gilt auch für die regionalen Interessen, die Europa hat.

Die Formulierung von spezifischen regionalen Interessen ist immer ein Wagnis, weil es den Mut zur Lücke erfordert. Ich will es trotzdem versuchen und ein paar Regionen benennen, die für eine europäische Außenpolitik besonders wichtig sein werden.

Hierbei ist zu beachten, dass die Veränderungen, die durch die Globalisierung angestoßen wurden, in der internationalen Politik schon jetzt zu strategischen Neuausrichtungen führen. Sich nur auf den gewohnten Pfaden zu bewegen, anstatt auch selbst aktiv nach neuen Partnern zu suchen, wäre deshalb geradezu fahrlässig. Viele Politiker überschätzen beispielsweise die transatlantische Partnerschaft, insbesondere meine britischen Kollegen im Europaparlament, von denen ein Großteil immer noch daran glaubt, dass ihr Land eine *«special relationship»* zu den USA hat. Dass die erste Auslandsreise Präsident Barack Obamas nach seiner Wiederwahl nach Thailand und Birma führte, sollte ihnen jedoch zu denken geben. Die USA orientieren sich zunehmend Richtung Asien. Dort liegen ihre primären Handelsinteressen. Dort liegen die Zukunftsmärkte. Und dort haben sie ihre strategischen und ihre Sicherheitsinteressen. In einer bemerkenswerten Rede vor dem australischen Parlament hat Präsident Obama dies im November 2011 in aller Deutlichkeit ausgeführt: Die Vereinigten Staaten seien eine «pazifische Macht», sagte er wörtlich und erklärte mit Blick auf China, Asien sei für die USA sicherheitspolitisch von «oberster Priorität». Während im Kalten Krieg noch Zehntausende amerikanische Soldaten in Europa stationiert waren und durch ihre physische Präsenz die enge Verbundenheit im westlichen Bündnis dokumentierten, ist der amerikanische Soldat, der heute am Berliner Checkpoint Charlie steht, nur noch ein Schauspieler, mit dem man gegen Geld ein historisches Foto nachstellen kann.

Natürlich bleiben die Vereinigten Staaten ein wichtiger Verbündeter Europas, und es wäre töricht, dies aufs Spiel setzen oder gar bewusst ändern zu wollen. Wir haben ein ähnliches Verständnis von Demokratie und von grundlegenden Werten wie die Amerikaner, und als Partner in der NATO hängt unsere Sicherheit noch immer unmittelbar von der Bereitschaft der USA ab, sich im Konfliktfall für Europa zu engagieren. Und wir haben enge Handelsbande, sodass unser Wohlstand auch mit der wirtschaftlichen Entwicklung in den USA verknüpft ist. Trotzdem ist es notwendig, die Beziehungen mit den USA zu modernisieren und neue Kooperationsfelder einzubeziehen. Ich denke, dass die Regulierung der internationalen Finanzmärkte, die Energiesicherheit und der Klimawandel neue Bereiche sind, die unsere strategische Partnerschaft ebenfalls abdecken sollte. Außerdem brauchen wir die USA dringend, um die Architektur der Staatenwelt für das 21. Jahrhundert zu modernisieren, also die internationalen Institutionen wie etwa die Vereinten Nationen, die Welthandelsorganisation oder die Weltbank zu reformieren. Vor allem eine Freihandelszone aus EU und USA könnte unseren Ökonomien einen kräftigen Schub geben. Deshalb habe ich für dieses Projekt bei meiner USA-Reise Ende 2012 geworben.

Es wäre jedoch falsch, die transatlantischen Beziehungen auf das Verhältnis zu den USA zu reduzieren. Gerade die Partnerschaft mit den lateinamerikanischen und karibischen Staaten trägt ein zukunftsweisendes Potenzial in sich. Europa und Lateinamerika sind natürliche Verbündete. In keiner anderen Weltregion stößt Europa mit der Forderung nach einer stärkeren Regulierung der Finanzmärkte und einer Reform der Vereinten Nationen auf eine vergleichbar starke Resonanz. In den sechzig Staaten Europas, Lateinamerikas und der Karibik leben insgesamt über eine Milliarde Menschen, ihre Regierungen stellen in der Generalversammlung der Vereinten Nationen ein Drittel der Stimmen. Und außer Venezuela, Kuba und Nicaragua haben sämtliche südamerikanischen Staaten europäisch inspirierte Verfassungen.

Die Beziehung zu Russland ist eine weitere tragende Säule der europäischen Außen- und Sicherheitspolitik. Nicht Konfrontation, sondern Kooperation in einer erneuerten strategischen Zusammenarbeit liegt im gegenseitigen Interesse. Wir sind Nachbarn und haben eine gemeinsame Geschichte. Europa braucht Russland und andere GUS-Staaten als Energielieferanten, und Russland braucht Europa als Absatzmarkt. Gerade die Energiepolitik hat das Potenzial eines strategischen Kooperationsinstruments, durch das es gelingen kann, im Energiebereich geschaffenes Vertrauen auf andere Bereiche auszuweiten. Wir wollen Russland beim Übergang zur Demokratie helfen. Wir haben ein gemeinsames Interesse daran, den Kaukasus zu stabilisieren und die dortigen Konflikte zu lösen.

Natürlich ist Russland ein schwieriger Partner. Über die eklatanten Defizite dieser «gelenkten Demokratie» kann man kaum hinwegsehen: Journalisten werden verfolgt, die schleppenden Polizeiermittlungen zur Ermordung der engagierten Journalistin Anna Politkowskaja haben die Weltöffentlichkeit empört, und das Rechtssystem ist nicht unabhängig, wie die Verurteilung von drei Frauen der Punkband Pussy Riot dokumentiert hat. Die Beispielliste ließe sich fortführen, und dennoch glaube ich, dass das von Willy Brandt und Egon Bahr in den sechziger Jahren entwickelte Konzept vom «Wandel durch Annäherung» auch im Verhältnis von Russland Früchte tragen wird – und nicht zuletzt unserem ureigenen Interesse entspricht, wenn wir die EU mit einem wachsenden Ring der Sicherheit und des Wohlstands umgeben wollen.

Chinas rasanter Aufstieg von einem Entwicklungsland hin zu einer wirtschaftlichen Supermacht in nur knapp vierzig Jahren ist beeindruckend und hat Millionen von Menschen aus der Armut befreit. Die EU unterhält seit 1975 Handelsbeziehungen mit China, die noch immer dem 1985 unterzeichneten Handels-

und Kooperationsabkommen unterliegen. Seit 2007 dauern die Verhandlungen zu einem Partnerschafts- und Kooperationsabkommen an. Unzweifelhaft haben wir enorme handelspolitische Interessen, weil die EU – noch vor den USA und Japan – Chinas größter Handelspartner und ein bedeutender Investor ist. Umgekehrt nimmt China unter den Handelspartnern der EU den zweiten Platz ein. Und wie bei den Beziehungen zu Russland gilt auch im Falle Chinas, dass wir unsere Interessen gegenüber dieser Großmacht nur im Rahmen einer konstruktiven Partnerschaft durchsetzen können. Ohne China werden wir keinen der zentralen Konflikte lösen, die die Welt bedrohen: Wir werden weder beim Umweltschutz oder auf dem Feld der Abrüstung vorankommen, noch bei der Lösung regionaler Konflikte, der Ressourcensicherheit und Energieversorgung oder der Neujustierung der globalen Ordnung.

Natürlich heißt das nicht, dass wir angesichts der neuen Machtfülle Pekings demütig über Missstände schweigen müssen. Man muss es klar aussprechen: China ist weder eine Demokratie noch ein Rechtsstaat. Es herrschen dort zum Teil barbarische Arbeitsbedingungen, die natürlichen Ressourcen werden vielfach verschwendet, die Minderheiten unterdrückt, und es wird eine erschreckend hohe Zahl an Todesurteilen verhängt und vollstreckt. Ich kritisiere das, wann immer ich in Peking bin, sehr deutlich. Allerdings darf unsere Kritik gegenüber solchen Transformationsstaaten nicht arrogant oder gar besserwisserisch vorgetragen werden. Es ist auch nicht immer besonders klug, solche Kritik bei Pressekonferenzen zu äußern, wie dies manch ein Kollege getan hat, der sich damit eher vor dem heimischen Publikum profilieren wollte, als den Menschen vor Ort zu helfen. Angesichts der Jahrhunderte, die wir gebraucht haben, um unsere Demokratie und unseren Rechtsstaat zu entwickeln, angesichts der

Kriege, die wir in Europa und aus Europa heraus geführt haben, angesichts unserer kolonialen Vergangenheit und angesichts der geradezu verbrecherischen Umweltverschmutzung, die der Westen in den letzten zweihundert Jahren verursacht hat, rate ich zu einem Dialog, der das Zuhören, das gegenseitige Verstehen und die Entwicklung von gemeinsamen Interessen in den Vordergrund stellt. Das ist keine Leisetreterei oder Appeasement und auch kein Ausdruck von Kulturrelativismus, sondern nach meiner Erfahrung der wirkungsvollere Weg, die Menschenrechte zu fördern, auch wenn ein solcher Weg beschwerlich ist und viele Schlaglöcher und Umwege enthalten mag.

Eine der weiteren Regionen, die für eine europäische Außenpolitik von besonderem Interesse sind, ist der indische Subkontinent. Auch wenn die EU ihre traditionelle Spitzenposition im Handel mit Indien eingebüßt hat, ist dieses Land als Wachstumsmotor der Weltwirtschaft von großer Bedeutung. In der zweiten Hälfte des 21. Jahrhunderts wird Indien das bevölkerungsreichste Land der Welt sein. Indien und die EU teilen Werte wie Demokratie und Multilateralismus, und beide verfolgen bei der Bekämpfung des Terrorismus ähnliche Interessen. Zudem tritt Indien in jüngster Zeit vermehrt als Führungsmacht und Wortführer der Entwicklungsländer in den internationalen Organisationen auf und ist dadurch für die EU ein wichtiger strategischer Partner, um auf regionaler und globaler Ebene Stabilität zu verwirklichen. Stabilität ist insbesondere mit Blick auf den Konflikt der beiden Atommächte Indien und Pakistan um die Kaschmir-Region, der das Potenzial eines weltzerstörerischen Kriegs in sich trägt, von zentraler Bedeutung. Auch wenn der Einfluss Europas nur begrenzt ist, täten wir gut daran, zumindest das in unserer Macht Stehende zu versuchen, um hier eine Entspannung zu befördern.

Mit den Ländern Nordafrikas ist Europa seit Jahrhunderten verbunden. Wir teilen eine wechselhafte Geschichte, die von Eroberungen, Unterdrückung, Schmerz und Ausbeutung geprägt ist, die aber auch Phasen des wechselseitigen Lernens und des Respekts kennt. Wir leben Tür an Tür und haben jeweils das, was der andere braucht: Wir Europäer sind angewiesen auf die Rohstoffe, vor allem auf das Öl und Gas aus der Region, Nordafrika braucht dagegen europäisches Know-how in den Bereichen Infrastruktur, Technik, beim Umweltschutz, bei der Gesundheitsversorgung und im Bildungswesen. Es könnte eine klassische Win-win-Situation sein. Wenn die Staaten, die in Nordafrika einen neuen Aufbruch wagen, Dinge brauchen, die die Staaten in Südeuropa liefern könnten – warum kann man nicht beide Seiten des Mittelmeeres profitieren lassen? Warum geben wir eigentlich Hunderte Millionen Euro aus, um Gas aus Russland zu kaufen, und zögern bei Investitionen, um die Sonnenenergie aus Nordafrika für uns nutzbar zu machen? Was für ein großartiges Projekt könnte dies sein, das Wachstum und Jobs auf beiden Seiten schaffen würde, ein Projekt, das in die Zukunft gerichtet ist und von dem beide Regionen profitieren würden, ein Projekt, das die Länder Nordafrikas stabilisieren und ihnen Hoffnung geben könnte.

Die Chancen, die sich aus unserer Nachbarschaft ergeben, sind noch lange nicht ausgereizt. Eine Mittelmeerunion, die über symbolische Treffen von Regierungschefs und Parlamentariern hinausgeht, wäre ein guter Ausgangspunkt für eine sich vertiefende Zusammenarbeit. Eine solche Union könnte sich mit der Frage beschäftigen, wie die Gesellschaften an beiden Ufern des Mittelmeeres durch eine enge Verzahnung am besten profitieren. Mehr Wirtschaftskooperation, Hilfe beim Demokratieaufbau sowie eine Sicherheitspartnerschaft liegen im gegenseitigen Interesse. Schon kleine Maßnahmen, wie zum Beispiel mehr Städtepartnerschaften und die Förderung des Jugendaustauschs, bewirken ein besseres Verständnis beider Regionen füreinander und werden Demokratie, Stabilität und Prosperität voranbringen.

Eines der heißesten Eisen, an dem sich in den letzten Jahrzehnten nahezu jeder Außenpolitiker die Zähne ausgebissen hat, ist der Konflikt im Nahen Osten, und dort vor allem der israelisch-palästinensische Konflikt, der auf beiden Seiten zu so viel Unrecht geführt hat. Wohlfeile Ratschläge, zumal von deutscher Seite, sind hier fehl am Platz. Kann es aber eine europäische Perspektive auf diesen Konflikt geben? Oder will Europa hier seine Vielstimmigkeit zementieren? Nach etlichen Besuchen in der Region bin ich sicher: Es ist ein Irrtum, dem vor allem in Europa und in den USA noch viele unterliegen, dass man entweder für Israel oder für Palästina Partei ergreifen müsse. Beide sind so stark voneinander abhängig, dass sie kooperieren müssen, wenn sie nicht im Chaos versinken wollen.

Für die israelische Gesellschaft stellt der Konflikt mit den Palästinensern nicht nur eine enorme physische Gefahr und psychologische Belastung dar, der Konflikt hat überdies eine verheerende Auswirkung auf die israelische Innenpolitik. Das häufig alles überlagernde Thema der Sicherheit Israels und seiner Bürger verhindert, dass wichtige Fragen diskutiert und gelöst werden – sei es die Zukunft der israelischen Demokratie oder der Minderheiten im Land, sei es die gesellschaftliche Modernisierung oder die Rolle der Religion in der Gesellschaft. Mein guter Freund Avrum Burg, der einstige Präsident der israelischen Knesset, schrieb dazu: «Werte sind verwischt, gegenseitige Unterstützung bröckelt und wird löcherig, der diplomatische Weg zum Frieden ist blockiert und düster. Von außen dräuen Iran,

Gaza und die Realitäten der Demographie und Bevölkerungsentwicklung, und eine öffentliche Debatte über die Zukunft unseres geplagten Staates findet kaum statt.»[27]

Ähnliches gilt für Palästina, das in seiner ökonomischen, staatlichen und gesellschaftlichen Entwicklung noch weit hinter Israel zurückliegt. Die Besatzung und der allgegenwärtige Konflikt führen dazu, dass notwendige Reformen des staatlichen Sektors, bei der Korruptionsbekämpfung und beim Aufbau von Demokratie, Zivilgesellschaft und Rechtsstaatlichkeit nur zögerlich vorankommen.

Es scheint, als hätten sich auf beiden Seiten einige Akteure in diesem Konflikt gut eingerichtet, weil sie von ihm indirekt profitieren. Genau an dieser Stelle muss europäische Außenpolitik ansetzen: Sie muss all diejenigen stärken, die glaubhaft und nachweisbar konkrete Schritte zur Lösung des Konflikts voranbringen. In beiden Gesellschaften gibt es eine lebendige Zivilgesellschaft und eine junge Generation, die unter dem Konflikt leidet und die es anders machen will als die Mütter- und Vätergeneration. Diese zivilgesellschaftlichen Organisationen, die sich für Frieden und Verständigung einsetzen, werden in ihren Ländern angefeindet und als Nestbeschmutzer tituliert. Sie leisten aber eine wichtige Arbeit. Mitten in Jerusalem gibt es zum Beispiel das Willy-Brandt-Zentrum, das israelische und palästinensische Jugendliche in einem Haus bei Projekten zusammenführt und so eine junge Politikergeneration unterstützt, die einen Neuanfang wagen möchte. Die EU kann solche Initiativen noch mehr als bisher unterstützen und ihre Akteure nach Europa einladen, um ihnen zu zeigen, welchen Weg wir beschritten haben, um unsere Erbfeindschaften zu überwinden. Das Ziel der EU bleibt, dabei zu helfen, dass ein israelischer Staat in Frieden und Sicherheit Seite an Seite mit einem souveränen und lebensfähigen palästinensischen Staat besteht. Dafür muss sie auch willens sein, wirtschaftliche Instrumente im Bemühen um einen dauerhaften und gerechten Frieden einzusetzen.

Auch die Beziehungen zu den afrikanischen Ländern südlich der Sahelzone sind von einseitiger Ausbeutung und von Kolonialismus geprägt. Damit hat Europa große Schuld auf sich geladen, der sich die EU stets bewusst sein sollte. Dennoch verbinden viele Afrikaner mit Europa Hoffnung: Sie bewundern unsere Demokratie, unseren Wohlstand und die soziale Absicherung, und sie verfolgen gebannt den europäischen Fußball. Es gibt also eine Nähe. Deshalb ist ein gemeinsamer Neuanfang möglich, ein Neuanfang auf Augenhöhe, ohne neokoloniale Verhaltensmuster. Das setzt allerdings voraus, dass wir Afrika nicht immer nur auf seine Probleme reduzieren. Südafrika ist ein Wachstumsmotor. Und eine Studie der Bertelsmann-Stiftung von 2012 über die Fortschritte der Demokratisierung in den Ländern Afrikas hat gezeigt, dass in Staaten wie Botswana, Ghana, Mauritius und Namibia erfreuliche Entwicklungen zu beobachten sind. Rückschritte, Konflikte und Probleme bleiben, doch viele Regionen in Afrika haben sich auf den Weg gemacht.

Wir Europäer sollten uns allerdings keinen Illusionen über unsere Bedeutung hingeben: Die über fünfzig afrikanischen Staaten warten keinesfalls nur darauf, dass Europa ihnen die Hand reicht. Auch hier hat das 21. Jahrhundert neue Wettbewerber ins Spiel gebracht, die um die Gunst Afrikas buhlen. Chinas Wachstum braucht Rohstoffe, und deshalb sind die Chinesen häufig schon da, wenn wir noch diskutieren. Sie haben mit afrikanischen Regierungen Handelsabkommen geschlossen und großzügige Kredite vergeben, ohne dabei lästige Menschenrechtsfragen zu thematisieren. Das kann nicht der europäische

Weg sein, denn ich bin überzeugt davon, dass enge Handelsbeziehungen und der Austausch über Demokratie und Menschenrechte zusammengehören.

All dies waren nur beispielhafte Hinweise, wo ich ein europäisches Interesse in spezifischen Regionen sehe. Manche Regionen habe ich außen vor gelassen und werde sie an anderer Stelle tiefer und weiter behandeln müssen. Aber auch in dieser Kürze dürfte deutlich geworden sein, dass Europa spezifische Regionalinteressen entwickeln kann, die auf den Lehren der europäischen Geschichte beruhen. Dies zu tun, bleibt die Aufgabe eines neuen Europa, das im 21. Jahrhundert ein wichtiger weltpolitischer Akteur bleiben möchte.

Die chinesische Politik des großen Geldes ist für die herrschenden Eliten in den Entwicklungsländern auf der Südhalbkugel äußerst verführerisch. Mir kommt es jedoch nicht auf die Sicht der herrschenden Eliten an. Viele Afrikaner wünschen sich eine engere Partnerschaft mit Europa, und wir müssen die Chancen, die sich aus diesem Wunsch ergeben, viel stärker nutzen als bisher. Dabei kann uns eine besondere außenpolitische Ressource helfen, über die die EU in besonderem Maße verfügt: die schon erwähnte Soft Power, also die Fähigkeit eines politischen Akteurs in den internationalen Beziehungen, jemanden zu beeinflussen, ohne militärische oder ökonomische Mittel einzusetzen – allein durch seine kulturelle oder ideologische Attraktivität. Bei diesen weichen Machtfaktoren ist Europa einer der Spitzenreiter. Der britische Historiker Timothy Garton Ash hat von der «Macht der Induktion» gesprochen, über die die EU verfüge.[28] Diese einzigartige Macht bestehe nicht nur darin, dass die EU das Verhalten der Staaten in ihrer unmittelbaren Nachbarschaft in außenpolitischen Fragen beeinflusst, sondern darüber hinaus indirekt sogar auf deren Staatsaufbau und ihre Gesetzgebung einwirkt.

Das ist eine Macht, über die zum Beispiel die USA nicht einmal bei ihren unmittelbaren Nachbarn in Süd- und Mittelamerika verfügen. Diese Macht erwächst der EU durch ihre Anziehungskraft und durch die für alle europäischen Staaten grundsätzlich bestehende Aussicht, in die Union aufgenommen zu werden. Die Kenntnis der klaren Kriterien, die ein Land erfüllen muss, um in die EU aufgenommen zu werden, hat den postsozialistischen Transformationsstaaten in Süd- und Osteuropa geholfen, Gewaltenteilung, einen Grundrechte- und Minderheitenschutz und rechtsstaatliche Strukturen einzuführen. Dabei hakt es natürlich noch manchmal, genauso wie es bei uns in den fünfziger und sechziger Jahren in Bezug auf Demokratie und Rechtsstaatlichkeit ebenfalls gelegentlich gehakt hat. Aber die Erweiterungsrunden der EU haben schon in ihrem Vorfeld zur Verbesserung der Menschenrechtssituation für Millionen Menschen und der wirtschaftlichen Lage von ganzen Völkern geführt. Natürlich ist diese Macht der Induktion regional begrenzt, und manchmal scheint sie sogar bei Mitgliedern der EU selbst an ihre Grenzen zu stoßen. Die jüngsten Entwicklungen in Ungarn und Rumänien haben das verdeutlicht. Insgesamt betrachtet, hat sich dieses Konzept jedoch bewährt.

Europa übt eine so große Faszination aus, weil wir es geschafft haben, die Jahrhunderte der Konflikte auf unserem Kontinent durch Partnerschaft und Kooperation zu ersetzen. Noch die Generation unserer Großväter und Großmütter hat unsere französischen Nachbarn als Erbfeinde bezeichnet, was uns heute unvorstellbar erscheint. Diskutiere ich bei meinen Reisen mit jungen Israelis und Palästinensern, kommt dieser Aspekt fast immer zur Sprache: Ich werde gefragt, wie wir diese Feindschaft überwinden konnten, wie wir unsere Gesellschaften und Ökonomien so verflochten haben, dass ein Konflikt heute undenkbar erscheint.

Selbstverständlich spielt bei der Faszination der wirtschaftliche Erfolg Europas eine Rolle. Wichtig ist aber auch, dass Krieg und Zerstörung tief in den kulturellen Gedächtnissen der europäischen Völker verankert sind. Im spanischen Guernica, im französischen Oradour, im italienischen Marzabotto, genauso wie im englischen Coventry, im polnischen Warschau oder in Dresden. Jedes europäische Land hat im 20. Jahrhundert tiefe Wunden erleiden müssen. Den Spuren des Krieges begegnet man zuweilen noch heute: In Berlin, wo an einigen Gebäuden die Einschusslöcher vom Häuserkampf zu sehen sind, der dort in den letzten Tagen des Zweiten Weltkriegs tobte. Im Verkehrsfunk, der einen Stau meldet, weil bei Bauarbeiten mal wieder eine alte Fliegerbombe gefunden wurde, die entschärft werden muss. Und bei Fahrten durchs Ruhrgebiet, in meiner Heimatstadt Würselen und in anderen Regionen, die so stark zerstört waren, dass es kaum Häuser gibt, die älter als sechzig Jahre sind. Möglicherweise sind die Erinnerungen an den Krieg sogar das entscheidende europäische Identitätsmerkmal. Vor dem Hintergrund dieser Erfahrung betonen Europäer besonders präventive Strategien, also Strategien, die Konflikte lösen wollen, bevor sie sich zu einem heißen Krieg entwickeln. Dies wird schon im Titel der erwähnten europäischen Sicherheitsstrategie deutlich, die erläutert, wie ein «sicheres Europa in einer besseren Welt» erreicht werden kann. Umfassende Sicherheit kann nie militärisch erzwungen, sondern nur durch eine Politik errungen werden, die Konfliktursachen bekämpft. In diesem Sinne gehört es zu einer klugen Sicherheitspolitik, wenn wir den Ländern südlich des Mittelmeeres helfen, auf die Beine zu kommen, oder wenn wir den Klimawandel bekämpfen. Und es gehört zu einer klugen Sicherheitspolitik, wenn Europa weltweit als fairer Partner angesehen wird, der nicht mit dem Säbel rasselt.

Aber es gibt noch eine weitere spezifische Erfahrung, die unsere Soft-Power-Qualitäten stärkt. Unsere Erfahrung in Europa, dass Souveränitätsverzicht paradoxerweise zu größerem Machtpotenzial führen kann, lässt uns auf das Konzept des Multilateralismus vertrauen. Während wir also die Stärken einer Weltinnenpolitik sehen, mit starken Vereinten Nationen und geregelten völkerrechtlichen Verfahren, sehen Länder wie die USA, China und Russland in einem solchen Souveränitätsverzicht in erster Linie die Beschneidung ihrer klassischen Machtinstrumente. Wer tatsächlich oder zumindest in seiner eigenen Wahrnehmung nahezu allmächtig ist, lässt sich nicht gerne Fesseln durch internationale Organisationen anlegen.

Bei Gesprächen in Washington und New York stoße ich deshalb immer wieder auf Unverständnis, wenn ich ein Loblied auf die UNO singe. Ich werde dann regelmäßig gefragt, welche Legitimität denn Gremien wie der Sicherheitsrat oder die Vollversammlung hätten, in denen Kuba, Weißrussland oder der Iran gleichberechtigt mit Deutschland am selben Tisch sitzen und dort über Menschenrechtsfragen diskutieren. Auch wenn ich den Einwand verstehen kann, stellt sich hier die Frage, worin die Alternative bestünde, wie eine Institution aussehen könnte, die besser und gerechter wäre als diese internationale Organisation, in der alle Staaten gleichberechtigt sind – wobei die ständigen UN-Sicherheitsratsmitglieder, jene fünf Länder, die über ein Vetorecht verfügen, freilich etwas «gleicher» sind als alle anderen, um ein berühmtes Zitat von George Orwell etwas abzuwandeln.

Gerade bei sogenannten modernen, asymmetrischen Konflikten, in denen Religion, Armut und weltweite Ungerechtigkeiten von zynischen Terroristen als Mobilisierungsinstrument genutzt werden, ist die Soft Power eine klügere Antwort als Bombenteppiche und Drohnenkriege. Den viel beschworenen Zusammenprall der Zivilisationen, den der amerikanische Politikwissenschaftler Samuel Huntington heraufdämmern sah, werden wir nicht durch Aufrüstung, sondern nur durch eine Politik des gegenseitigen Respekts verhindern können. Eine vorausschauende internationale Politik, in der die Diplomatie, die Kraft des Arguments, Multilateralismus, Armutsbekämpfung und Demokratieförderung im Vordergrund stehen, ist eine weit effektivere Sicherheitsstrategie, und sie entspricht nicht zuletzt auch unseren Werten und unseren Erfahrungen.

Allerdings gibt es auch Grenzen der Soft Power. Bei den Jugoslawienkriegen in den neunziger Jahren hat Europa ebenso erbärmlich versagt wie die Vereinten Nationen beim Völkermord radikaler Hutus an der Minderheit der Tutsi in Ruanda. Deshalb wird Europa auch darüber nachdenken müssen, ob und inwieweit unsere militärischen Kapazitäten zusammengelegt werden müssen, um unsere Verteidigung effektiver zu organisieren und bei internationalen Friedenseinsätzen wirkungsvoller handeln zu können. Allerdings zählen Entscheidungen im Bereich der Verteidigungspolitik zu den schwierigsten im Leben eines Politikers, geht es hier schließlich oft um die Mandatierung von bewaffneten Friedensmissionen und die Entsendung von Soldatinnen und Soldaten ins Ausland, also um Entscheidungen über Leben und Tod. Ich selbst glaube nicht, dass es mittelfristig sinnvoll wäre, das Europäische Parlament über Militäreinsätze entscheiden zu lassen. Zu viele Emotionen hängen damit zusammen, die eine supranationale Organisation nur schwer verantworten kann. Die komplette Vergemeinschaftung der Sicherheitspolitik ist deshalb ein Integrationsschritt, der noch viel Zeit erfordern wird.

Nach wie vor bestimmen der intergouvernementale Ansatz, die Prinzipien der Einstimmigkeit und der freiwilligen Kooperation die europäische Außenpolitik. Das hat sich auch mit dem Inkrafttreten des Lissabonner Vertrags nicht geändert. Dieser Vertrag hat bislang zwar eine stärkere Koordinierung der Außenpolitik bewirkt, indem Kompetenzen und Beratungsprozesse mehr und mehr nach Brüssel verlagert werden. Dies führt jedoch nicht zu einer Vergemeinschaftung der europäischen Außenpolitik. Vielmehr wird der intergouvernementale Charakter der Gemeinsamen Außen- und Sicherheitspolitik (GASP) festgeschrieben, und es werden die nationalstaatlichen Kompetenzen geschützt. Doch nur wenn Europa mit einer Stimme spricht und auf der weltpolitischen Bühne überzeugend als europäischer Akteur auftritt, kann es die Weltordnungspolitik mitgestalten. Europa kann vor den sich verschiebenden Machtgewichten und den transnationalen sicherheitspolitischen Gefährdungen nicht die Augen verschließen und sich auf einer «Insel der Glückseligen» wähnen.

In Krisenzeiten verhindert das bisherige Prozedere aus umständlichen Konsultationen und Abstimmungen zudem, dass die EU schnell reagiert und als einheitlicher Akteur auftritt. Deshalb muss es möglich sein, außenpolitische Entscheidungen zu vergemeinschaften, also eine europäische Position auch dann zu bestimmen, wenn einzelne Mitgliedsstaaten dagegen sind – mit der erwähnten Einschränkung: Auch zukünftig muss es möglich bleiben, dass die Entscheidung über eine Beteiligung an einem Militäreinsatz letztlich von einem Mitgliedsland selbst getroffen wird.

Diese Ausnahme hindert die EU nicht, ihre außenpolitischen Strukturen deutlich zu verbessern, schließlich sind Entscheidungen über Militäreinsätze nur selten zu treffen; in neunzig Prozent der Fälle sind Mehrheitsbeschlüsse dagegen unproblematisch. Die Verbesserung der Strukturen sollte mit der Stärkung des EU-Außenministers beginnen. Auch wenn der «Hohe Vertreter der EU für Außen- und Sicherheitspolitik», wie sich Catherine Ashton heute nennen darf, bereits Vizepräsident der Europäischen Kommission ist und eine Sonderrolle im Kreis der Kommissare genießt, kann und muss ihre Rolle noch weiter gestärkt werden. Dadurch, dass es in den vergangenen Jahren gelungen ist, einen funktionsfähigen europäischen Auswärtigen Dienst und eine EU-Botschaftsstruktur aufzubauen, die die Diplomatie der Mitgliedsländer ergänzt, sind bereits wichtige strukturelle Voraussetzungen für eine Europäisierung der Außenpolitik gelegt worden. Entscheidend bleibt: Um das Potenzial der EU als Global Player zu realisieren, bedarf es des dezidierten politischen Willens der Mitgliedsstaaten, die europäische Außenpolitik zu stärken. Die Staaten müssen erkennen, dass aus dem partiellen nationalstaatlichen Souveränitätsverzicht politischer Machtgewinn auf der supranationalen Ebene entsteht: kollektive Souveränität. Das erfordert einen Mentalitätswechsel in den europäischen Hauptstädten.

Dass einzelne Mitgliedsländer weiterhin spezifische nationale Erfahrungen und Interessen in bestimmten Weltregionen haben, muss dabei zum Vorteil gewendet werden. Nicht das Ausbremsen einer europäischen Positionierung durch Regionalinteressen eines Einzelnen, sondern das Einbringen einer spezifischen Expertise eines Mitgliedslandes zugunsten der gesamten EU ist meine Zukunftsvision. Die europäische Außenpolitik muss deshalb modulhaft gestaltet sein. Eine solche modulhafte Außenpolitik führt zu einer völlig neuen Dimension in den internationalen Beziehungen. Die EU kann als einzige Macht der Welt eine regionenspezifische Außenpolitik verfolgen und dabei an funktionierende, historische Bündnisse anknüpfen. So planen die Staaten, die an der Ostsee liegen, mit dem Ostseerat die alte Hanse wiederauferstehen zu lassen. Städte wie das estnische Tallinn und Rostock waren schon früher mit Kopenhagen und Malmö verbunden, und gemeinsam können sie alle eine Brücke nach Sankt Petersburg bilden. Bulgarien und Rumänien werden innerhalb der EU vorrangig als Problemkinder gesehen, dabei können diese beiden Staaten als Anrainer des Schwarzen Meeres ihre spezifischen Verbindungen nach Zentralasien, Russland, in die Ukraine und die Türkei ausspielen. Neben den bereits weiter oben erwähnten Möglichkeiten einer Mittelmeerunion sehe ich schließlich große Chancen in der traditionellen Verbindung der iberischen Staaten mit Lateinamerika, einer Region mit großer Zukunft. Hierdurch hätte Europa spezifische Startvorteile, wenn es um den Ausbau der Beziehung in einer der weltweit wichtigsten Regionen geht.

Ich glaube, dass wir mit dieser modulhaften Außenpolitik multiple Kooperationsmodelle etablieren können, die kein anderes Land weltweit in gleicher Weise zu knüpfen in der Lage wäre. Wenn alle EU-Mitglieder ihre spezifischen Netzwerke einbringen, kann die EU als Ganzes unglaublich profitieren. Eine effektive europäische Außen- und Sicherheitspolitik wird es also dann geben, wenn zwischen den Mitgliedsstaaten und den europäischen Institutionen eine Arbeitsteilung etabliert wird, in der jeder Akteur in enger Kooperation mit den anderen Akteuren die Aufgaben erfüllt, für die er die besten Voraussetzungen mitbringt, und indem die einander ergänzenden Kapazitäten und Kompetenzen der EU-Länder gebündelt werden. Die Vernetzung nationaler und europäischer Politik führt zu besserer Abstimmung und zu Synergien sowie zur Europäisierung der Außenpolitik. Hierin liegt ein enormes Potenzial für unseren Kontinent.

Dafür müssen jedoch die verschiedenen Elemente des außenpolitischen Handelns besser in Einklang gebracht werden, insbesondere die Handels-, Entwicklungs- und Sicherheitspolitik. Vor allem bei der Handels- und Entwicklungspolitik kommt es mitunter zu einander widersprechenden Aktivitäten, wenn auf der einen Seite europäische Märkte für ärmere Länder verschlossen bleiben, Europa aber gleichzeitig mit Entwicklungshilfegeldern versucht, diesen Ländern beim wirtschaftlichen Aufbau unter die Arme zu greifen. Bei der Handelspolitik sollte der europäische Wertekanon daher stets mitbedacht werden.

Schließlich besteht eine wichtige strukturelle Voraussetzung für eine europäische Außenpolitik darin, dass sich die EU als Ganzes zur Stärkung des Multilateralismus und einer Reform der internationalen Institutionen, auch zu einer Anpassung der Repräsentation in diesen Gremien, verpflichtet. Es gilt, das veränderte weltpolitische Machtgefüge im 21. Jahrhundert endlich einzupreisen und nicht weiter so zu tun, als ob wir immer noch in der Welt von 1949 leben. Dass im UN-Sicherheitsrat die USA, Russland, China, England und Frankreich als fünf ständige Mitglieder mit Vetomacht sitzen, ist ein Relikt der Weltordnung, wie sie in der Frühzeit des Kalten Krieges nach dem Zweiten Weltkrieg entstand, und deshalb nicht mehr zeitgemäß.

Schließlich sollte Europa sich selbst verpflichten, an einer wertegeleiteten Außenpolitik festzuhalten. Als Zivilmacht würde die EU bewusst auf die Methoden der klassischen Machtpolitik verzichten und stattdessen auf Multilateralismus, Diplomatie und Dialog, Konsens und Kooperation, Demokratie und

Menschenrechte setzen. Will Europa das internationale Recht und die Vereinten Nationen wirklich stärken, so muss dies darüber hinaus natürlich auch Auswirkungen auf unser Verhalten haben. Sowohl als Vorbild für andere Länder als auch als Auftakt für eine tatsächlich gemeinschaftliche Außen- und Sicherheitspolitik täte Europa gut daran, den ständigen britischen und französischen Sitz im UN-Sicherheitsrat durch einen europäischen zu ersetzen. Dies bedeutet selbstverständlich auch, dass Deutschland und Italien sich nicht ihrerseits um einen ständigen Sitz bemühen sollten.

In den vergangenen Jahren hat es wiederholt militärische Einsätze gegeben, um humanitäre Katastrophen zu bekämpfen und damit große Flüchtlingswellen zu verhindern. Das mag den Menschen vor Ort manchmal geholfen haben, oft aber schlugen diese Versuche fehl. Eine sichere Erkenntnis aus der Konfliktforschung lautet nämlich, dass man Konflikte nie allein militärisch gewinnen kann. Deshalb versprechen vor allem solche Militäreinsätze Erfolg, bei denen die zivile Dimension sowie der wirtschaftliche und politische Aufbau eines Landes im Mittelpunkt stehen. Wenn es in einem Land oder einer Region keine Perspektive für die Bevölkerung gibt, machen sich Menschen immer auf, um anderswo ihr Heil zu suchen. «Etwas Besseres als den Tod werden wir überall finden», sagt der Esel bei den Bremer Stadtmusikanten, als er Hund, Katze und Hahn zum Weggehen auffordert. Solange Europa ein Ort des Wohlstands, des Friedens und der Stabilität ist, während andernorts Armut und Krieg herrschen, werden Menschen versuchen, bei uns Zuflucht zu finden.

Ein vermeintlich probates Mittel, um Einwanderung zu verhindern oder wenigstens zu kanalisieren, besteht in der Schließung der Grenzen. Diesen Weg hat die EU in den vergangenen Jahren eingeschlagen; viele Menschenrechtsgruppen sprechen deshalb inzwischen von der «Festung Europa». Dabei sind die Flüchtlingszahlen, mit denen unser Kontinent konfrontiert ist, vergleichsweise niedrig. Im Jahr 2011 waren nach Angaben des Flüchtlingshilfswerks der Vereinten Nationen weltweit über zweiundvierzig Millionen Menschen auf der Flucht. Achtzig Prozent dieser Flüchtlinge blieben in unmittelbarer Nachbarschaft des Landes, das sie verlassen hatten. Da die größten Migrantenbewegungen aus Afghanistan und Somalia, dem Irak und dem Kongo kommen, ist Europa hiervon zunächst kaum betroffen. Während Syrien und Jordanien massenhaft Flüchtlinge aus dem Irak aufgenommen haben, als dort Bürgerkrieg herrschte und täglich Sprengsätze gezündet wurden, während das winzige Tunesien Hunderttausende aufgenommen hat, als sich Anhänger und Gegner Gaddafis in Libyen erbitterte Kämpfe lieferten, konnte sich Europa kaum entschließen, die wenigen Tausend Flüchtlinge gerecht auf seinem Territorium zu verteilen, denen es zu dieser Zeit gelang, über das Meer von Nordafrika nach Italien zu fahren. Trotz des verheerenden Bürgerkriegs in Syrien haben die EU-Mitgliedsstaaten nur mit großem Widerwillen wenigstens einige Tausend Flüchtlinge aufgenommen, und zwar nur solche, die Verwandte in Europa haben. Während allein in Südafrika jährlich über hunderttausend Menschen um Asyl bitten, sind die Zahlen in Deutschland von rund einhundertfünfzigtausend Anträge Mitte der neunziger Jahre bis auf etwa fünfzigtausend nach der Jahrtausendwende gesunken. An diesen Zahlen kann man ablesen, dass die Wahrnehmung, Europa habe ein «Flüchtlingsproblem», völlig verzerrt ist. Der Vorsitzende des Flüchtlingshilfswerks der Vereinten Nationen, António Guterres, spricht deshalb auch von einer «beängstigenden Sinnestäuschung» der Industrieländer. Dieser Zustand muss uns die Schamröte ins Gesicht treiben.

Der italienische Journalist Fabrizio Gatti hat in einem eindrucksvollen Buch den Weg nachgezeichnet, den illegale Flüchtlinge von Afrika nach Europa zurücklegen. Der Bericht ist ein erschütterndes Dokument darüber, wozu die Abschottungspolitik der EU führt. Tausende sterben jährlich bei dem Versuch, mit winzigen und nicht hochseetauglichen Booten über das Mittelmeer zur italienischen Insel Lampedusa zu kommen. Gatti schreibt: «Fünftausend Ertrunkene. Die interne Bilanz der Regierung in Kairo. Nur ägyptische Tote. Viele afrikanische Staaten haben noch nicht einmal ein Einwohnermeldeamt. Von den Staatsbürgern dieser Länder, die während der Überfahrt verschollen sind, wird kein Mensch je etwas erfahren. Kein Nationaldenkmal erinnert an sie. Jahr für Jahr legen unsere Staatsoberhäupter vor den Altären des Vaterlands Blumen nieder. In ergriffenem Schweigen lassen sie sich vor dem Grab des Unbekannten Soldaten fotografieren. ... Und doch hat das Vaterland diesen Tausenden unbekannten Migranten, die auf der Suche nach Arbeit ihr Leben verloren haben, oder den Sklaven, die zu Tode kamen, weil sie Arbeit fanden, keinen einzigen Altar errichtet.»[29]

Nun bin auch ich mir bewusst, dass man Flüchtlingsprobleme nicht dadurch löst, indem man jeden Menschen ins Land lässt, der das möchte. Auch wenn es einem alten und wichtigen Gebot der Menschlichkeit entspricht, niemanden in Not abzuweisen, so wäre dies weder in unseren Gesellschaften konsensfähig, noch würden damit die Probleme in den Herkunftsländern der Flüchtlinge beseitigt. Andererseits dürfen wir den derzeitigen Zustand nicht mehr einfach hinnehmen. Deshalb ist es kurzsichtig, wenn wir uns der Möglichkeiten berauben, die Fluchtursachen in den hauptsächlich betroffenen Ländern zu bekämpfen. Das ist natürlich nicht mit einem Fingerschnippen getan, und es gibt Länder wie Somalia, bei denen man überhaupt nicht weiß, wo man mit der Lösung des Problems ansetzen soll. Doch Europa muss sich fragen, auf welcher Seite es steht und wem seine Politik eigentlich nützt. Rüstungsexporte mögen zwar zunächst unserem Interesse entsprechen, weil die heimische Industrie einen großen Exportüberschuss erzielt. Da solche Waffen aber zu oft in Gesellschaften geliefert werden, denen dadurch die notwendigen Ressourcen zur Armutsbekämpfung entzogen werden, und eingesetzt werden, um Despoten an der Macht zu halten, ist der Hinweis auf die hiesigen Arbeitsplätze schlicht zynisch. Deshalb ist eine restriktive Rüstungspolitik ein wichtiges Element, um Fluchtursachen zu bekämpfen. Und all denen, die finden, dass solche ethischen Erwägungen in der internationalen Politik keine Rolle spielen dürfen, sollten sich daran erinnern, dass deutsche und verbündete Soldaten in manchen Krisenregionen dieser Welt gegen Waffen kämpfen mussten, die wir oder unsere Freunde selbst dorthin geliefert haben.

Weitere Maßnahmen wie beispielsweise die Öffnung unserer Märkte für Waren aus der Landwirtschaft des nördlichen Afrikas und eine gezielt eingesetzte Entwicklungszusammenarbeit, die auf Armutsbekämpfung und Strukturveränderungen in diesen Ländern setzt, zeigen in die richtige Richtung. Die EU muss sich überdies zusammen mit den in diesem Bereich tätigen zivilgesellschaftlichen Akteuren dafür einsetzen, dass global agierende Unternehmen soziale und andere menschenrechtliche Standards beachten. Auf keinen Fall sollte Europa den Fehler wiederholen, den es beim Arabischen Frühling gemacht hat, und zu lange an denjenigen festhalten, die ihre Länder in eine ausweglose Situation geführt haben. Wir werden am Ende nur dann einen dauerhaften Frieden genießen können, wenn auch unsere Nachbarn friedlich leben können.

Das europäische Gesellschaftsmodell verteidigen

Europa ist eine Idee. Diese Idee unterscheidet sich von den Ideen in anderen Weltregionen. Es ist die Idee einer solidarischen und demokratischen Gesellschaft, in der niemand zurückgelassen wird und jeder eine zweite Chance bekommt, und es ist die Idee, dass es trotz kultureller Vielfalt eine Einheit geben kann. Auf dieser Idee beruht unser europäisches Gesellschaftsmodell. Dieses Gesellschaftsmodell ist sozial, und es ist demokratisch. Das ist nicht parteipolitisch gemeint, sondern ganz grundsätzlich. Der Soziologe Oskar Negt hat dies in einer kleinen Streitschrift wie folgt auf den Punkt gebracht: «Es sind die sozialstaatlichen Errungenschaften, die den europäischen Demokratien ihre Stabilität verliehen haben; Humanisierung der Arbeitsverhältnisse, Verkürzung der Arbeitszeit und Verlängerung der Lebenszeit, Sicherung der Renten und der allgemeinen Gesundheitsvorsorge. All dies und viele andere Faktoren haben entscheidend dazu beigetragen, dass die Demokratie als Lebensform so lange Bestand hat – über ein halbes Jahrhundert.»[30] Wir selbst mögen die Vorzüge unseres Modells oft nicht mehr erkennen. Man sieht den Wald vor lauter Bäumen nicht, lautet ein deutsches Sprichwort, und dieses Bild trifft es ziemlich gut.

Vielleicht wird die Sicht etwas klarer, wenn man zum Vergleich auf das asiatische oder das angloamerikanische Gesellschaftsmodell blickt, das entscheidende Unterschiede aufweist. Auf unserem Kontinent gibt es seit mehr als hundert Jahren Sozialversicherungen, die vor den größten Lebensrisiken absichern. Die Arbeitnehmer zahlen in gesetzliche Krankenkassen sowie in Arbeitslosen-, Unfall- und Rentenversicherung ein, und auch die Arbeitgeberseite muss ihren Beitrag leisten. Die Tarifparteien verhandeln auf Augenhöhe. Das sind spezifisch europäische Errungenschaften, die eng mit unserer Geschichte verknüpft sind. Diese Errungenschaften sind durch die neoliberale Politik der vergangenen beiden Jahrzehnte und durch die gegenwärtige Krise in Gefahr geraten, doch vielleicht gibt es jetzt – ebenfalls ausgelöst durch die Krise – zum ersten Mal eine realistische Chance, den Neoliberalismus zurückzudrängen.

In unserem Gesellschaftsmodell spielt der Schutz der Grundrechte eine zentrale Rolle. Es gibt kaum etwas, das uns in Europa mit mehr Stolz erfüllt, als unsere Werteordnung. Keine feierliche Rede über Europa kommt ohne den Hinweis aus, dass die EU eine Wertegemeinschaft ist. Diese normative Feststellung knüpft daran an, dass sich das Nachdenken über Grund- und Menschenrechte weit in die europäische Geschichte zurückverfolgen lässt: Es findet sich bei griechischen Philosophen und römischen Rechtsgelehrten, in der christlich-jüdischen Ethik, in der Aufklärung und in den Werken europäischer Künstler. Grundrechte wurden über Jahrhunderte in mal mehr, mal weniger erfolgreichen Revolutionen erkämpft. Nach heutigem Verständnis ist die Beachtung und Gewährung von Grundrechten die entscheidende Grundlage für die Legitimität politischer Herrschaft. In Europa haben wir deshalb ein engmaschiges System geschaffen, durch das ein effektiver Schutz der Grund- und Menschenrechte sichergestellt werden soll. Auf der Ebene der Mitgliedsstaaten werden sie durch nationale Gerichte abgesichert. Auch auf europäischer Ebene existiert ein wirkungsvoller Grundrechtsschutz. Nach dem Zweiten Weltkrieg gründete sich 1949 der Europarat, der sich in erster Linie um den Grundrechtsschutz und um die Förderung der Demokratie kümmert. Mit seinen knapp fünfzig Mitgliedsstaaten ist er deutlich größer als die EU. Der Europarat, der seinen Sitz in Straßburg hat, besitzt mit der Europäischen Menschenrechtskonvention und dem Europäischen Menschenrechtsgerichtshof zwei wichtige Instrumente, um die Bürger vor rechtswidrigen Eingriffen des Staates zu schützen.

Obwohl alle EU-Staaten Mitglied im Europarat sind, hat die EU mit ihrem Gerichtshof und der Europäischen Grundrechtecharta ein eigenes System des Menschenrechtsschutzes etabliert. Dieses ineinander verschränkte und sich gegenseitig verstärkende europäische System, das einen hohen Schutz der Grundrechte garantiert, ist einmalig auf der Welt. Es ist eine Konsequenz aus den Schrecken der ersten Hälfte des 20. Jahrhunderts. Deshalb heißt es im deutschen Grundgesetz ebenso wie in der Europäischen Grundrechtecharta jeweils im Artikel 1: «Die Würde des Menschen ist unantastbar.»

Auch die weiteren Regelungen der Europäischen Grundrechtecharta sind bemerkenswert. Dieses Dokument enthält die ambitioniertesten Aussagen, die je in einem solchen rechtsverbindlichen Text gemacht worden sind. So sind nicht nur die gängigen Bürger- und Freiheitsrechte enthalten, sondern auch soziale Rechte und Bestimmungen zum Umwelt- und Verbraucherschutz sowie zum Schutz von Älteren und von Menschen mit Behinderungen. Ich erinnere mich gut daran, wie umstritten gerade die sozialen Rechte – also etwa das Recht auf Arbeit, Bildung, Gewerkschaftsrechte – bei den Beratungen anfangs waren. Der amerikanische Zukunftsforscher Jeremy Rifkin schreibt in seinem Buch «Der Europäische Traum» dazu: «Wenn wir die Essenz des Dokuments erfassen wollen, dann ist es der Respekt vor der menschlichen Diversität, die Förderung der Inklusivität, die Überordnung der Menschen- und Naturrechte, die Förderung von Lebensqualität und nachhaltiger Entwicklung, die Freiheit des Denkens und die freie Entfaltung der Persönlichkeit, das Streben nach dauerhaftem Frieden und einem globalen Bewusstsein.»[31] Schon vorher grenzt Rifkin die EU gegen die USA wie folgt ab: «Der europäische Traum stellt Gemeinschaftsbeziehungen über die individuelle Autonomie, kulturelle Vielfalt über Assimilation, Lebensqualität über die Anhäufung von Reichtum, nachhaltige Entwicklung über unbegrenzt materielles Wachstum, spielerische Entfaltung über ständige Plackerei, universelle Menschenrechte und die Rechte der Natur über Eigentumsrechte und globale Zusammenarbeit über einseitige Machtausübung.» Diese Zitate sind eine Liebeserklärung von Rifkin an das europäische Projekt. Von dieser Haltung könnten wir uns ein Stückchen abschneiden, wenn wir die EU mal wieder richtig satthaben.

Unser Stolz auf das vermeintliche Grundrechteparadies Europa sollte jedoch nicht in Arroganz oder Besserwisserei umschlagen, denn dasselbe Europa, das einen beispielhaften juristischen Schutz für seine eigene Bevölkerung entwickelt hat, blockiert gleichzeitig durch Protektionismus und hohe Agrarsubventionen die Entwicklung in anderen Erdteilen. Den Flüchtlingen, die versuchen, über das Mittelmeer nach Europa zu kommen, verweigert es die Grundrechte oft vollständig. Und auch innerhalb der EU verhindert der engmaschige Grundrechteschutz nicht, dass manche europäische Regierungen und bestimmte gesellschaftliche Gruppen in einigen Ländern eine problematische Haltung gegenüber Minderheiten wie den Sinti und Roma pflegen und es gegenüber diesen Gruppen zu Verletzungen ihrer Grundrechte kommt.

Ich glaube nicht an den naturgegebenen Abstieg Europas im 21. Jahrhundert. Für beide möglichen Szenarien – für den Abstieg und für den Wohlstandserhalt Europas – lassen sich gleichermaßen triftige Hinweise finden. Der Ausgang der Geschichte ist offen. Es kommt vor allem darauf an, die richtigen Schlüsse aus Trends und Daten zu ziehen, um den häufig prognostizierten Abstieg zu verhindern. Wo stehen wir also im zweiten Jahrzehnt des 21. Jahrhunderts? Und wo müssen wir in Europa nacharbeiten, um unser Gesellschaftsmodell zu einem Standortvorteil zu machen?

Zunächst einmal müssen wir feststellen, dass Europa noch immer zu den weltweit attraktivsten Orten zählt. Es gibt eine Menge Punkte, die wir auf der Habenseite verbuchen können, die uns allerdings teilweise quasi in die Wiege gelegt worden sind, für die wir also nichts tun mussten. So haben wir ein gemäßigtes Klima und müssen meist weder unter extremer Hitze noch unter klirrender Kälte leiden. Im Gegensatz zu den Menschen in anderen Weltregionen müssen wir uns weder vor Tornados noch vor Hurrikanen fürchten. Das ist keine Kleinigkeit; alljährlich kann man in den Nachrichtensendungen Berichte sehen über die furchtbaren Folgen von Wirbelstürmen wie «Katrina», der 2005 zahlreiche Todesopfer forderte und New Orleans ins Chaos stürzte, oder «Sandy», der Ende Oktober 2012 erhebliche Schäden in New York und in der Karibik verursachte. Auch die Klimaveränderungen auf dem afrikanischen Kontinent, die zu Wasserknappheit und zu einer Ausbreitung der Wüsten führen, bereiten uns Europäern zunächst einmal keine Probleme. Und der Anstieg des Meeresspiegels, der ganze Kleinstaaten im Meer versinken lässt, wird in Europa vergleichsweise wenige ins Unglück stürzen. Mittelbar werden uns diese Klimaveränderungen jedoch ebenfalls treffen, da sie Migrationsbewegungen auslösen und Kriege verursachen werden, wie viele Zukunftsforscher prognostizieren.

Im politischen Bereich ist unser Konto ebenfalls überwiegend im Plus: Die europäische Staatenbildung ist weitgehend abgeschlossen. Das hat zwar Jahrhunderte und unzählige Kriege gedauert, inzwischen aber bestehen bei uns fast keine Grenzkonflikte mehr, die anderswo noch zu heftigem Säbelrasseln führen. In der EU gibt es ausschließlich Demokratien und einen hohen Grundrechteschutz mit hohen Sozialstandards. Wir haben ein funktionierendes Rechtssystem, wenngleich dieses, wie bereits erwähnt, in Ländern wie Ungarn oder Rumänien noch recht zerbrechlich ist. In der Regel kann jedoch jeder vor einer unabhängigen Justiz sein Recht erstreiten, und zwar auch gegen den Staat. Willkürliche Enteignungen oder Schikanen werden geahndet, und im Zweifelsfall klagt man bei einem Verwaltungsgericht. Das ist wichtig, weil in einigen aufstrebenden Regionen die fehlende Rechtssicherheit das größte Problem für Unternehmen ist, während die EU eine Rechtsgemeinschaft ist. Sehr oft höre ich Klagen von Unternehmern, die auf den chinesischen Markt wollen, dass ihre Produkte dort schamlos und ohne Beachtung des Patentschutzes kopiert wurden, ohne dass sie sich dagegen effektiv wehren konnten. Das Problem der Korruption grassiert in China und anderen Transformationsstaaten, und oft haben die Beamten in den dortigen Hauptstädten keine Möglichkeit zu kontrollieren, wie die Provinzen neue Gesetze umsetzen. Die Justiz wiederum wird häufig politisch instrumentalisiert, was sich immer wieder an Verurteilungen und willkürlichen Anklagen gegen unliebsame Personen zeigt, in China ebenso wie in Russland.

Keineswegs zu unterschätzen ist nicht zuletzt auch der Wert der sozialen und politischen Stabilität Europas. Aufgrund der politischen Einbindung aller gesellschaftlichen Gruppen und wegen der guten wirtschaftlichen Entwicklung sind unsere Gesellschaften weitgehend befriedet. Ich sage nicht, dass das so bleiben muss: Die Währungs- und Schuldenkrise hat gezeigt, wie schnell empörte Menschen ihren Protest auch gewaltsam auf die Straße tragen. Im Vergleich zu anderen Regionen in der Welt kann man für Europa allerdings eine geradezu harmonische Ruhe konstatieren. Das hängt natürlich auch an dem, was wir in Deutschland Sozialpartnerschaft nennen, die für die Arbeitgeber den positiven Effekt hat, dass es hierzulande keine wilden Streiks und keine Unternehmensbesetzungen gibt. Die Aufzählung lässt sich einfach fortsetzen: Wir haben auf unserem Kontinent eine weltweit einmalige Infrastruktur, also gute Straßen, Wasser- und Schienenwege, Kommunikationsstränge, und im Vergleich zu den USA, wo die Stromversorgung immer wieder mal zusammenbricht, läuft die Energieversorgung bei uns weitgehend problemlos.

Auch wenn die Bestechlichkeit der öffentlichen Verwaltung bislang nicht in allen EU-Mitgliedsstaaten zurückgedrängt werden konnte, so beruhigt doch die Tatsache, dass sich unter den achtundneunzig der davon am schlimmsten betroffenen Staaten, die im Korruptionsindex 2011 von Transparency International aufgeführt werden, kein einziges EU-Mitgliedsland befindet.

Ökonomisch hat Europa in vielen Schlüsseltechnologien weiterhin die Nase vorn. Auch wenn Deutschland den Titel des Exportweltmeisters an China abtreten musste, sind europäische Produkte noch immer überall gefragt. Und Deutschland führte im Jahr 2012 so viele Waren aus wie nie zuvor. Beim weltweiten Vergleich der Bruttosozialprodukte liegt die EU an der Spitze, und auch die Produktivität und das Pro-Kopf-Einkommen sind besser als in den meisten anderen Staaten und Regionen. Im Human Development Index der UNO, der Wohlstand und Entwicklung anhand einer breiten Palette von Kriterien wie etwa Lebenserwartung und Bildungsniveau misst, sind unter den vierzig am besten entwickelten Ländern achtundzwanzig europäische Staaten. Und obwohl unter den hundert größten Firmen der Erde immer mehr asiatische Namen auftreten, so ist Europa auch auf dieser Liste noch gut vertreten.

Vor allem aber ist Europa gegen viele der Probleme, mit denen sich die BRIC-Staaten konfrontiert sehen, gewappnet. Niemand weiß beispielsweise, wie sich die inneren Fliehkräfte in China entwickeln werden. Das Land hat enorme Herausforderungen zu meistern, wenn es seine riesige Bevölkerung sicher ernähren und ihr die Hoffnungen auf einen breiten sozialen Aufstieg erfüllen will. Am schwierigsten wird in dieser Beziehung sicherlich die Integration der Abermillionen von Wanderarbeitern, die bislang kaum eine soziale Absicherung haben. China kämpft mit einem Armutsgefälle zwischen Stadt und Land, einer wahnwitzigen Umweltverschmutzung, einer gigantischen Ressourcenverschwendung und einem ungelösten Minderheitenproblem. Deshalb ist völlig offen, wie sich das Reich der Mitte entwickeln wird. Ähnliches könnte man über andere aufstrebende Länder sagen: In vielen Teilen der Erde herrschen Arbeitsbedingungen, die schlimmer sind als die, die zu Zeiten der Industrialisierung im 19. Jahrhundert in Europa bei uns alltäglich waren. Wer keine Begrenzung von Arbeitszeiten, keine Arbeitssicherheit und keine Umweltschutzauflagen beachten muss, kann Waren entsprechend billig produzieren.

Neben den sozialen und ökologischen Problemen tragen viele Schwellenländer schwer an außen- oder innenpolitischen

Konflikten. In China rebellieren Arbeiter, und hinter den Kulissen der Kommunistischen Partei spielen sich offensichtlich dramatische Machtkämpfe ab, zwischen Indien und Pakistan schwelt seit Jahrzehnten ein Territorialkonflikt, und Russlands Hauptstadt wird immer wieder Schauplatz von Massendemonstrationen, weil viele Menschen von der sogenannten gelenkten Demokratie die Nase voll haben. Brasilien bekommt weder seine riesigen sozialen noch seine Umweltprobleme in den Griff.

Das sind nur einige Probleme, vor denen diese aufstrebenden Schwellenländer stehen und die Europa längst überwunden oder doch zumindest weitgehend gebändigt hat. Für europäischen Kleinmut gibt es deshalb keinen Grund. All die aufstrebenden Länder fordern Europa zwar ökonomisch und politisch heraus, am Ende aber wird entscheidend sein, wer die richtigen Antworten auf die drängenden Fragen unserer Zeit findet: Wie entschärfen wir die demographische Bombe? Wie schaffen wir es, weiterhin eine innovative Gesellschaft zu bleiben, die Zukunftsprodukte entwickelt und so Arbeitsplätze sichert? Wie verhindern wir, dass eine alternde Gesellschaft in die Armutsfalle gerät? Wie passen sich unsere Gesellschaften dem Klimawandel und anderen Herausforderungen des 21. Jahrhunderts an? Das sind Fragen, die die aufstrebenden Staaten genauso beantworten müssen wie wir Europäer. Die Erfahrung, die wir im Laufe eines sechzig Jahre währenden Integrationsprozesses angesammelt haben, mag ein Pfund sein, mit dem wir hier wuchern können. Das bedeutet im Umkehrschluss, dass wir keine schablonenartige Homogenisierung aller Lebensbereiche in Europa brauchen, keine vollständige Einkommensnivellierung in allen europäischen Regionen und keinen europäischen Superstaat, der alles zentral kontrollieren will. Die Diversität der

Union bei gleichzeitiger Orientierung auf das Gemeinschaftsinteresse gibt Europa alle Chancen, auch zukünftig eine wichtige Rolle zu spielen.

Wichtig ist in diesem Zusammenhang aber, dass sich die Europäische Union ihres Charakters als werteorientierter Staatenverbund erinnert, der seine Werte verteidigen darf, gar muss. Sie werden immer wieder angegriffen, auch im Zeichen eines Kulturrelativismus, der die Universalität von Grund- und Menschenrechten anzweifelt. In vielen Regionen stellen die Herrschenden nicht nur die Meinungs- und Pressefreiheit und das Verbot von Folter in Frage, was regelmäßig zu einem internationalen Aufschrei führt, sondern schieben noch häufiger soziale Grundrechte beiseite, weil sie angeblich keine richtigen Menschenrechte darstellen. Wenn die EU die Verletzungen von Freiheits- oder sozialen Rechten kritisiert, ist dies kein europäischer Imperialismus, sondern die Erfüllung der Hoffnung von ausgebeuteten Armen. Deshalb wäre es grundfalsch, das europäische Modell, das ausdrücklich ein auf sozialen Ausgleich angelegtes Gesellschaftsmodell ist, im Wettstreit mit den aufstrebenden Staaten als antiquiert aufzugeben. In diesem Fall hätten die Menschen in Europa sofort verloren, und die Menschen weltweit wären einer Hoffnung, wie man Zusammenleben friedlich und gerecht gestalten kann, beraubt.

Im Unterschied zu den Predigern einer neoliberalen Ideologie glaube ich nicht, dass das europäische Gesellschaftsmodell ein Standortnachteil ist. Ganz im Gegenteil wäre es der falsche Weg, bei Löhnen, sozialer Sicherheit, Bildungs- und Erziehungsausgaben immer weiter zu kürzen. Mit einer solchen Abwärtsspirale würde sich Europa selbst aus der ökonomischen Spitzengruppe verabschieden. Das kann nicht funktionieren, schon deshalb nicht, weil kein Mensch in Europa mit den Arbeitsbedingungen in Teilen Asiens konkurrieren will.

Bei der Verteidigung des europäischen Gesellschaftsmodells geht es daher auch um die Frage, ob und inwieweit die EU selbst als Akteur eines europäischen Sozialstaats in Erscheinung treten will oder ob es bei der weitgehenden Zuständigkeit der Mitgliedsstaaten bleiben soll. Bei dieser Frage gehen die Meinungen wild durcheinander. Im Fall der Europaskeptiker liegt es auf der Hand, dass sie schon aus prinzipiellen Gründen keine neuen Kompetenzen an die EU übertragen wollen. Auch bei eher sozialdemokratisch orientierten Streitern für einen funktionierenden Sozialstaat sieht man eine Zuständigkeit der EU in diesem Bereich skeptisch, weil man ein Absinken der hohen deutschen Sozialstandards befürchtet, wenn sich die EU der Sache annimmt. Deshalb muss man vielleicht auch hier erst einmal mit einem Mythos aufräumen, bevor man die eigentliche Frage nach dem Sinn oder Unsinn einer genuin europäischen Sozialpolitik beantworten kann – dem Mythos, die Regulierungen der EU führten automatisch zu einer sozialen Abwärtsspirale. Das ist falsch. In zahlreichen Bereichen ist es gerade die EU, die einen hohen Standard setzt und die Mitgliedsstaaten damit in Zugzwang bringt. Im Bereich der Antidiskriminierungspolitik, der Geschlechtergleichstellung und der Arbeitszeitregelung hat beispielsweise erst die Gesetzgebung der EU europaweit einen hohen Sozialstandard ermöglicht. Auch das deutsche Entsendegesetz, das regelt, dass Beschäftigte auf dem Bau einen einheitlichen Mindestlohn bekommen, hat einen europäischen Ursprung. Ohne dieses Gesetz könnten beispielsweise portugiesische Baufirmen Häuser in Deutschland errichten und ihre Arbeiter zu portugiesischen Konditionen beschäftigen. Damit wäre die gesamte deutsche Baubranche dem Untergang geweiht gewesen. Allerdings war für diese Regelung ein harter politischer Kampf notwendig, weil die EU-Kommission mit ihrem Entwurf einer Dienstleistungsrichtlinie genau ein solches «Herunter-Harmonisieren» geplant hat, was das Europaparlament schließlich erfolgreich verhinderte.

In einigen Bereichen der Sozialpolitik sehe ich durchaus die Notwendigkeit, europäische Mindeststandards zu formulieren, die Ressourcen der EU anders einzusetzen oder ihr neue Kompetenzen zukommen zu lassen. So sollten wir einen europäischen Mindestlohn einführen, der zwar nicht europaweit einheitlich sein muss, sondern sich am jeweiligen nationalen Durchschnittseinkommen orientiert und die regionalen Lebenshaltungskosten berücksichtigt, zugleich aber sicherzustellen hat, dass Menschen, die in Vollzeit arbeiten, von ihrem Einkommen leben können. Durch einen solchen Mindestlohn könnten zumindest die schlimmsten Auswüchse des Lohndumpings bekämpft werden. Das ist schon deshalb wichtig, weil die Einkommensentwicklung erhebliche Auswirkungen auf das spätere Rentenniveau hat. Wenn die Einkommen sinken und gleichzeitig die Bevölkerung schrumpft, wird das künftige Rentenniveau so niedrig sein, dass Altersarmut zu einem massenhaften Problem wird. In Europa werden wir hierauf eine Antwort finden müssen, da alle europäischen Länder mit einer alternden Gesellschaft konfrontiert sind. Sollte es der EU gelingen, die drohenden gesellschaftlichen Konflikte zu lösen, die durch diese demographischen Entwicklungen entstehen werden, wird unser Kontinent auch in diesem Bereich ein Vorbild sein können. In diesem Zusammenhang müssen wir eine Antwort auf den Fachkräftemangel finden, müssen erforschen, wie wir unsere Städte als altersgerechte und soziale Orte bewahren können und gleichzeitig im ländlichen Raum die Infrastruktur für eine schrumpfende Bevölkerung aufrechterhalten können.

Auch wenn diese Aufgabe gewaltig anmutet, so ist unsere Lage im Vergleich zu China beinahe komfortabel. Auch dort entwickelt sich die Alterspyramide problematisch, die Gesellschaft ist aber weit davon entfernt, stabile soziale Sicherungssysteme zu besitzen. Allerdings gibt es einen entscheidenden Unterschied zu China und anderen Ländern: Für uns Europäer ist die Frage der sozialen Gerechtigkeit konstitutiv. Scheitert Europa beim gerechten Umbau seiner sozialen Sicherungssysteme, scheitert das europäische Modell als solches. Aus diesem Grund ist es existenziell, dass wir diese Diskussionen in den kommenden Jahren führen.

Und es gibt noch einen anderen Bereich, der mir wichtig ist: Während in unserem Land zwischen Arbeitgebern und Arbeitnehmern eine weitgehende «Waffengleichheit» herrscht, ist dies auf der europäischen Ebene leider noch längst nicht gegeben. Die Mitbestimmungsregeln für europäische Betriebsräte müssen deshalb deutlich gestärkt werden, damit Arbeitnehmer aus den unterschiedlichen Mitgliedsstaaten nicht gegeneinander ausgespielt werden. Hierfür gibt es leider immer wieder Beispiele: So wurde das Werk der finnischen Firma Nokia von Bochum nach Rumänien verlegt, weil dort die Lohnkosten deutlich geringer waren. Dies ist ein schillerndes Beispiel für Sozialdumping innerhalb der EU. Nachdem die Arbeitskosten aus der Sicht der finnischen Manager auch in Rumänien zu hoch wurden, haben sie das Werk kurzerhand komplett aus der EU verlagert. Dieser Fall zeigt, dass ein stetes Absenken der Löhne und sozialen Standards keine Garantie dafür bieten, Arbeitsplätze zu erhalten. Um es grenzüberschreitend tätigen Unternehmen zu erschweren, Arbeitnehmer unterschiedlicher EU-Länder gegeneinander auszuspielen, ist es deshalb wichtig, eine europäische Rechtsgrundlage für grenzüberschreitende Tarifverhandlungen zu schaffen.

Die genannten Beispiele führen bereits vor Augen, dass es meiner Meinung nach bei Gesetzgebungsakten der EU immer eine soziale Folgeabschätzung geben muss, die die konkreten Auswirkungen der jeweiligen Regelung untersucht. Nur so kann sichergestellt werden, dass die EU ihrer Verpflichtung, das europäische Sozialmodell zu verteidigen, auch wirklich gerecht wird. Für mich steht fest: Die wirtschaftlichen Grundfreiheiten des Binnenmarktes und die sozialen Grundrechte müssen in der EU gleichrangig gelten, sie funktionieren nicht unabhängig voneinander.

Wenn Europa der Raum bleiben will, in dem die intelligenten Produkte des 21. Jahrhunderts hergestellt werden, werden wir auch unsere Bildungsausgaben erhöhen müssen. Dies könnte beispielsweise durch eine europaweit geltende Zielvorgabe geschehen, die eine bestimmte Höhe der nationalen Staatsausgaben für Bildung vorschreibt. Solche Zielvorgaben werden sich natürlich an der wirtschaftlichen Leistungsfähigkeit eines Staates orientieren müssen. Die EU selbst sollte zudem im europäischen Haushalt Mittel umschichten, um den Austausch von Schülern, Auszubildenden und Studierenden mit mehr Geld als bisher unterstützen zu können. Obwohl Brüssel im Bildungsbereich keine Eingriffsrechte hat, kann die EU bei der grenzüberschreitenden Förderung von Bildung und Wissenschaft mehr tun. Die Gemeinschaft soll selbstverständlich keine Schulen bauen – das bleibt in Deutschland beispielsweise weiterhin Aufgabe von Städten und Gemeinden –, aber sie kann die innereuropäische Vernetzung in diesen Bereichen verbessern. Jedes Kind in Europa sollte während seiner Schulzeit eine gewisse Zeit in einem anderen EU-Land verbringen, ohne dass die Kosten dabei ein Hinderungsgrund sein dürfen. Dasselbe gilt für Studierende und alle, die eine Ausbildung absolvieren. Ein solches Programm fördert die Mehrsprachigkeit, erweitert persönliche Perspektiven und ermöglicht quasi nebenbei das Entstehen einer europäischen Identität.

Die Normalität, mit der junge Europäer heute schon unseren Kontinent bereisen, setzt enorme Kreativität frei, weil der eigene Blickwinkel verändert und erweitert wird. In den Köpfen dieser jungen Menschen werden die Produkte der Zukunft erdacht. Davon werden die Betriebe in Deutschland erheblich profitieren. Bei der Förderung von Bildung geht es mir jedoch nicht in erster Linie um die Frage der wirtschaftlichen Verwertbarkeit, sondern mehr um das Wachsen als Mensch. Aus eigener Erfahrung weiß ich: Der Schüleraustausch nach Frankreich, an dem ich als Jugendlicher teilnehmen durfte, hat mich mein ganzes Leben geprägt und gegen das Gift des Nationalismus immunisiert. Eine offene, freie und kulturell reiche Gesellschaft ist innovativ und damit überlebensfähig.

Wenn wir als Europäer in diesem Bereich weiter führen wollen, müssen wir die Rahmenbedingungen für wirtschaftliche Innovation positiv gestalten. Unser Geld ist besser aufgehoben, wenn wir es in die Erforschung emissionsfreier Städte, intelligenter Verkehrsinfrastruktur, erneuerbarer Energien, innovativer Medizin, gesunder Lebensmittel und energieeffizienter Maschinen investieren, als wenn wir weiterhin Atomkraftwerke fördern, die sich inzwischen als die Dinosaurier der Energiepolitik erwiesen haben. Ein solches Umsteuern in der Haushaltspolitik wird nicht ohne Streit ablaufen können, doch dieser Streit ist dringend notwendig. Ich erinnere nochmals an den chinesischen Kaiser, der durch eine falsche Weichenstellung das chinesische Reich für Jahrhunderte ins Abseits gesteuert hat –

deshalb will ich, dass Europa auf die Schlüsseltechnologien des 21. Jahrhunderts setzt.

Um in diesem Bereich weiter vorne mitspielen zu können, brauchen wir überdies eine europäische Mittelstandsförderung und eine europäische Industriepolitik. Durch die weltweite Öffnung der Märkte und die immer preiswerteren Möglichkeiten, eigene Produkte auch in weit entfernte Länder exportieren zu können, stehen unsere Unternehmen vor großen Herausforderungen, die aber vor allem viele Chancen bieten. Hier kann die Politik helfen. Unsere Unternehmen sehen sich einer ausländischen Konkurrenz gegenüber, die zum Teil massiv durch ihre jeweilige Regierung subventioniert wird und so Wettbewerbsvorteile genießt, die kaum aufzuholen sind. Deshalb muss die europäische Politik sich auch darauf konzentrieren, die europäischen Unternehmen beim Erschließen neuer Märkte zu unterstützen und sich nicht im Dschungel des kleinlichen ökonomischen Binnenkrieges innerhalb Europas zu verstricken.

Europa braucht auch eine gemeinsame Anstrengung, um jene Infrastruktur zu bauen, die ein moderner Mittelstand und eine zukunftsweisende Industrie benötigen. Dabei geht es um den Bau von Datenautobahnen, um eine sichere und saubere Energieversorgung sowie um effiziente und nachhaltige Verkehrswege. Das Instrument der Strukturförderungen sollten wir hierfür beibehalten, um weiterhin gezielt die einzelnen Regionen unterstützen zu können. Ich erinnere mich gut an einen Besuch, den ich auf Einladung des Regierungspräsidenten Gerd Bollermann im Regierungsbezirk Arnsberg in Nordrhein-Westfalen unternommen habe. Dort habe ich gesehen, wie eine vergleichsweise kleine Anschubfinanzierung der EU eine ganze Region fit gemacht hat, intelligente und erfolgreiche Produkte zu produzieren und die Arbeitslosigkeit stellenweise komplett abzubauen. In Lüdenscheid habe ich mir das Wissenschaftsmuseum Phänomenta angeschaut und mich über die dortige «Denkfabrik» informiert – ein Netzwerk der Universität Siegen, regionaler Betriebe und der Stadt, das junge Menschen frühzeitig für Technik begeistern und ihnen entsprechende Arbeitsmöglichkeiten aufzeigen soll. Die Förderung solcher Projekte begrüße ich, weil es falsch wäre, wenn die jungen, kreativen Köpfe in unserem Land nur in die Metropolen und europäischen Hauptstädte gehen und dadurch ländlich geprägte Regionen veröden. Das bedeutet aber natürlich auch, dass die Kommunen ihre Hausaufgaben machen müssen. So gut ich deren Nöte nachvollziehen kann, ist es falsch, immer zuerst bei Bibliotheken, Jugendzentren, Kindergärten und Schwimmbädern zu sparen. Die Gemeinden, in denen die Menschen leben, müssen die Infrastruktur bereitstellen, damit ein gesellschaftliches und soziales Miteinander möglich ist. Ob wir unser europäisches Gesellschaftsmodell glaubhaft nach außen vertreten können, entscheidet sich auch daran, ob es innerhalb der EU sichtbar Früchte trägt. Die Fehler des Neoliberalismus müssen nicht nur in Brüssel korrigiert werden, sondern auch und gerade in den europäischen Regionen.

Den internationalen Raubtierkapitalismus zähmen

Machen wir uns nichts vor: Europa wird sein Gesellschaftsmodell nur dann verteidigen können, wenn wir die internationalen Rahmenbedingungen in unserem Sinne mitgestalten können. Im Grunde geht es um nicht weniger, als dass der Kapitalismus, den wir im nationalen Rahmen zu einer sozialen

Marktwirtschaft bändigen konnten, nun auch international eingehegt wird. Hier muss Europa der Vorreiter sein, um eine globale soziale Marktwirtschaft zu etablieren.

Dieses Ziel lässt sich allerdings nur erreichen, wenn wir in unseren eigenen Ländern die staatsfeindliche Ideologie des Neoliberalismus zurückdrängen, die einen so wesentlichen Anteil am Ausbruch der Krise und ihrem teilweise dramatischen Verlauf gehabt hat. Die Staaten hatten kaum noch Hebel in der Hand, um auf die Krise effektiv zu reagieren, weil ihnen völlig entfesselte Finanzmärkte gegenüberstanden, die mit wahnwitzig anmutenden Summen wichtige Akteure in der Weltwirtschaft und damit in der Weltpolitik geworden waren. Deshalb müssen wir den Primat der Politik wieder durchsetzen und verteidigen. Hierfür ist zunächst die selbstkritische Erkenntnis notwendig, dass die Finanzjongleure nicht durch göttliche Fügung so mächtig geworden sind, sondern aufgrund politischer Entscheidungen.

Ein erstes wichtiges Feld, auf dem seit den achtziger Jahren politische Fehlentscheidungen getroffen wurden, ist das Feld der Liberalisierung und Deregulierung. Neoliberale Ideologen bezeichneten ihre Vorschläge in der Regel als Bürokratieabbau. Das klingt erst mal gut, dagegen kann niemand ernsthaft sein. Problematisch wird es jedoch, wenn die Deregulierung sämtliche Bereiche des Lebens umfassen soll. Ist es beispielsweise wünschenswert, die Regulierung im Bereich der Lebensmittelkontrolle, der Sicherheit von Kinderspielzeug oder der Medizin abzubauen? Ich bin froh, dass es hier strenge Vorgaben gibt, und kann mir einige Bereiche vorstellen, bei denen wir eher mehr Regulierung und Kennzeichnungspflicht brauchen als weniger. Als Verbraucher will ich beispielsweise wissen, ob die Lebensmittel, die ich esse, mit genveränderten Zutaten hergestellt sind, und nur wenn es dafür eine strenge Kennzeichnungspflicht gibt, also eine Regulierung, kann ich selbst entscheiden, ob ich die entsprechenden Produkte kaufe. Das sehen die meisten Verbraucher ebenso – vor allem dann, wenn mal wieder Giftstoffe in unserem Essen gefunden werden oder irgendwo gepanscht worden ist.

Der gute alte deutsche Technische Überwachungsverein (TÜV) und das Deutsche Institut für Normung (DIN) sind Beispiele für machtvolle Durchsetzer von Regulierungen. Weil es diese Institutionen gibt, können wir in der Regel unbedenklich auf der Kirmes Achterbahn fahren und uns sicher sein, dass ein Blatt Papier auch in jeden neu gekauften Drucker passt. Wahrscheinlich sind wir uns alle einig, dass es diese Form von Regulierung geben soll und dass wir es nicht dem Markt überlassen sollten, wie häufig Aufzüge in Hochhäusern gewartet werden. Und wie das erwähnte Beispiel der viel geschmähten Gurkenverordnung belegt, werden Initiativen für neue Regeln und Normen immer wieder auch aus Wirtschaftskreisen selbst angestoßen.

Insbesondere im Bereich des Arbeitsrechts wird in jüngster Zeit allerdings häufig gefordert, Regulierungen abzubauen – im Kern bedeutet dies schlicht, dass die Arbeitnehmer- und Gewerkschaftsrechte beschnitten werden sollen. Mitte der achtziger Jahre gab es in Großbritannien bereits einmal einen massiven Machtkampf zwischen der konservativen Regierung und streikenden Bergleuten, an deren Ende die Streikenden in die Knie gezwungen wurden. Margaret Thatcher wird von vielen Neoliberalen noch heute dafür gefeiert, dass sie die englischen Gewerkschaften wenn auch nicht ganz zerschlagen, so doch deutlich geschwächt hat. Auch bei dieser Form der Deregulierung klingt das Argument des Neoliberalismus zunächst so einleuchtend, dass es noch heute zum Gemeingut einer jeden politischen Diskussion gehört: Wenn Arbeitgeber ihre Mitarbeiter leichter wieder loswerden können und nur niedrige Löhne zahlen müssen, werden sie mehr Leute einstellen, während bei hohen Löhnen und starkem Kündigungsschutz die Neigung, neue Arbeitnehmer einzustellen, sehr gering ist. Dabei wird übersehen, dass für Unternehmen heute eher das Problem besteht, qualifizierte Mitarbeiter zu bekommen und in einem Betrieb zu halten, weshalb eine kluge Personalplanung heutzutage wieder mehr Wert auf Ausbildung, ein gutes Betriebsklima, Aufstiegschancen und gute Löhne legt.

Die folgenreichste Deregulierung hat vor dreißig Jahren im Sektor der Finanzmärkte und Banken stattgefunden. Die Entscheidungen, die damals getroffen wurden, gehören zu den wesentlichen Ursachen für den Ausbruch der Krise. Vor allem US-Präsident Ronald Reagan und die Regierung Thatcher deregulierten kräftig und erfüllten damit die Wünsche der Finanzindustrie. Banken durften von nun an mit dem Geld ihrer Kunden spekulieren, ohne dass diese überhaupt davon wussten. Es wurden die abenteuerlichsten Finanzpakete geschnürt, die keinen Bezug mehr zur Realwirtschaft hatten. Traurige Berühmtheit erlangte im Jahr 2007 der sogenannte ABACUS-Fall, bei dem die Großbank Goldman Sachs ein Anlagepapier an seine Kunden verkaufte und gleichzeitig auf den Wertverfall dieser Anlage spekulierte, der nach Überzeugung etlicher Experten schon früh absehbar war. So verdiente die Bank doppelt: Beim Verkauf der Anlage und bei ihrem Werteverfall. Die Rolle der Bank, die sich überdies heftigen Vorwürfen ausgesetzt sah, der griechischen Regierung bei der Fälschung ihrer Bilanzen geholfen zu haben, wurde von der amerikanischen Börsenaufsicht und vom US-Senat untersucht – zu einer Verurteilung ist es bis heute nicht gekommen.

Durch solche Deregulierungsmaßnahmen entstand zunächst Wachstum und damit auch Wohlstand. Durch großzügige – zu großzügige – Kreditvergaben konnten sich plötzlich viele Menschen Eigenheime leisten und Güter kaufen, von denen sie früher nur träumen durften. Diesem Konsum stand jedoch kein reales Wirtschaftswachstum gegenüber, es war ein Wohlstand auf Pump, der ähnlich funktionieren sollte wie die berüchtigten Kettenbriefe, die am Ende auch viele Verlierer zurücklassen. Das Platzen der Kredit- und Immobilienblase war deshalb unausweichlich und traf diese Menschen besonders hart. Viele stürzten in Armut und verfingen sich in einer Schuldenfalle, aus der sie nicht entkommen konnten. Das Platzen vieler Immobilien- und Rentenfonds zerstörte darüber hinaus die Alterssicherung von Millionen von Menschen, die ihr hart erarbeitetes Geld dort angelegt hatten – oft ohne zu wissen, welches Risiko sie eingegangen waren. Dagegen wurde und wird in der Finanzindustrie mächtig Geld verdient. Am Ende des 20. Jahrhunderts explodierten die Einkommen der Finanzdienstleister an Orten wie New York, London und Frankfurt geradezu, und viele Banker scheuten sich nicht, ihren Luxus offen zur Schau zu stellen.

Nun ist eine solche Anhäufung von Kapital und die ungerechte Verteilung des Reichtums nicht nur ein ethisches Problem. Da das Kapital auf der ganzen Welt die besten Anlegeplätze sucht, gefährdet dieses Ungleichgewicht überdies die wirtschaftliche Stabilität ganzer Regionen. Seit Beginn der Deregulierungswelle hat sich eine Gruppe sehr machtvoller Anleger und Spekulanten herausgebildet, die die Fähigkeit haben, ganze Staaten und Regionen in die Knie zu zwingen. Ungläubig lauschte ich vor ein paar Jahren bei einem Vieraugengespräch dem Bericht des Vorstandsvorsitzenden eines wichtigen deutschen DAX-Unternehmens, der mir erzählte, wie ein Pensionsfonds amerikanischer

Lehrer versucht hatte, sein Unternehmen durch eine feindliche Übernahme unter seine Kontrolle zu bringen.

Vor allem die Tätigkeit sogenannter institutioneller Anleger, die mit dem ihnen anvertrauten Geld spekulieren, löst immer wieder einen «Herdentrieb» aus, weil kleinere Anleger den Entscheidungen der Großen folgen. So entstehen Kettenreaktionen, Schneeballeffekte und sich selbst erfüllende Prophezeiungen, die immer weniger mit realwirtschaftlichen Fakten in Beziehung stehen. Hinzu kommt eine technische Entwicklung, die durch ihre Art der Anwendung zu großen Problemen führt. Durch Computerisierung und Datenautobahnen haben sich das Tempo der Spekulation und die Vernetzung auf den Finanzmärkten erheblich erhöht. Dadurch «handeln» diese Märkte enorm nervös und eruptiv. Es geht nicht mehr darum, Anlagen nach ihrem Realwert zu beurteilen oder Risiken für Investitionen abzusichern, sondern minimale Wertschwankungen auszunutzen, um kurzfristige Spekulationsgewinne zu erzielen. Wenn die Algorithmen, die die Grundlage der Computer im Hochfrequenzhandel bilden, fehlerhaft oder zu waghalsig programmiert sind, stürzen Unternehmen oder ganze Volkswirtschaften urplötzlich und scheinbar grundlos ins Nichts. Immer wieder hat es größere und kleinere Crashs an den Finanzmärkten gegeben, die auf Computerfehler zurückzuführen waren und die Hunderte von Milliarden in Sekundenfrist vernichtet haben. Manche sprechen deshalb von Roboterbörsen. Es wird geschätzt, dass mittlerweile zwei Drittel der Umsätze am US-Aktienmarkt auf diesen Hochfrequenzhandel zurückgehen.[32]

Die Deregulierung als Dogma und die Umsetzung desselben durch die Politik ist also eine der entscheidenden Ursachen für die Entstehung der Krise und deren Verlauf. In diesem Zusammenhang muss man auch das Dogma der Steuersenkung betrachten. Wer erinnert sich nicht an den Bundestagswahlkampf 2009, in dem sich die FDP mit entsprechenden Forderungen profilierte – und vom Wähler mit einem historisch einmalig guten Wahlergebnis belohnt wurde. Umgekehrt geht in den Parteizentralen stets die Angst um, in einem laufenden Wahlkampf könnte ihnen unterstellt werden, nach einer Regierungsübernahme Steuererhöhungen zu planen. Das führt dazu, dass Regierungen meist die Ausgabenseite kürzen – und zwar vor allem bei denjenigen Menschen, die aus ihrer Sicht eine wenig relevante Zielgruppe sind. Mitt Romney lässt grüßen, der im US-Wahlkampf 2012 siebenundvierzig Prozent der amerikanischen Bevölkerung für irrelevant erklärte, aufgrund dieser «Offenheit» allerdings eine herbe Niederlage einstecken musste. Leider ist der simple Gedanke, dass auch die Einnahmesituation des Staates verbessert werden könnte, oft tabu. Das hat in fast allen westlichen Gesellschaften dazu geführt, dass die Steuer-, Abgaben- und Gebührenlast für Arbeitnehmer gestiegen und Sozialleistungen gekürzt worden sind, während gleichzeitig die Besteuerung von Vermögen und Spekulationsgewinnen gesunken ist.

Hier sind Korrekturen also dringend notwendig, um die soziale Krise und die dadurch bedingte Vertrauenskrise zu bekämpfen. An einer gerechten Besteuerung von Erträgen aus Kapital- und Spekulationsgewinnen und von höheren Einkommen führt kein Weg vorbei. Zwar wird behauptet, dass die Wohlhabenden und Unternehmen ihr Geld einfach außer Landes brächten, wenn solche Steuern eingeführt würden. Allerdings ist dieses Argument kaum stichhaltig, denn letztlich ist es für eine Investitionsentscheidung viel wichtiger, ob es gut ausgebildete Arbeitnehmer und eine funktionierende Infrastruktur gibt, ob sozialer Frieden herrscht und ein relevanter Binnenmarkt besteht. Deshalb braucht Europa nicht so kleinmütig sein und kann selbstbewusst die Maßnahmen durchführen, die notwendig sind, um die Steuersenkungsspirale zu durchbrechen. Wenn Europa das nicht gelingt, wer sollte es sonst bewerkstelligen können? Dass hierfür ein Abkommen gegen Steuerflucht notwendig ist – etwa mit der Schweiz und anderen internationalen Steueroasen –, ist offensichtlich. Auch hier wird die EU gemeinsam mehr erreichen, als wenn solche Abkommen bilateral verhandelt werden. Deshalb fand ich es kurzsichtig, dass sich die Bundesregierung im Jahr 2012 darauf beschränkte, ein deutsch-schweizerisches Steuerabkommen zu verhandeln, denn von einem europaweiten Steuerabkommen hätten auch andere EU-Länder, allen voran Griechenland, profitieren können.

Ein europaweites Steuerabkommen ist auch deshalb so wichtig, weil das Steuersenkungsdogma ein erhebliches Problem verursacht: Sobald ein Land damit beginnt, liefern sich die Staaten einen regelrechten Wettlauf, der an die Geschichte von Hase und Igel erinnert. Wann immer ein Staat eine Steuer abschafft oder senkt, hat ein anderer schon eine weitere Maßnahme beschlossen, die dieses Steuerdumping noch unterbietet. Die fatalen Folgen dieser Politik zeigten sich, als 2008 die Bankenkrise ausbrach und die Staaten dringend Geld benötigten, um ihre Banken zu retten. Nicht nur Griechenland mit seinen enormen Strukturproblemen geriet nun in schwere Fahrwasser, sondern auch das als «keltischer Tiger» gelobte Irland, das seine Politik weitgehend an der neoliberalen Ideologie ausgerichtet hatte. Die Kombination aus geringem Steueraufkommen und den Kosten für die Bankenrettung strangulierten den einstigen Vorzeigestaat jedoch sehr schnell. Nachdem Irland von den Märkten für seine Steuersenkungsorgien gefeiert worden war, musste das Land nun unter den Eurorettungsschirm schlüpfen.

Neben Deregulierung und Steuersenkung hat auch das

Dogma der Privatisierung die Handlungsfähigkeit der Staaten unterminiert, weil es davon ausgeht, dass öffentliche Verwaltungen bestimmte Dienste prinzipiell weniger effizient und grundsätzlich teurer bereitstellen als private Anbieter. Darüber kann man lange streiten, da es kaum objektiv zu beurteilen ist, welche Dienstleistungen ein Staat erbringen soll und welche nicht. Während nach deutschem Verständnis eine eher weitgehende Definition von öffentlichen Dienstleistungen vorliegt, die neben den unstrittigen Kernbereichen Polizei, Militär und Justiz auch Bereiche wie Bildung, öffentlichen Personenverkehr, soziale Sicherheitssysteme und teilweise die Medienvielfalt umfasst, ist in den USA schon die Einführung einer verpflichtenden Krankenkasse durch Präsident Obama von Konservativen als erstes Anzeichen für einen aufziehenden Sozialismus gebrandmarkt worden.

Doch auch in Deutschland hat sich das Verständnis über die öffentliche Zuständigkeit in den letzten beiden Jahrzehnten gewandelt, weshalb in vielen Kommunen die Müllentsorgung, die Wasser- und Energieversorger und andere einstige kommunale Betriebe an Privatunternehmen übergeben worden sind. Die größten bundesweiten Privatisierungsschübe vollzogen sich bei der ehemaligen Deutschen Post und bei der früheren Deutschen Bundesbahn. Obwohl darüber debattiert wird, ob man einige Privatisierungsmaßnahmen vor allem im kommunalen Bereich besser wieder zurücknehmen sollte, bleibt die Senkung der Staatsquote bei vielen Ökonomen grundsätzlich ein wichtiges Ziel. Wenn Ratingagenturen den öffentlichen Sektor in bestimmten Ländern als zu groß empfinden, beeinflusst dies ihre Bewertung der entsprechenden Staaten negativ. Das erklärt auch, warum bei der Krisenbekämpfung 2011 / 2012 die Länder, die unter den Eurorettungsschirm schlüpfen wollten, ihre öffentlichen Aufgaben radikal reduzieren mussten und verpflichtet wurden, Personal im öffentlichen Dienst abzubauen.

Für mich sind Deregulierung, Steuersenkung und Privatisierung per se nichts Schlechtes oder Gutes. Jede geplante Maßnahme muss man sich im Einzelnen anschauen, um zu beurteilen, ob sie sinnvoll ist. Den Hass auf den Staat an sich, also den Wunsch, dass sich sowohl die Nationalstaaten als auch die EU möglichst aus allen Bereichen heraushalten sollen, halte ich aber für sehr gefährlich. Schließlich hat die Krise gezeigt, dass auch die vermeintlich ökonomisch starken Privatunternehmen plötzlich die Staaten in der Pflicht sahen, die Krise zu lösen. Einen armen Staat können sich nur die Reichen erlauben, weil sie sich all die Dienstleistungen privat kaufen können, die die öffentliche Hand nicht mehr erbringen kann. Deshalb sollte man bei Deregulierung, Steuersenkung und Privatisierung keinen Glaubenskrieg führen. Wir sollten aus der Krise jedoch lernen, dass wir die Staaten und die EU wieder mit den Instrumenten ausstatten, damit sie ihre Handlungsfähigkeit gegenüber ökonomisch mächtig agierenden Akteuren zurückgewinnen.

Es hat sich gezeigt, dass eine falsche Politik einen maßgeblichen Anteil am Ausbruch der Krise und an deren Verlauf hatte, weil sie die Entstehung entfesselter, scheinbar unkontrollierbarer Finanzmärkte zuließ und Banken begünstigte, die nicht mehr ihrer dienenden Funktion nachkamen, unser Wirtschaftssystem mit Geld zu versorgen, sondern nur noch nach schnellen Spekulationsgewinnen strebten. Obwohl die Wirtschaftspolitik fast aller Industriestaaten im letzten Jahrzehnt den Lehrsätzen der Neoliberalen folgte, kam es dennoch zu einem Wirtschaftscrash, der sich inzwischen zur schwersten Krise seit der Großen Depression zu Beginn der dreißiger Jahre entwickelt und auch

Europa schwer getroffen hat. Interessanterweise haben es die Apologeten des Neoliberalismus trotz des augenfälligen Zusammenhangs zwischen der neoliberalen Theorie und der Krise geschafft, ihr Programm fortzusetzen. Das mehrheitlich konservativ-neoliberal regierte Europa hat in den Jahren 2008 bis 2012 fast ausschließlich auf die Senkung der Staatsquoten, die Deregulierung des Arbeitsmarktes, den raschen Schuldenabbau und weitere auf Austerität zielende Maßnahmen gesetzt – und erhielt dafür aus der Wissenschaft lebhaften Beifall. Der Ökonom Paul Krugman, der 2008 mit dem Nobelpreis für Ökonomie ausgezeichnet wurde, schreibt hierzu: «Während wir mit der gegenwärtigen Krise ringen, müssen wir feststellen, wie viele Wirtschaftswissenschaftler Teil des Problems und nicht Teil der Lösung sind. Viele, wenn auch nicht alle führenden Wirtschaftswissenschaftler haben die Deregulierung unterstützt, obschon sie die Wirtschaft anfälliger macht.»[33]

Die Finanzmärkte sind noch immer die intransparentesten und am nachlässigsten kontrollierten Märkte, und auf die dort erzielten Gewinne werden weiterhin die geringsten Steuern erhoben. Dagegen sind die Maßnahmen, die auf eine Beteiligung der Krisenverursacher und eine Re-Regulierung der entfesselten Finanzmärkte zielten, zwar manchmal angekündigt, bislang aber nur in wenigen Fällen tatsächlich umgesetzt worden. Dies ist jedoch nötig, wenn wir unsere Demokratie verteidigen und die Menschen nicht nur zum Objekt einer ethikfreien Ökonomie machen wollen. Die Macht der Hedgefonds, der «systemrelevanten» Banken und der Ratingagenturen sind eine riesige Herausforderung für unsere Demokratie. Sie wieder in den Griff zu bekommen, dient auch der aktiven Prävention neuer Krisen.

Europas Politiker haben in der Vergangenheit Fehler gemacht, weil sie am großen Rad der Deregulierung mitgedreht haben, und nur sie können diesen Trend stoppen oder sogar umkehren. Das kann jedoch nicht gelingen, wenn sich Mitgliedsstaaten der Macht der global operierenden Finanzmärkte einzeln entgegenstellen. Es ist deshalb die Pflicht der Europäischen Union und ihrer politischen Verantwortlichen, diesen Kampf aufzunehmen.

An erster Stelle muss die Frage der Re-Regulierung der Finanzmärkte, von Finanzprodukten und von Finanzdienstleistern angegangen werden. Auf G20-Gipfeln und auf den europäischen Räten der Staats- und Regierungschefs wurde darüber zwar immer wieder eifrig debattiert, und scheinbar geläuterte Bankvorstände und Ökonomen brachten entsprechende Vorschläge ein. Rätselhafterweise ist davon jedoch fast nichts wirksam geworden. Zwar hat das Europaparlament zusammen mit der Kommission Vorschläge für die auf den G20-Treffen vereinbarten Maßnahmen zur Regulierung der Finanzmärkte ausgearbeitet, viele dieser Vorschläge liegen aber seit Monaten immer noch nur auf dem Verhandlungstisch, während andere verwässert oder gar blockiert wurden. Mächtige Lobbyorganisationen haben sich gegen wirkungsvolle Änderungen gewehrt, und eine Mehrheit der Regierungschefs in Europa aus allen politischen Lagern hat zu wenig getan, um die Interessen der Allgemeinheit zu vertreten. Ob es um exorbitante Bonuszahlungen, die Bewertung von Staatsanleihen durch Ratingagenturen oder die Einführung der Finanztransaktionssteuer geht: Alles wurde verschleppt und verzögert.

Man kommt nicht umhin, eine gewisse Ungleichzeitigkeit festzustellen. Während die einfachen Menschen die Bürde für die Folgekosten der Krise längst zu schultern haben, trödeln die Regierungen die Finanzmarktregulierung weiter hinaus. Fiskalpakt, Bankenrettungsschirme, Sparpakte und der Abbau im Sozialbereich wurden im Stakkato beschlossen, die Maßnahmen hingegen, die die Banken, Fonds und Spekulanten betreffen würden, sind angeblich zu komplex und zu schwierig, um sie zügig umzusetzen. Ich halte dieses Argument für vorgeschoben oder schlichtweg falsch. Natürlich können und müssen wir versuchen, den Geist wieder in die Flasche zu bekommen, den wir in den achtziger und neunziger Jahren herausgelassen haben. Ansonsten wird kaum zu verhindern sein, dass sich eine ähnliche Krise in absehbarer Zeit wiederholt.

Mit der Finanztransaktionssteuer, die im Jahr 2013 im Rahmen der verstärkten Zusammenarbeit kommen wird, also nicht für die gesamte Eurozone, sondern für mindestens elf EU-Mitgliedsstaaten, ist ein erstes wichtiges Element zur Bekämpfung der Ursachen der Krise geschaffen worden. Der Druck auf diejenigen Regierungen, die sich seit Jahren gegen dieses Instrument gewehrt hatten, war einfach zu groß geworden. Das ist auch solchen kreativen Aktionen zu verdanken, wie beispielsweise jenem von etlichen Nichtregierungsorganisationen initiierten und über das Internet verbreiteten kleinen Film, in dem die Schauspielerin Heike Makatsch und ihr Kollege Jan Josef Liefers für die Einführung dieser Steuer werben. Ähnliche Aktionen von Künstlern und Prominenten hat es auch in anderen EU-Ländern gegeben.

Diese Steuer ist ein erster, wichtiger Schritt, der mehrere Effekte hat: Erstens verbessert sie die Einnahmesituation der Staaten, die diese Steuer einführen. Hierdurch werden wieder neue Spielräume frei, um Zukunftsinvestitionen zu tätigen und soziale Probleme abzufedern. In absehbarer Zeit werden immer mehr Staaten diese Steuer einführen, sobald sie sehen, welche Einnahmen erzielt werden können. Damit wird die Entscheidung der EU für die Finanztransaktionssteuer einen globalen Vorbildcharakter bekommen. Zweitens ist diese Steuer eng mit einem menschlichen Gerechtigkeitsempfinden verbunden. Bislang lasten die Kosten der Krisenbewältigung vor allem auf den Schultern der einfachen Arbeitnehmer und sozial Schwachen, die vergleichsweise leicht zur Kasse gebeten werden können, weil sie sich dem staatlichen Zugriff kaum zu entziehen vermögen – anders als diejenigen, die als Steuerflüchtlinge ihr Vermögen einfach ins Ausland bringen können. Zukünftig werden also die Finanzmärkte selbst an den Kosten der Krise beteiligt, und damit wird endlich der unerträgliche Zustand beendet, dass für jeden Brötchenverkauf eine Mehrwertsteuer gezahlt werden muss, während die internationale Finanzzockerei steuerfrei ist. Drittens verteuert eine solche Steuer jede Finanztransaktion und macht sie dadurch unrentabler. Sie wirkt damit beruhigend auf die Heißsporne im internationalen Spielcasino.

Es ist also zu hoffen, dass der sogenannte Hochfrequenzhandel, bei dem Computer Milliardenbeträge in Sekundenbruchteilen um den Erdball jagen, um so durch minimale Kursschwankungen einen Gewinn zu erzielen, auf diese Weise eingedämmt wird. Sollte die Finanztransaktionssteuer diesen Effekt nicht erzielen, muss ein Verbot dieses Hochfrequenzhandels in der EU diskutiert werden, mindestens aber muss die sogenannte «Haltezeit» bei solchen Geschäften erhöht werden. Das Europaparlament fordert eine verbindliche Mindesthaltefrist von einer halben Sekunde, in der ein Finanzprodukt nicht weiterverkauft werden darf. Manche Börsenhändler bezeichnen das als Überregulierung. Wie gesagt: Es geht um eine halbe Sekunde!

Außerdem müssen wir dafür sorgen, dass der Anreiz, gegen einzelne Mitgliedsländer der EU zu spekulieren, verringert wird. Deshalb werbe ich seit langem dafür, dass die Eurostaaten international gemeinsame Anleihen, also gemeinsam verbürgte Kredite, aufnehmen. Hätte man diese Maßnahme bereits beschlossen, wäre Europa viel schneller aus dem Teufelskreis von Schulden, schlechten Ratings und dadurch wieder verteuerten Krediten für die Krisenstaaten herausgekommen, weil den offensichtlich spekulativ motivierten Zinsbelastungen gegen manche Eurostaaten auf diese Weise der Boden entzogen worden wäre. Die Stichworte in der Presse dazu heißen Eurobonds und Schuldentilgungsfond. Dies bedeutet für Deutschland, dass wir vielleicht nicht mehr null Prozent Zinsen für unsere Kredite zahlen müssen, sondern – wie vor der Krise – ein oder zwei Prozent. Dies verursacht natürlich Kosten. Ich glaube aber, dass diese Kosten insgesamt geringer sind als jene, die infolge des Durchwurschtelns bei der Krisenbekämpfung aufgelaufen sind.

Den Einwand, dass durch dieses neue, billigere Geld die Haushaltsdisziplin in einigen Staaten wieder nachlassen würde, halte ich zunächst für berechtigt. Allerdings bin ich davon überzeugt, dass wir durch den Fiskalpakt, also die Übernahme der deutschen Schuldenbremse auf europäischer Ebene, die Vorabprüfung der nationalen Haushaltsentwürfe in Brüssel und durch die Gesetze zur Bekämpfung der exzessiven Haushaltsdefizite – das bereits erwähnte «Sixpack» – dieser Gefahr vorgebeugt haben. Diese radikalen Kontrollmechanismen zur Sicherung der Haushaltsdisziplin waren immer wieder gefordert worden, um die europäische Solidarität in der Schuldenkrise zu ermöglichen. Als sie schließlich beschlossen waren, gab es trotzdem weder Eurobonds noch den Schuldentilgungsfond oder eine Banklizenz für den ESM. Diese Weigerung zwang den Präsidenten der Europäischen Zentralbank Mario Draghi zu seiner unkonventionellen Ankündigung, unbegrenzt Staatsanleihen aufzukaufen, wodurch er die Märkte beruhigte und die Zinsen für die in Turbulenzen geratenen Staaten senkte. Was dabei übersehen wurde: Für diese Staatsanleihen hafteten nun die Eigentümer der EZB, also die Eurostaaten insgesamt, und so wurden Eurobonds durch die Hintertür doch eingeführt. So verspielt man die Glaubwürdigkeit europäischer Politik.

Wir brauchen mehr Maßnahmen, die an den Ursachen ansetzen, die zu dieser Krise geführt haben. Mich hat der Vorschlag von Peer Steinbrück überzeugt, den er Ende September 2012 vorgelegt hat. Im Wesentlichen geht es bei den zur Diskussion gestellten Maßnahmen darum, das Tempo, mit dem global gehandelt wird, zu entschleunigen und die Finanzindustrie wieder daran zu erinnern, dass sie eine dienende Funktion hat. Der ehemalige deutsche Finanzminister hat seine Initiative mit «Das Casino schließen» überschrieben. Das ist ein richtiges Bild. Es spricht zwar nichts dagegen, wenn Unternehmen ihre Risiken bei Zins- und Währungsschwankungen auf den internationalen Finanzmärkten absichern. Viele global operierende und rohstoffabhängige Unternehmen müssen dies tun, um ihre Preise seriös kalkulieren zu können, doch sollte diese Risikoabsicherung einen Bezug zur Realwirtschaft haben und nicht eine globale Spekulationskette in Gang setzen können, die mit hohen Risiken für ganze Staaten und Regionen einhergeht. Deshalb ist es gut, dass mittlerweile Maßnahmen beschlossen worden sind, wie der Handel mit Derivaten begrenzt werden kann, ohne dass global operierende Unternehmen dabei Schaden nehmen. Ich halte es übrigens für eine richtige Forderung, die Spekulation mit Nahrungsmitteln und Rohstoffen so einzuschränken, dass sie keine Armuts- oder Hungerkatastrophen auslösen können. Gleiches gilt für die sogenannten Leerverkäufe, eine absurde Praxis, bei der Menschen mit Produkten handeln, die sie überhaupt nicht besitzen.

Ich finde, dass die Frage der Neuordnung der Finanzmärkte auch ein wichtiges Thema bei den Europawahlen im Mai 2014 werden sollte, da viele der notwendigen Maßnahmen gemeinsam mit den europäischen Nachbarn eingeführt werden müssten, um ihre maximale Wirkung erzielen zu können. Eine neue Europäische Kommission, die 2014 ins Amt kommt, ihre Legitimation direkt aus dem Europäischen Parlament gewinnt und nicht mehr von den nationalen Regierungen abhängig ist, die die notwendigen Finanzmarktregulierungen seit Monaten verschleppen, könnte und müsste bei der Krisenbekämpfung zur Taktgeberin werden.

Natürlich müssen wir auch die Banken kontrollieren. Da sie durch ihre Vernetztheit ganze Volkswirtschaften und Regionen in den Abgrund reißen können, brauchen wir eine effektive und strenge Bankenaufsicht, die die EU 2014 einführen will. Weiterhin gilt es, die Systemrelevanz von Banken zu minimieren, denn sie führt dazu, dass diese Finanzinstitute immer gerettet werden müssen, egal, wie sie handeln, weil eine Pleite eine Kettenreaktion mit kaum prognostizierbaren Folgen auslösen würde. Damit ist der Zusammenhang von Haftung und Risiko, der im normalen Geschäftsleben gilt, komplett aufgelöst worden. Zocker wurden geradezu ermutigt, riskante Geschäfte zu tätigen, die einen großen Gewinn abwerfen, ohne dass sie irgendein Risiko eingingen, weil sie im Zweifel vom Staat gerettet wurden. Deshalb unterstütze ich den Vorschlag, die Geschäftsbanken von den Investmentbanken zu trennen, weil damit jener Geschäftsbereich, der sich vor allem auf Spekulation konzentriert, abgetrennt wird und notfalls bankrottgehen kann, ohne dass die Einlagen von Sparern und die Kreditvergabe an Unternehmer unmittelbar gefährdet werden.

Weiterhin ist wichtig, dass wir die Ratingagenturen kontrollieren. Wir haben uns zu sehr daran gewöhnt, dass diese Agenturen einzelnen Regierungen und der gesamten EU öffentlich vorzuschreiben versuchen, wie sie die Krise bekämpfen sollen, und dass sie unverhohlen drohen, ihre Ratings herabzusetzen, sollten ihre «Ratschläge» nicht befolgt werden. Es ist zwar völlig in Ordnung, wenn jemand vor einer bestimmten Politikentscheidung warnt oder sagt, dass er diese für falsch hält. Über Meinungen kann man bekanntlich streiten. Um streiten zu können, muss man jedoch die Kriterien kennen, nach denen die Ratingagenturen ihre Beurteilungen vornehmen – und über diese schweigen sie bislang hartnäckig. Wenn eine Ratingagentur ihre Warnung gleich dadurch zur Realität werden lassen kann, indem sie ein ganzes Land in ihrer Bewertung herabstuft und dadurch dafür sorgt, dass sich eine neue Kreditaufnahme um viele Milliarden Euro verteuert, gewinnen viele Menschen den Eindruck, diese Kräfte regierten die Welt und nicht etwa demokratisch legitimierte Politiker. Außerdem ist zu überprüfen, inwieweit es eine Interessenkollision gibt, weil diese Agenturen von Auftraggebern bezahlt werden, denen bestimmte Bewertungen möglicherweise sehr gelegen kommen. Aus diesem Grund hat das Europaparlament vorgeschlagen, dass die Ratingagenturen strenger kontrolliert und für ihre Beurteilungen haftbar gemacht werden können, wenn sie nachweislich grob fahrlässig oder sogar absichtlich falsch sind. Denn auch das ist zu schnell vergessen worden: Die Einschätzungen dieser Agenturen werden nicht von Propheten, sondern von Menschen ausgesprochen. Menschen, die sich irren, wie wir bei der falschen Bewertung der Immobilienpakete in den USA oder bei der Beurteilung der Staatsfinanzen Griechenlands gesehen haben, die beide über lange Zeit gute Zeugnisse ausgestellt bekommen haben.

Allerdings müssen wir uns auch an die eigene Nase fassen: Wir haben uns selbst an die Ratingagenturen gekettet, indem wir gesetzlich festgelegt haben, dass ihre Beurteilungen berücksichtigt werden müssen. Damit haben wir diesen Agenturen einen Stellenwert gegeben, dem sie kaum genügen können und der sie in Versuchung führen kann. Deshalb müssen die entsprechenden Bestimmungen überprüft und gegebenenfalls geändert werden. Schließlich sollte durch die Gründung einer europäischen Ratingagentur die Dominanz der amerikanischen Institute gebrochen werden. Dies wird allerdings einige Zeit in Anspruch nehmen, da es dauern wird, bis eine solche europäische Agentur die notwendige Reputation genießt.

Zusammengefasst heißt das: Europa muss die Finanzmärkte und die international operierenden Finanzdienstleister transparenter machen und kontrollieren, damit das Risiko eines neuen Crashes minimiert wird. Dafür müssen die Spekulationen begrenzt und die Finanzmärkte wieder an die Realwirtschaft gekoppelt werden. All dies ist möglich. Die dafür notwendigen Maßnahmen entspringen nicht etwa einer revolutionären Logik, sondern dem Bewusstsein, dass eine Marktwirtschaft faire Wettbewerbsbedingungen braucht, um funktionieren zu können.

* * *

Europa muss sich reformieren, damit sein Gesellschaftsmodell auch im 21. Jahrhundert überlebt. Dafür müssen wir lernen, unsere Demokratie zu verbessern. Wir müssen lernen, international mit einer Stimme zu sprechen. Wir müssen lernen, unser spezifisches Gesellschaftsmodell zu stärken. Und schließlich muss Europa seinen Beitrag leisten, einen entfesselten internationalen Kapitalismus wieder in die richtigen Bahnen zu lenken. Ich bin fest davon überzeugt, dass Europa dies alles schaffen kann.

Ich will an dieser Stelle einem Eindruck widersprechen, der angesichts dieser Forderungen möglicherweise bei vielen entsteht. Viele denken, dass Europapolitiker generell dafür eintreten, dass immer mehr Kompetenzen nach Brüssel übertragen werden. Ich will das nicht. Zwar halte ich es für notwendig, die erwähnten Vorschläge umzusetzen, damit Europa sein Gesellschaftsmodell im 21. Jahrhundert bewahren kann. Doch muss diese Kompetenzübertragung nicht nur in eine Richtung verlaufen. Wenn wir im Rahmen eines Verfassungsprozesses zu einer Neuordnung Europas kommen, dann werden wir möglicherweise feststellen, dass manches Feld, das heute noch von der EU beackert wird, vielleicht doch besser den Mitgliedsstaaten übertragen werden sollte. Das Subsidiaritätsprinzip ist für mich kein hohler Begriff: Bei allem, was die kommunale, die Landes- oder die Bundesebene besser regeln kann, sollte sich Europa heraushalten. Und da, wo Handeln nur im Verbund sinnvoll ist und die Kompetenzen deshalb an die EU übertragen werden, sollten wir die europäischen Strukturen so verändern, dass durch diese Übertragung kein Demokratiedefizit entsteht. Auf diese Diskussion über das neue, entfesselte Europa freue ich mich, denn es wird eine Diskussion darüber werden, wie wir leben wollen und was uns wichtig ist. Eine solche Selbstbefragung, die zu einer neuen Selbstvergewisserung führen kann, halte ich für dringend geboten.

IV. DER ENTFESSELTE KONTINENT – VISIONEN FÜR EUROPA

Stehen bleiben oder weitergehen?

Ich habe dieses Buch geschrieben, weil ich glaube, dass wir an einer wichtigen politischen Weggabelung angekommen sind. Wir müssen uns entscheiden, ob wir auf dem Weg der europäischen Integration stehen bleiben, eine andere Richtung einschlagen oder ob wir gar umkehren wollen. Keine dieser möglichen Entscheidungen ergibt sich zwangsläufig aus unserer Geschichte oder der gegenwärtigen Lage in Europa. Alle, die erklären, dass die Europäische Union «alternativlos» sei, meinen es vielleicht gut, irren sich aber. Wir sind zur Freiheit verurteilt, wie es Immanuel Kant einmal ausgedrückt hat, weil auch Nichthandeln am Ende eine Entscheidung ist, die Konsequenzen haben wird. Jede Entscheidung, die wir über den künftigen Weg Europas treffen, wird Konsequenzen auf unser Leben und auf das unserer Kinder und Enkel haben.

Wir könnten uns dazu entscheiden, die europäische Einigung wieder zurückzudrehen, und den Weg der Renationalisierung einzuschlagen. Das ist möglich und ist im Zuge der Krise auch immer wieder diskutiert worden. Es gibt im rechten wie im linken politischen Lager viele Menschen, die das aus sehr unterschiedlichen Gründen befürworten. Den einen passt es nicht, dass der Nationalstaat an Einfluss verliert, der ihnen bislang ein Gefühl der Sicherheit in einer immer unüberschaubareren Welt vermittelte. Ich verstehe, dass dies als Verlust empfunden wird, denn wahrscheinlich bleibt der Nationalstaat auch in den kommenden Jahren einer der entscheidenden Referenzpunkte, wenn es um die Identität und das Zugehörigkeitsgefühl von Menschen geht. Man glaubt zu verstehen, wie die Dinge zu Hause funktionieren, während die Vorgänge jenseits der Grenzen und insbesondere im «Raumschiff Brüssel» den meisten unverständlich und fremd bleiben. Daran ist nichts falsch. Auch die europäische Einigung führt nicht dazu, dass der Nationalstaat überflüssig wird. Ich selbst fühle mich weiterhin als Deutscher und sehe mich zugleich auch als Rheinländer, Würselener – und als Europäer. Wenn in diesen Tagen wieder das Nationale überhöht und im öffentlichen Diskurs erneut ein Gegensatz zwischen «uns» und «denen» konstruiert wird, sollten wir zudem nicht vergessen, dass im 20. Jahrhundert mit diesen Argumentationsmustern schlimme Verbrechen gerechtfertigt worden sind. Das ist insbesondere in der Debatte über die Probleme Griechenlands leider zu oft ignoriert worden.

Andere wenden sich gegen die europäische Integration, weil sie ein Aushöhlen demokratischer und sozialer Grundrechte durch Europa befürchten und in der EU ein neoliberales Projekt sehen. In den Nationalstaaten hat es Jahrzehnte und unzählige politische Kämpfe gebraucht, um unsere heutigen Grundrechte und das derzeitige hohe Niveau an sozialer Sicherheit zu etablieren – manche sehen diese Errungenschaften nun durch ein Europa gefährdet, das Deregulierung, Privatisierung und die Ökonomisierung vieler Lebensbereiche vorantreibt. Auch diese Sorge kann ich zunächst verstehen, denn innerhalb der EU tobt ebenso wie in ihren jeweiligen Mitgliedsstaaten ein Kampf darum, ob und wie wir unser Sozialstaatsmodell verteidigen können und wollen. Und vor allem in der Kommission sitzt mancher Beamter, der vom Deregulierungswahn noch immer geradezu besessen scheint.

Denjenigen, die zurück zum Nationalstaat wollen, sei gesagt: Nach Europarecht – dem Vertrag von Lissabon – ist es möglich, dass ein Staat die Europäische Union verlässt. Man kann seine Mitgliedschaft einfach kündigen, jedes Land darf die EU verlassen und sein Glück allein versuchen. Die Konsequenzen sollten allerdings wohl überlegt werden, denn ein Austritt aus der EU wird schwerlich dazu führen, dass man es sich fortan unter der nationalen Kuscheldecke bequem machen und den Wagnissen der Globalisierung entgehen kann. Kein Staat wird sich vom internationalen Weltgeschehen abmelden können. Zwar scheint es auf den ersten Blick so, als fahren die beiden wohlhabendsten europäischen Nicht-EU-Staaten, Norwegen und Schweiz, bislang recht gut damit, der Union fernzubleiben. Doch ist die Distanz nicht ganz so groß, wie viele EU-Skeptiker meinen. So ist Norwegen Teil des EU-Binnenmarktes, des Europäischen Wirtschaftsraums und nimmt am Schengensystem teil. Die Schweiz ist ebenso mit der EU assoziiert und übernimmt viele europarechtliche Bestimmungen – sie darf bei deren Entstehung aber nicht mitreden und kann die Vorteile einer EU-Mitgliedschaft nicht genießen. Und obwohl sie vielen als Insel des Wohlstands erscheint, ist die Alpenrepublik ebenfalls von der derzeitigen Krise der EU betroffen. Sie hat ihre Währung, den Schweizer Franken, inzwischen sogar an den Euro gekoppelt, damit sie gegenüber der europäischen Währung nicht zu stark aufgewertet wird. Nun hängt die Schweiz am Euro – ohne EU-Mitglied zu sein. Wer sich zudem daran erinnert, wie herrisch Libyens Diktator Gaddafi mit der Schweiz umgesprungen ist, als sie es gewagt hatte, einen seiner Söhne rechtlich zu belangen, der ist froh, dass die EU ihren Mitgliedsländern in einem solchen Fall beistehen würde. Auch Großbritannien, das zwar Mitglied ist, sich aber aus vielen Integrationsprojekten der EU heraushält und in Brüssel immer mit beiden Füßen auf der Bremse steht, entgeht durch sein ständiges «No» nicht der Krise. Obwohl es sich weder dem Schengenraum angeschlossen noch den Euro eingeführt oder den Fiskalpakt unterschrieben hat, ist es stärker von wirtschaftlichen Problemen betroffen als die meisten anderen Länder der EU. Seit 2008 befindet sich das Land in einer Rezession, ist überschuldet und leidet unter einer hohen Arbeitslosigkeit.

Deswegen habe ich in meinen vier Szenarien zu zeigen versucht, was passieren könnte, wenn die EU scheitert: Der Euro würde auseinanderbrechen, was eine steigende Abhängigkeit unseres Kontinents vom amerikanischen Dollar und chinesischen Renminbi nach sich zöge und die europäische Wirtschaft an den Rand des Zusammenbruchs brächte. Es gäbe innerhalb Europas wieder nervenaufreibende Zoll- und Grenzkontrollen, also mehr Bürokratie und Staus an den Grenzen, dafür weniger Handel und Wachstum. Die Standards bei Daten-, Verbraucher- und Umweltschutz würden sinken, Europa wäre im internationalen Handel und in der Außenpolitik marginalisiert, und auf unserem Kontinent wird sich ein dumpfer Nationalismus ausbreiten, der die Welt schon einmal in die Katastrophe geführt hat. Europa würde sich als Weltmacht abmelden und in wenigen Jahrzehnten seinen Wohlstand und seine Sicherheit verlieren.

Selbst wenn man nicht gleich so radikal vorgehen und aus der EU austreten will, kann man natürlich dafür kämpfen, die europäische Integration deutlich zurückzufahren. Großbritannien kämpft traditionell dafür und sperrt sich gegen alle Schritte zu einer weiteren Integration. Viele englische Politiker wollen die Europäische Union am liebsten in eine reine Freihandelszone umwandeln. Deshalb ist man auf der Insel auch immer schnell dafür, neue Länder in die EU aufzunehmen – man hofft, dass mehr Mitglieder automatisch zu weniger Integration führen und damit zu einer zunehmenden Schwächung der Gemeinschaft. Wegen dieser Haltung spielt die britische Regierung in Brüssel die Rolle des ewigen Bremsers. Es gibt nicht wenige, die deshalb sagen, dass sich das Land irgendwann entscheiden muss, ob es wirklich zu Europa gehören oder seine eigenen Wege beschreiten will.

Allerdings ist die Meinung, die Integration müsse zurückgedreht werden, nicht auf Großbritannien beschränkt. Vor allem in Wahlkampfzeiten, wenn mancher Politiker glaubt, mit Europa-Bashing punkten zu können, sind solche Forderungen auch in anderen Ländern deutlich zu vernehmen. Selbst Regierungsmitglieder können der Versuchung des Populismus nicht immer widerstehen. So haben die Innenminister der EU-Mitgliedsländer im Sommer 2012 darüber gesprochen, an den Binnengrenzen wieder Kontrollen einzuführen, das Schengener Abkommen also faktisch zu beerdigen. Die Initiative war von der rechtsgerichteten dänischen Regierung 2011 eingebracht worden, die auch gleich zur Tat schritt und an den Grenzübergängen zu Deutschland wieder Polizisten stationierte. Die dänischen Wählerinnen und Wähler entlarvten dieses Manöver aber schnell als das, was es war: als populistischen Versuch, mit nationalem Pathos und antieuropäischen Gefühlen auf Stimmenfang zu gehen. Die dänischen Rechten konnten nicht erklären, welche Gefahren bei offenen Grenzen zu Deutschland bestünden. Auch hier gilt es wieder, die Alternative klar darzustellen: Das Ende des Schengensystems würde bedeuten, dass die Grenzen innerhalb der EU wieder von nationalen Grenzbeamten kontrolliert würden. Sie würden dies sicher nach bestem Gewissen tun, allerdings nach ihren jeweiligen nationalen und nicht den EU-Standards, mit ihren jeweiligen technischen Möglichkeiten und entsprechend ihrer jeweiligen Ausbildung. Wer glaubt, die weltweiten Migrationsbewegungen auf diese Weise steuern zu können, ist bestenfalls naiv und will die Leute schlimmstenfalls für dumm verkaufen. Das Gegenteil wäre der Fall, es sei denn, man will wieder neue Mauern und Sperranlagen in Europa errichten.

Übrigens verlor das dänische Kabinett die Parlamentswahl, stattdessen wurden die dänischen Sozialdemokraten von der Wählerschaft mit der Regierungsverantwortung beauftragt. Es gewann also eine Partei, die sich ausdrücklich gegen die Abkehr von der bewährten Schengenpolitik gestellt hatte. Ähnlich lief es in den Niederlanden, wo der Wahlkampf im Sommer 2012 ebenfalls im Zeichen der Europapolitik stand und sich Rechts- und Linksradikale gleichermaßen bemühten, aus einer europaskeptischen Stimmung Kapital zu schlagen. Auch dieser Versuch scheiterte. Die proeuropäischen Kräfte setzten sich durch und errangen eine komfortable Mehrheit im holländischen Parlament.

Wir können uns natürlich auch dafür entscheiden, einfach für eine Zeit innezuhalten und die Dinge in Europa so zu lassen, wie sie heute sind: keine weiteren Integrationsschritte mehr, aber auch kein Zurückfahren der Einigung. Keine Reformen mehr, keine Verfassungsdebatten, keine Konvente. Ich kann diese Haltung verstehen, denn nach unzähligen Reformen in unserem und in den anderen europäischen Ländern, von denen viele auch zu tiefen Einschnitten geführt haben, sind wir müde geworden und sehnen uns nach einer Atempause. Deshalb ist die Beibehaltung des Status quo eine realistische Option. Für eine Veränderung brauchen wir den entsprechenden politischen Willen, eine Idee, wohin die Reise gehen soll, und wir brauchen die notwendigen Mehrheiten, um sie auch durchzusetzen. Wenn wir uns auf nichts verständigen können, wird die EU so bleiben, wie sie ist. Auch das halte ich für den falschen Weg. Ich glaube, dass man sich mit dieser Strategie selbst belügt oder sich verhält wie ein kleines Kind, das sich die Augen zuhält und glaubt, nun nicht mehr gesehen zu werden.

Ich dagegen will, dass wir die EU besser machen. Ich glaube, dass das notwendig und möglich ist. Warum sollten wir das weitverbreitete Unbehagen über dieses Europa nicht aufnehmen und konstruktiv nutzen können? Warum nicht an den Stellen nachjustieren und ölen, von denen wir doch genau wissen, dass sie quietschen und knarren? Es spricht noch etwas Zweites gegen ein Verharren im gegenwärtigen Zustand: Die Welt um uns herum wird uns nicht den Gefallen tun, ebenfalls den Status quo einzufrieren. Menschen, Staaten und Regionen sind vollauf damit beschäftigt, die internationalen Regeln zu ändern und unseren Planeten umzubauen. Ich möchte, dass wir als Europäer an diesem Umbau mitarbeiten und unsere Vorstellungen über diese neue Welt einbringen, denn ich glaube, dass wir etwas zu sagen haben und unsere Erfahrungen, die wir in dunklen und in hellen Zeiten gesammelt haben, weitertragen sollten. Aber dafür müssen wir mit einer Stimme sprechen, und wir müssen wieder lernen, gemeinsam zuzuhören, was uns andere von ihren Erfahrungen mitteilen wollen. Deshalb sollten wir uns jetzt aufmachen und diese EU verändern. Wir sollten Europa von seinen Fesseln lösen, damit es seine Stärke nutzen kann, um Gutes zu bewirken – sowohl im Inneren als auch nach außen hin in Partnerschaften mit anderen Ländern und Regionen. Wir sollten diese Fesseln endlich lösen, damit Europa gemeinsam mit den anderen Riesen und den weniger Starken aus anderen Weltregionen helfen kann, die Fehler des 20. Jahrhunderts zukünftig zu vermeiden. Das mag pathetisch klingen – aber dazu stehe ich, denn ich weigere mich, das Ziel einer friedlichen Welt aufzugeben.

Hierfür müssen wir Richtungsentscheidungen treffen. Es geht nicht um die Frage, ob wir «mehr Europa» wollen – das ist zu simpel. Wir müssen uns schon die Mühe machen, genauer zu definieren, an welcher Stelle wir mehr Europa wollen. Aus meiner Sicht brauchen wir mehr Europa vor allem bei Handels- und Währungsfragen, bei der Wirtschafts- und Finanzpolitik und bei der Umwelt- und Migrationspolitik. Wir werden uns auch Gedanken machen müssen, wie wir die außer Rand und Band geratenen Finanzmärkte wieder bändigen und unsere sozialen Sicherungssysteme im 21. Jahrhundert bewahren können. In keinem dieser Felder kann ein einzelner europäischer Staat allein noch effektiv etwas erreichen. Auch in der Außenpolitik brauchen wir mehr Europa, wenn unsere Vorstellungen von einer gerechten und friedlichen Welt in der globalen Diskussion gehört werden sollen.

Es ist überdies eine kritische Auseinandersetzung darüber notwendig, wofür wir zukünftig unser Geld ausgeben wollen. Es müssen also nicht nur die Politikfelder beschrieben werden, auf denen wir mehr Europa wollen, wir müssen bestimmen, wie sich unser Kontinent in diesen Bereichen entwickeln soll. Investieren wir weiter in die alten Technologien des 20. Jahrhunderts, oder sorgen wir mit strategischen Investitionen dafür, dass Europa weiter Weltspitze bleibt? Eine solche Diskussion kann dazu führen, dass wir beispielsweise weniger Geld für Subventionen ausgeben, dafür aber mehr für die Universitäten und berufliche Ausbildung.

In manchen Bereichen, die wir verändern müssen, werden wir uns schnell einigen können. So hat die Krise zum Beispiel dazu geführt, dass wir bei der Haushaltskonsolidierung und -kontrolle ein großes Stück vorangekommen sind. Das ist gut, weil wir so die entsprechenden Lücken des Maastrichter Vertrags schließen konnten. Auch bei der Regulierung der Finanzmärkte und der Banken müssen wir endlich die Erkenntnisse umsetzen, die wir aus der gegenwärtigen Krise gewonnen haben, weil andernfalls bald die nächste kommen wird. Dafür muss die europäische Öffentlichkeit zusammen mit dem Europäischen Parlament und den nationalen Parlamenten den Druck auf die Regierungen aufrechterhalten. Bei einer Kompetenzänderung im Bereich des Sozialstaates ist weiteres Nachdenken notwendig. Schon heute zeigt sich, dass die EU Mindeststandards setzen kann und sollte, die die Mitgliedsstaaten einhalten müssen und die Ausdruck des europäischen Sozialmodells sind. Ebenso klar ist, dass die EU darauf achten muss, dass sie selbst bei ihrer Gesetzgebung keine sozialen Grundrechte verletzt. Deshalb sollte jeder Legislativakt mit einer Abschätzung der sozialen Folgen verbunden werden, um ungewollte Härten zu vermeiden. Wichtig ist, dass alle Bürger vor dem Europäischen Gerichtshof ihre Grundrechte einklagen können – dies gilt selbstverständlich auch für die sozialen Rechte, die gleichberechtigt neben allen anderen Rechten in der Europäischen Grundrechtecharta stehen und deshalb nicht den Interessen des europäischen Binnenmarktes untergeordnet werden dürfen. Ob es dagegen jemals europäische Kranken-, Renten- oder Arbeitslosenversicherungen geben soll, vermag ich heute nicht zu sagen. Ich bin eher skeptisch, was diesen Bereich angeht, wünsche mir darüber aber eine offene Diskussion, weil alle europäischen Staaten mit dem Problem einer schrumpfenden und alternden Gesellschaft zu kämpfen haben.

Auch bei einer eventuellen Vergemeinschaftung der Außenpolitik werden wir Widerstände erleben. Die Außenpolitik gilt vielen Staatschefs noch als «Königsdisziplin». Die Entsendung von Soldaten in einen kriegerischen Konflikt ist schon für viele nationale Parlamente und Regierungen ein schwieriger Akt. Solange gegenüber Brüssel eine so große Distanz empfunden wird, ist es undenkbar, eine solche Entscheidung zukünftig vom Europaparlament und der Kommission treffen zu lassen. Die Vergemeinschaftung anderer Bereiche der Außenpolitik halte ich dagegen für notwendig. Eine bilaterale Entwicklungszusammenarbeit, das Ringen um Spitzenposten für nationales Personal in internationalen Organisationen und strategische Partnerschaften mit anderen Ländern sind längst keine Felder der nationalen Außenpolitik mehr. Ich muss noch immer lachen, wenn ich an eine Diskussion im Kreis von verschiedenen europäischen Außenpolitikern denke: Der Minister eines kleinen EU-Staates verkündete dort mit gewichtiger Miene, dass sich seine Regierung nach langer Diskussion entschlossen habe, China eine strategische Partnerschaft anzubieten. «Da werden die Sektkorken in Peking aber knallen», sagte ich und zwinkerte dem Kollegen zu.

Die Zukunft Europas und der neue Gemeinschaftssinn

Um all das Genannte zu tun, werden wir die Struktur der EU deutlich effizienter machen müssen. Die Politik muss wieder in die Lage versetzt werden, gegenüber multinationalen Konzernen und Fonds, die Milliardenbeträge zur Verfügung haben, ihren Primat durchzusetzen und zu behaupten. Das können wir nur, wenn die einzelnen EU-Mitgliedsländer sich nicht mehr so einfach wie bisher von anderen Staaten oder großen ökonomischen Playern gegeneinander ausspielen lassen. Dafür müssen die EU-Gemeinschaftsinstitutionen gestärkt werden, also das Europäische Parlament, die Kommission und der Ministerrat. Die Kommission wird dann zur europäischen Regierung und der Kommissionspräsident in Personalunion der Präsident des Europäischen Rats. Das Amt des ständigen Vorsitzenden des Europäischen Rats wird damit abgeschafft, da es sich nicht bewährt hat und zudem mit der rotierenden Präsidentschaft kollidiert, nach der alle sechs Monate der Vorsitz im Rat wechselt.

Eine wichtige Wegmarke für diese Veränderungen wird die Europawahl 2014 sein. Dann werden die europäischen Parteien jeweils einen Kandidaten für das Amt dieses neuen europäischen Regierungschefs bestimmen, der oder die in ganz Europa als Spitzenkandidat auftritt und das jeweilige Wahlprogramm vertritt. Erst dann können wir endlich über die Alternativen entscheiden und die Frage beantworten, *welches* Europa wir wollen. Umfragen zeigen, dass die Motivation, sich an der Europawahl zu beteiligen, deutlich steigt, wenn ein zukünftiger europäischer Regierungschef vom Europäischen Parlament gewählt wird und gegebenenfalls wieder abgewählt werden kann. Das wird auch das Miteinander im Europaparlament verändern: Von diesem Zeitpunkt an wird es eine die Regierung stützende Mehrheit und eine Opposition innerhalb der EU geben. Der Kommissionspräsident ist dann nicht mehr vom Wohlwollen der Staats- und Regierungschefs abhängig, sondern von einer eigenen parlamentarischen Mehrheit. So wird der gestärkte Kommissionspräsident durch ein gestärktes Parlament effektiv kontrolliert. Das Parlament muss dann selbstverständlich auch das volle Initiativrecht erhalten. Die Interessen der Staaten werden durch eine Zweite Kammer, bestehend aus den Regierungsvertretern der Mitgliedsstaaten, eingebracht. Hierdurch würde sich auf der europäischen Ebene ein Zweikammersystem entwickeln, wie wir es aus der föderalen Struktur einiger Nationalstaaten kennen.

Wenn wir diese Reformen anpacken, werden wir dies über einen neuen europäischen Vertrag regeln müssen. Dann ist der

Zeitpunkt gekommen, um über Strukturen und Kompetenzordnungen zu entscheiden. Der neue Vertrag muss von einem Konvent ausgearbeitet werden, in dem die europäischen Institutionen, nationale Parlamentarier, Regierungen und Nichtregierungsorganisationen eingebunden sind. Diejenigen Länder, die den Vertrag nicht ratifizieren, sollten dann automatisch aus der EU ausscheiden. Wir können es uns nicht erlauben, dass ein mit breiter Beteiligung erarbeiteter Verfassungsvertrag schließlich am Veto einzelner Länder scheitert, wie das bei der letzten Verfassungsrunde geschehen ist. Ich würde mir wünschen, dass dann in den Gesellschaften eine ernsthafte Debatte darüber geführt wird, ob ein Austritt aus der EU eine ernsthafte Option ist.

Bei den genannten institutionellen Reformen gibt es für mich einen Punkt, der mir besonders wichtig ist: Wir müssen wieder zur europäischen Gemeinschaftsmethode zurückkehren. Sie ist die Seele der EU und kein technokratischer Begriff. Mit dieser Gemeinschaftsmethode hat Europa in den vergangenen fünfzig Jahren beeindruckende Fortschritte erzielt, während die sogenannte Unionsmethode mehr Probleme schafft, als sie zu lösen vermag. Während es nämlich bei der Gemeinschaftsmethode um die Suche nach dem gemeinsamen Interesse geht, bedeutet die Unionsmethode das ständige Pokern über nationale Egoismen. Der Streit um die mittelfristige Finanzplanung Ende 2012, bei dem die Positionen der Regierungschefs unversöhnlich aufeinanderprallten, ist ein Beispiel dafür, wie es nicht laufen sollte. Eine Denkart, die unter dem Motto steht: «Wenn jeder an sich selbst denkt, ist an alle gedacht», funktioniert weder in unseren Nationalstaaten noch auf europäischer Ebene – das zeigt das Krisenmanagement der Regierungschefs der letzten Jahre überdeutlich. Wir haben auf ihren Gipfeltreffen die Wiedereinführung des Wiener Kongresses erlebt. Am Ende solcher

Pokerrunden wird dann verkündet, wer gewonnen und wer verloren hat. Der Geist, der der Unionsmethode zugrunde liegt, hat Europa geschadet, und das Gegeneinander in Europa – begründet mit vermeintlichen nationalen Interessen und dem Aufzeigen von immer neuen roten Linien, über die man nicht gehen könne – hat die Spekulation gegen den Euro befeuert.

Der Startschuss zum Wetten auf ein Zerbrechen der Eurozone wurde damit von den Regierungszentralen in den europäischen Hauptstädten gegeben, nicht von der EU-Kommission oder dem Europaparlament. Die Unionsmethode hat überdies eine Atmosphäre geschaffen, die in allen EU-Staaten den Eindruck entstehen ließ, sie würden von den anderen Mitgliedsländern schlecht und ungerecht behandelt. Das ist fatal. In früheren Zeiten wurde zwar auch hart um Beschlüsse gerungen. Am Ende stand aber immer die Suche nach einem fairen Kompromiss im Vordergrund, durch den wir als Kontinent insgesamt gewinnen. Folgt man diesem Weg, verbieten sich apodiktische Aussagen. Schon im Privaten gilt: Man sollte niemals «nie» sagen. In der Politik gilt dieser Satz umso mehr, weil sich manche grundlegenden Voraussetzungen innerhalb von Stunden ändern können. So mussten diejenigen, die eine Verlängerung der Laufzeiten von Atomkraftwerken in Deutschland durchgesetzt hatten, sehr schnell dazulernen, nachdem die schreckliche Katastrophe im japanischen Fukushima geschehen war. Deshalb ist es dringend notwendig, dass wir schnell zu den gemeinsamen Interessen zurückfinden. Der Soziologe Ulrich Beck hat einmal festgestellt, dass die Europäische Union ein Positivsummenspiel ist. Im Gegensatz zu den Nullsummenspielen der Nationalstaaten des 19. Jahrhunderts, bei denen der Gewinn des einen der Verlust des anderen Staates war, ist es nicht länger so, dass der eine verlieren muss, damit der andere gewinnt. Die Logik des

Positivsummenspiels lautet vielmehr: Entweder gewinnen wir alle, oder wir verlieren alle.

Dass sich gegenseitige Solidarität auszahlt, wissen wir auch im föderalen Deutschland. Nachdem Bayern als Bundesland über Jahre Geld aus dem Länderfinanzausgleich bekommen hat, ist München nun selbst Nettozahler und kann seinerseits solidarisch mit den Bundesländern sein, die ihm geholfen haben. Und im Zuge der Griechenland-Debatte haben manche vergessen, dass Griechenland der Bundesrepublik Deutschland nach dem Zweiten Weltkrieg Schulden erlassen hat, damit wir wieder auf die Beine kommen konnten. Die Rückkehr zur Gemeinschaftsmethode heißt also: In den europäischen Institutionen wird ein fairer Kompromiss zwischen den kleinen und großen Ländern, zwischen Nord und Süd und Ost und West, zwischen den Industrie- und den Agrarländern gesucht. Die Unterschiedlichkeit der Mitgliedsstaaten und ihre historischen Spezifika werden nicht als Nachteil, sondern als Quelle wichtiger Erfahrungen wahrgenommen, von der die EU als Ganzes profitiert. Auch hierdurch werden wir die Fesseln der EU lösen können.

★★★

Bei allen Entscheidungen über die Strukturen der EU, über ihre Zuständigkeiten und ihre politischen Schwerpunkte geht es letztlich nur um eine Frage: In welchem Europa wollen wir leben? Hierfür gibt es unterschiedliche Möglichkeiten, Optionen und Alternativen. Deshalb werden wir uns der Mühe unterziehen müssen und eine breite Diskussion führen: Wollen wir ein soziales und ein solidarisches Europa, das versucht, seine Kräfte zu bündeln? Oder wollen wir ein Europa, in dem nur der Wettbewerb zählt und nationale Standortpolitik betrieben wird?

Wollen wir unser soziales und demokratisches Gesellschaftsmodell auch im 21. Jahrhundert verteidigen, oder wollen wir dem angloamerikanischen oder dem chinesischen Gesellschaftsmodell folgen? Wollen wir international für eine Weltinnenpolitik eintreten, die das Völkerrecht zum Maßstab nimmt, oder wollen wir als Falken die Militarisierung der Außenpolitik vorantreiben? Über diese Frage möchte ich gerne streiten. Dieser Streit muss geführt und er muss entschieden werden, damit wir über die politische Richtung bestimmen, die Europa einschlagen soll.

Die nächste Gelegenheit, um diese Entscheidung zu treffen, ist die Wahl zum Europaparlament im Mai 2014.

Vom Stolz, Europäer zu sein

Darf man stolz darauf sein, dass man Europäer ist? Stolz, dass man zufällig Bewohner dieses geographischen Gebildes ist, das der Welt so viel Glück, aber auch Unglück gebracht hat? Stolz auf diese politische Einheit, die so sehr mit sich selbst hadert und deren Abstieg von vielen prognostiziert wird? Stolz auf diese Menschen, die sich in unzähligen Völkern, Gruppen und Grüppchen kaum auf eine gemeinsame Identität einschwören lassen? Erst einmal bin ich nicht stolz darauf, Europäer zu sein.

Der Begriff «Stolz» ist aufgrund der Geschichte unseres Landes keine Kategorie, in denen ich mein Verhältnis zu unserem Kontinent beschreiben würde. Sowenig ich stolz darauf bin, dass ich ein Deutscher, ein Nordrhein-Westfale oder ein Würselener bin, so wenig bin ich stolz darauf, Europäer zu sein, denn dafür habe ich nichts getan.

Stolz bin ich auf Dinge, die ich geschaffen habe oder an denen ich teilhaben durfte: auf meine Familie, die stets zusammenhält; auf den Buchladen, den ich als junger Mann aufgebaut habe und den eine frühere Mitarbeiterin noch heute erfolgreich führt; auf die gute Atmosphäre, die in meinem Team herrscht, wodurch die tägliche Arbeit eine Freude ist. Ich bin auf all diese Dinge stolz, weil ich sehe, welchen Anteil ich an ihnen habe.

Viele Menschen außerhalb Europas können diese Sichtweise kaum nachvollziehen. Sie sagen: «Ihr wart vor siebzig Jahren am Boden. Total zerstört und mit euren Nachbarn nur in Erbfeindschaft verbunden. Über Generationen habt ihr euch gegenseitig getötet, unterdrückt und gedemütigt. Und dann seid ihr aufgestiegen, weil ihr vieles richtig gemacht habt und aus euren Fehlern gelernt habt. Darauf solltet ihr stolz sein.» Dieses Argument ist richtig. Trotzdem neigen wir in Europa dazu, vor allem das Trennende zu sehen. Wir betonen eher den Unterschied, beispielsweise zwischen einem griechischen Olivenbauern und einem Londoner Banker. Deren Lebenswirklichkeit unterscheidet sich natürlich ganz erheblich, und gerade in der Zeit der Krise, die Europa seit 2008 durchlebt, werden die verschiedenen nationalen Gruppen gegeneinander in Stellung gebracht: der reiche Norden gegen den armen Süden, der griechische Arbeitslose gegen den deutschen Gewerkschafter. Doch diese Sicht war schon in der Vergangenheit falsch, und sie ist es im 21. Jahrhundert erst recht! Unterschiede bestehen außerdem nicht nur zwischen den Ländern Europas, sondern selbstverständlich auch innerhalb unserer Nationen. Die Lebenswirklichkeit eines Fischers von der Insel Rügen und eines Mercedesmanagers aus Stuttgart ist auch sehr unterschiedlich, trotzdem haben beide gelernt, dass sie als Deutsche in vielen Bereichen gemeinsame Interessen haben.

Die letzten Jahre haben in vielen Ländern das Verlangen nach schnell wirkenden, notfalls auch radikalen Lösungen geweckt: Hauptsache, der Schmerz hört auf, der von der Krise verursacht wird. Ich hoffe sehr, dass wir nicht in die Versuchung kommen, diesen Schmerz durch eine schlechte Medizin kurzfristig betäuben zu wollen, ohne seine Ursachen zu bekämpfen. «Raus aus dem Euro», «Raus aus der EU» oder «Schmeißt die Griechen raus» sind Lösungen, die schnelle Linderung versprechen, meines Erachtens aber nicht funktionieren werden.

Ich bin davon überzeugt, dass sich unsere Interessen im 21. Jahrhundert europäisiert haben. Wir werden die Herausforderungen, vor denen wir stehen, weder lokal noch regional oder national bewältigen. Weder auf künftige Kriege oder Flüchtlingsbewegungen, weder auf die Fragen der Armutsbekämpfung, des Klimawandels oder der Energiesicherheit noch auf die tausend anderen bislang unbekannten Herausforderungen der Zukunft wird ein einzelnes EU-Mitgliedsland eine einigermaßen sinnvolle Antwort geben können. Es wird sich zeigen, dass sich in dem noch so jungen 21. Jahrhundert die Weltregionen zusammenschließen werden, um als größere Einheiten miteinander zu verhandeln. Wir werden uns die kleinstaatlichen Eifersüchteleien auf unserem Kontinent nicht mehr erlauben können, wenn wir im Konzert der Weltmächte weiterhin beachtet werden und unseren Wohlstand erhalten wollen.

Natürlich muss sich gerade Europa, das einen schlimmen imperialen Kolonialismus zu verantworten hat, davor hüten, anderen Lehren erteilen zu wollen. Aber die spezifischen Lehren aus unserer Geschichte haben dazu geführt, dass wir mit der Europäischen Union ein Projekt geschaffen haben, dass einzigartig in der Weltgeschichte ist. Dieses Friedensprojekt mag auch für andere von Interesse sein. Und weil Europa in der Vergangenheit als erste Region das Gesicht unseres Planeten durch die industrielle Revolution verändert und dabei verschmutzt hat, denken wir heute zudem intensiver über eine postmaterialistische Weltordnung nach. Eine Weltordnung, die den Einklang von Ökologie und Ökonomie sucht und die dadurch die natürlichen Lebensgrundlagen erhalten und den Klimawandel zumindest eindämmen will. Das ist ein europäisches Projekt. Wir werden noch viel dafür werben müssen, um umweltfreundliches Wirtschaften auch andernorts attraktiv zu machen. Vor allem in den Regionen, die darauf verweisen können, dass es die Europäer waren, die schon seit Jahrhunderten Raubbau an der Natur betrieben haben. Der Kampf lohnt sich. Sind wir mit dem Umbau unserer Industriegesellschaften erfolgreich, werden wir nicht nur die Zukunft der Menschheit sichern können, sondern letztlich auch die Produkte der Zukunft entwickeln.

Wenn ich abends vor dem Einschlafen ein Buch zur Hand nehme, lese ich vor allem historische Bücher. Ich kann nicht sagen, ob wir Menschen aus der Geschichte lernen können oder ob jede Generation dazu verurteilt ist, die Erfahrungen der Vorfahren erneut machen zu müssen. Bei Kindern ist das so. Bei aller Klugheit und Unbefangenheit, die Kinder schon früh zeigen, müssen sie doch selbst mit dem Rad umfallen, bevor die mahnenden Worte der Eltern und Großeltern Wirkung zeigen. Heute die Entscheidung gegen die europäische Integration zu treffen, würde aus meiner Sicht bedeuten, zu Beginn des 21. Jahrhunderts eine Fehlentscheidung in historischer Dimension zu treffen. Ich wünsche mir, dass wir aus unseren Fehlern lernen und dass meine Kinder nicht unsere Fehler und die ihrer Großeltern wiederholen müssen. Ich wünsche mir, dass diejenigen, die in Politik, Wirtschaft, Medien und Gesellschaft Verantwortung tragen, sich ihrer Verantwortung bewusst sind.

Bei allem Klein-Klein, das wichtig ist und das wir diskutieren müssen, bleibt für mich die sehr einfache Erkenntnis, die mir meine Eltern mit auf den Weg gegeben haben, um in dieser Welt zu bestehen: Diejenigen, die sich unterhaken, die nicht immer recht haben wollen und die einen Kompromiss schließen können – diese Menschen sind besser gerüstet, wenn der Sturm aufzieht, und sie haben mehr Freude, wenn wieder die Sonne scheint. Wir sollten wieder lernen, uns daran zu orientieren.

Wenn wir das schaffen, werde nicht nur ich lernen, stolz auf unsere Heimat Europa zu sein.

Anmerkungen

1 Das Zitat entstammt Heinrich August Winklers phantastischem Buch «Der lange Weg nach Westen», Band I, München 2010, S. 213.

2 Timothy Garton Ash: Jahrhundertwende. Weltpolitische Betrachtungen 2000–2010, München 2010, S. 130.

3 Eberhard Sandschneider: Der erfolgreiche Abstieg Europas. Heute Macht abgeben, um morgen zu gewinnen, München 2011.

4 Zitiert nach: Saint-Simonistische Texte, Hrsg. von Rütger Schäfer, Aalen 1975, S. 29.

5 Jürgen Habermas: Zur Verfassung Europas. Ein Essay, Berlin 2011, S. 8.

6 Stefan Kornelius: Maschine Europa fährt auf Überlast, in: Süddeutsche Zeitung vom 2.7.2012.

7 Abdruck in: Klaus von Beyme (Hg.): Die großen Regierungserklärungen der deutschen Bundeskanzler von Adenauer bis Schmidt, München/Wien 1979, S. 251–281.

8 Tony Blair: Mein Weg, München 2010, S. 609.

9 Dokumente. Zeitschrift für internationale Zusammenarbeit, Bd. 59 (2003), S. 7.

10 Thatcher äußerte dies in einem Interview mit Douglas Keay, in: Women›s Own magazine vom 31.10.1987.

11 Gerd Höhler, Hans Christian Müller: Wenn Reformen ins Elend führen, in: Handelsblatt vom 5.10.2012.

12 Paul J. J. Welfens: Die Zukunft des Euro. Die europäische Staatsschuldenkrise und ihre Überwindung, Berlin 2012, S. 26.

13 Europas Löhne im Abwärtssog, in: Böckler-Impuls, Heft 13, 5.9.2012, S. 1, 4–5.

14 Paul Krugman: Vergesst die Krise! Warum wir jetzt Geld ausgeben müssen, Frankfurt am Main 2012, S. 67.

15 Sparen wie in Griechenland träfe Deutschland hart, in: Böckler-Impuls, Heft 13, 5.9.2012, S. 5.

16 International Labour Office (Hg.), Global Employment Trends for Youth 2012, Genf 2012, S. 37.
17 Michael Lüders: Tage des Zorns. Die arabische Revolution verändert die Welt, München 2011, S. 9.
18 Die Passage ist gekürzt worden. Die vollständige Rede findet sich unter http://www.spd.de/presse/Pressemitteilungen/18540/20111025_rede_soliman.html [Zugriff 20. 11. 2012].
19 Claus Hulverscheidt: Das Italienische an Herrn Monti, in: Süddeutsche Zeitung vom 30. 8. 2012.
20 Tobias Kaiser: Deutschland würde Aus der Eurozone teuer bezahlen, in: Die Welt vom 13. 8. 2011.
21 Werner T. Bauer: Rechtspopulismus in Europa. Vergängliches Phänomen oder auf dem Weg zum politischen Mainstream, Berlin 2010, S. 15.
22 Florian Hartleb: Nach ihrer Etablierung. Rechtspopulistische Parteien in Europa, Sankt Augustin 2011, S. 31.
23 Habermas: a. a. O., S. 43.
24 Vgl. Konrad Seitz: China. Eine Weltmacht kehrt zurück, München 2006, S. 19ff.
25 Clements Wergin: «Dank SPD und Grünen wurde Merkel erpressbar», in: Die Welt vom 30. 6. 2012.
26 Jakob Augstein: Der Süden weiß, wie's geht, in: Spiegel online vom 2. 7. 2012; Frank Stocker: Französische Sozialisten gefährden ganz Europa, in: Die Welt vom 6. 7. 2012.
27 Avraham Burg: Hitler besiegen, Frankfurt am Main 2009, S. 12.
28 Timothy Garton Ash: a. a. O., S. 120ff.
29 Fabrizio Gatti: Bilal. Als Illegaler auf dem Weg nach Europa, München 2010, S. 419.
30 Oskar Negt: Gesellschaftsentwurf Europa, Göttingen 2012, S. 14.
31 Jeremy Rifkin: Der Europäische Traum, Frankfurt am Main 2004, S. 9f. und 231f.
32 Wenn Computer mit Milliarden jonglieren, in: Handelsblatt vom 9. 10. 2012.
33 Krugman: a. a. O., S. 108.

Danksagung

Dieses Buch ist in großen Teilen ein Resümee meiner Tätigkeit im Europäischen Parlament, als Bürgermeister und als Mitglied meiner politischen Partei, der SPD. Für die vielen Anregungen, Ideen und Ratschläge der Menschen, Freunde und Kollegen, mit denen ich in diesen Jahren zusammengearbeitet habe, bin ich sehr dankbar – sie haben Niederschlag in diesem Buch gefunden.

Ein Politiker ist immer so erfolgreich, wie er als Teamarbeiter erfolgreich ist. Deshalb danke ich vor allem meinen engsten Mitarbeitern. Sie waren mir auch in der Zeit, in der dieses Buch entstanden ist, eine große Hilfe und bewiesen viel Geduld. Ein besonderer Dank gilt Dr. Markus Engels, der über ein Jahr ein intellektuelles Alter Ego war. Darüber hinaus danke ich meinen Mitarbeitern Stefan Mix und Herbert Hansen, der schon als Kind mein Spielkamerad war, sowie Herwig Kaiser, Estelle Göger, Dr. Marc Jütten, Silvia Pelz und Armin Machmer. Sie sind nicht nur meine Mitarbeiter, sondern auch meine Freunde. Ohne die brillante Intelligenz und die politische Weitsicht meines Kabinettschefs Markus Winkler wäre nicht nur meine tägliche Arbeit, sondern auch dieses Buch undenkbar.

Der Literaturagent Holger Kuntze sowie Gunnar Schmidt und Bert Hoppe vom Rowohlt · Berlin Verlag haben mich bei der Realisierung des Projekts unterstützt.

Ihnen allen gilt mein herzlicher Dank.

Der Autor spendet seine Einkünfte aus diesem Buch dem Förderverein Stadtbücherei Würselen e. V. und dem Verein für Körper- und Mehrfachbehinderte Aachen e. V.